地域別 栽培カレンダーつき

はじめての野菜づくり

藤田 智 著

日本文芸社

地域別栽培カレンダーつき

はじめての野菜づくり ―はじめに

「自分で野菜をつくりたい」という人が増えています。

小さな子どもがいる場合はよい食育の機会となりますし、ふだん体を動かさない人にとっては、畑しごとは心地よい汗を流す絶好の機会となります。また、ふたりでできる趣味を見つけたいというご夫婦もいます。自分でつくった野菜なら安心して食べられるという人もいるでしょう。

私は、大学で学生たちに「野菜づくりの心」を教えるかたわら、社会人向けに家庭菜園の指導も行っています。みなさん、目的はさまざまですが、作業中の表情を見るとじつに楽しそうです。野菜づくりには、自分が世話をしている野菜が日々生長していくようすを見守る楽しみがあるほか、体を動かす楽しみ、季節の移り変わりを肌で感じる楽しみなど、さまざまな楽しみがあります。もちろん、手塩にかけて育てた野菜を収穫し、口にする楽しみは、何ものにも代えられません。

本書は、そんな楽しみや喜びをできるだけ多くの人に味わってもらえるよう、家庭菜園で人気の野菜や初心者にも育てやすい野菜をメインに、中国野菜やハーブまで幅広く取り上げて、栽培のしかたをわかりやすく紹介しています。

また、野菜に適した土づくりや肥料の選び方、収穫までの基本作業など、畑に出る前に覚えておきたい基礎知識も詳しく解説しています。

みなさんの野菜づくりのお役に立てることを心から願っています。

藤田　智

地域別栽培カレンダーつき

はじめての野菜づくり —もくじ

野菜づくりの基本

畑でつくる野菜カタログ

果　菜　類

果　物　類

豆類

スプラウト

根菜類

葉菜類

ハーブ類

野菜づくりの基本

畑に出る前に覚えておきたい基礎知識

畑の土の確認

まずは畑の土の状態を確認しましょう。土の層の深さ・性質・水はけのよしあし・酸度を把握しておくことは、野菜が好む土をつくる前の大切な作業です。

CHECK 1. 土層の深さ

土が軟らかくないと、根を深く伸ばす野菜やイモ類はうまく育ちません。畑の真ん中をスコップで掘り、軟らかい土の層（作土層《さくどそう》）が何㎝あるか調べてみましょう。作土層を掘っていくと、硬い土の層（耕盤《こうばん》）に当たる感覚があるはずです。

地表から耕盤までの深さが25～30㎝あれば合格です。それより浅い場合は、深く耕す必要があります。

スコップで軟らかい土の層を掘る。下の硬い土の層に突き当たったところで、地表からの深さを測る

25㎝以上あればＯＫ。それ以下の場合は、土づくりの際に深く耕す

CHECK 2. 土の性質

粘土質の土は「保水性」はよいのですが、乾くと土が硬くなり、野菜の発芽や生育に悪影響が出ます。砂質の土は「排水性」はよいのですが、肥料を施しても流失しやすく、やはり野菜づくりには不向きです。

野菜づくりに適しているのは「保水性」と「排水性」がともによい土です。

畑の土に水分を含ませて握ってみましょう。指で押して簡単に崩れる程度のかたまりになれば合格です。

水分を含んだ土を握りしめる

指で押して簡単に崩れる程度のかたまりになればＯＫ。かたまりが崩れなければ粘土質、かたまりにならなければ砂質

CHECK3. 水はけのよしあし

畑の水はけが悪いと根腐れを起こし、野菜が枯れてしまいます。

20～30㎜程度の雨が降った翌日に畑をチェックしてみましょう。水たまりができている場合や、掘り上げた土が２～４日経ってもねばねばとしている場合は、水はけが悪い土です。

その場合は、堆肥などを施してよく耕すか、高い畝を立てるかします。

雨天の翌日になっても水たまりがある畑は、水はけが悪い。高畝を立てるか、堆肥などの有機質を多めに施してよく耕す

CHECK4. 土の酸度

酸性の土に強い野菜、弱い野菜があります。

市販のpH試験紙を使って、チェックしてみましょう。その前に、オオバコやカヤツリグサ、ジシバリ、スイバ、スギナ、ハハコグサなどの雑草が繁茂している畑は、まず酸性に傾いていると判断できます。また、タマネギやホウレンソウ、トマト、レタスなどを栽培して生育障害が出る場合も、酸性土と考えてよいでしょう。

深さ15㎝程度の層（数ケ所からサンプルを取ると正確に測れる）から土を取り、2.5倍量の蒸留水を加えてよく攪拌

1～2分待って、土がある程度沈んだところで、上澄みの部分にpH試験紙を浸す

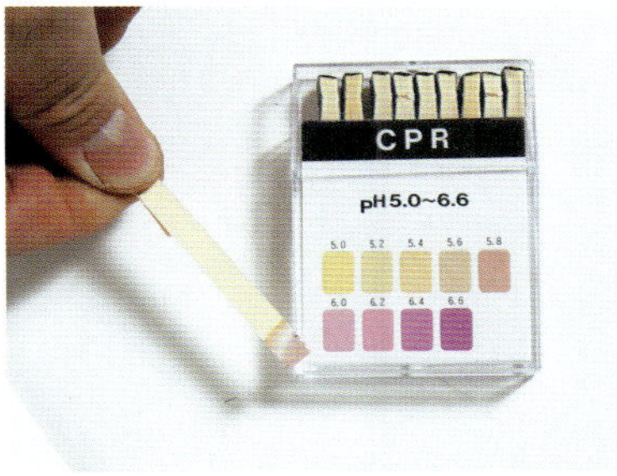

付属のカラーチャートと試験紙の色を照合し、酸度をチェックする

主な野菜が好むpH値の目安

強　度	野菜の種類	pH値
酸性に弱い	アスパラガス、ゴボウ、タマネギ、ナス、ネギ、ホウレンソウ	6.0～7.0
↓	エンドウ、キャベツ、キュウリ、セロリ、トマト、ニンジン、ブロッコリー、レタス	5.5～6.5
↓	インゲン、カブ、サツマイモ、サトイモ、ダイコン、トウモロコシ、パセリ	5.5～6.0
酸性に強い	ジャガイモ、スイカ	5.0～5.5

野菜に適した土づくり

畑の土の状態を確認したら、今度は野菜の栽培に適した「軟らかく、水はけのよい土」づくりをしていきます。基本は「耕起・砕土・畝立て」です。

土づくりの基本作業は3つ

野菜の栽培に適した土をつくるには「耕起《こうき》（土を耕す）」「砕土《さいど》（土を砕く）」「畝立《うねた》て」という3つの作業が基本になります。また、これらの作業と同時に、石灰を散布して土壌の酸度を調整し、堆肥や化成肥料を施して土に養分を与えることも行います。

耕起（土を耕す）・土壌調整

くわやスコップで畑の土を掘り起こし、表面の土と深い場所の土を反転させることをいいます。

畑の土は、雨が降ったり、人が踏んだりすることで粒が密《みつ》になり、通気性や排水性が悪くなってきます。その状態で種まきや苗の植えつけをしても、発芽が不良となったり、根も十分に張りにくくなったりします。そこで、土中に空気を取り入れ、通気性や排水性を回復させるために「耕起」を行うのです。また、雑草を土中にすき込むので、除草もできます。

「耕起」する際に、石灰を散布して土壌の酸度を調整することも大切です。

1. 石灰を散布する

畑全面に石灰100～200gを散布する

2. 土を耕す

❶くわで30㎝ほどの深さまで掘り起こし、表層と深層の土を反転させる
❷スコップで掘り返してもよい

砕土（土を砕く）・施肥

「耕起」の１週間後ぐらいに、くわなどで土のかたまりを細かく砕いて軟らかくし、ふかふかの土をつくります。根の張りや生長をよくするための大切な作業です。種まきや苗の植えつけの作業も楽になります。

また、ダイコンなどの根菜類は根の下に障害物があると「又根《またね》」になるので、土のかたまりを砕いておく必要があります。

この作業を行う際に、元肥《もとごえ》として堆肥などの有機物を 2 kg/m^{2}程度施すとよいでしょう。

1. ひもを張る

畝幅に合わせ、左右にひもを張る

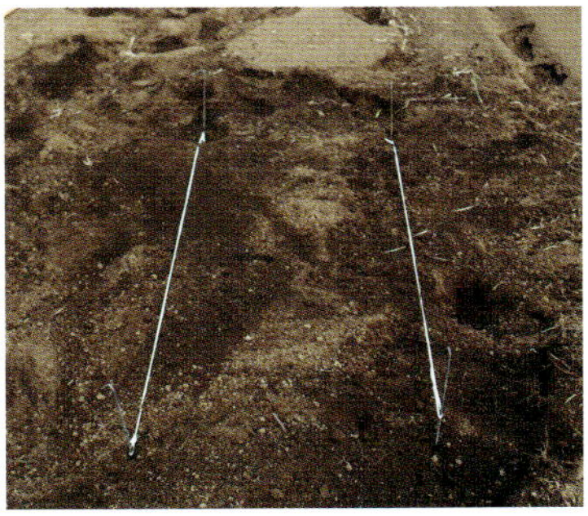

2. 堆肥と化成肥料を施す

❶ひもを張った中央に溝を掘る
❷溝に堆肥と化成肥料を入れる。化成肥料は後の「畝立て」の際でもよい
❸掘った土を埋め戻す

ひもの内側に堆肥と化成肥料を散布し、よくすき込む

畝立て

くわなどで土を細長く盛り上げ、野菜を栽培するベッドのようなものをつくる作業をいいます。「耕起」「砕土」した軟らかい土を盛り上げるので、通気性や排水性が増し、より野菜の栽培に適した状態になります。また、栽培する部分と通路がはっきりと分かれるので、管理もしやすくなります。くわやレーキなどを使い、きれいな畝を立てましょう。

この「畝立て」か「砕土」の際に、化成肥料を100g/m^{2}程度施すようにします。肥料の散布には、畑全面に散布して耕す「全面施肥」と、畝の中央に掘った溝に施して埋め戻す「作条《さくじょう》施肥」という2つの方法があり(P.11参照)、つくる野菜によって使い分けます。どちらの方法をとるかは各野菜の栽培法で紹介していますので、確認してください。

畝の向きは、平地の場合は日当たりにムラが出ないよう「東西方向」につくることをおすすめします。傾斜地の場合は「等高線に沿って」つくるとよいでしょう。

また、盛り上げる土の高さによって「平畝《ひらうね》(10cm程度)」と「高畝《たかうね》(20〜30cm程度)」に分けられます。

畝の幅は、60〜70cm前後か、少し広めの場合は120cm程度とるのが一般的です。野菜が生長して左右に茎葉を伸ばす幅が、その目安になります。

畑の面積が狭い場合は、狭い畝を数多く立てると通路にスペースをとられるので、幅を広くして畝数を少なくします。

1. 畝の立て方

まず、畝幅に合わせて左右に2本のひもを張ります。

次に、ひもに沿って外側から内側に土を入れ、盛り上げます。この作業を四辺同様に行います。土を目的の高さに盛り上げたら、レーキで表面をきれいにならして完成です。

水はけの悪い畑や地下水位が高くて湿気がある畑の場合は、高畝にします。また、平畝と高畝は、野菜によっても使い分けます。葉菜類は平畝で、根菜類などは高畝で栽培するのが一般的です(右表参照)。ただし畝幅が狭いと乾燥しやすくなるので、むやみに畝を高くすることは避けます。

❶ひもに沿って、外側から内側に土を入れる
❷この作業を四辺同様に行う
❸10cm程度の高さに盛り上げたら、畝の表面をレーキでならす
❹表面がきれいになったら、ひもを外して完成

畝の種類と栽培に適した野菜

畝の種類	栽培に適した野菜
平　畝	青菜類、オクラ、キャベツ、カブなど
高　畝	イチゴ、キュウリ、トマト、ピーマンなど
鞍つき	スイカなど

2.「鞍つき」畝の立て方

スイカなど、水はけに注意が必要な野菜を栽培する際は、１株ごとに高く円形に土を盛り上げた形の「鞍《くら》つき」という畝を立てます。

立て方はまず、目的の畝の直径で深さ30cmほどの穴を掘り、そこに堆肥や化成肥料を施して埋め戻します。

次に、埋め戻した穴の周囲から、穴の中心に向かって円形に土を盛り上げます。高めに盛り上げたら、20〜30cmの高さになるよう表面を平らにならして完成です。

くわで深さ30cmほどの穴を掘る

掘った穴に堆肥２kgを入れる

同じく化成肥料約30gを入れる

掘った穴を埋め戻す

穴の周囲から、中心に向かって土を盛り上げる

きれいな円形になるように盛っていく

高めに盛り上げ、表面を平らにならす

鞍つきの完成

しっかりと高く（20〜30cm）すること

肥料の種類と選び方

おいしい野菜を育てるためには「軟らかく、水はけのよい土」のほかに、養分の補給も必要です。いつ、何を与えればよいか、肥料の基礎を覚えておきましょう。

野菜の生長に必要な栄養素

野菜を大きく育てたり、たくさんの実をならせたりするには、土中にもともとある養分ではとても足りません。また、雨で養分が流出するので、ますます不足してしまいます。

そこで、肥料を施して、必要な養分を補給します。野菜の生長には「窒素《ちっそ》（N）」「リン酸（P）」「カリ（K：カリウム）」が欠かせません。窒素は葉や茎の生長に、リン酸は花や実・根の生長に、カリは植物の新陳代謝《しんちんたいしゃ》を促して葉や根を丈夫にするのにそれぞれ必要で、「肥料の三要素」と呼ばれています。これらが不足すると葉や実・根の生長に悪影響が出るので、不足する前に補給することが大切です。

このほか、根の発育を助けたり、リン酸の吸収を促したりする「カルシウム」と「マグネシウム」を合わせて、「肥料の五要素」と呼ぶこともあります。

どんな肥料を選べばよいか

肥料は「有機質肥料」と「無機質肥料」の２つに大別されます。

有機質肥料とは「堆肥」「油かす」「魚粉《ぎょふん》」など、動物や植物が由来の肥料です。多くの微量成分を含みますが、効き目はゆっくりと表れます（遅効性《ちこうせい》）。

無機質肥料とは「石灰」「化成肥料」など、鉱物などから化学的に合成した肥料です。単独の成分のものと複数の成分を含むものがあり、三要素のバランスを調整することができます。与えればすぐに効果が表れるタイプ（速効性《そっこうせい》）と、徐々に効果が表れるように加工したタイプ（緩効性《かんこうせい》）があります。また、形状は液体のものと固形のものがあり、施しやすさを求めるなら固形、より速い効果を求めるなら液体を選ぶとよいでしょう。

市販の肥料の多くには「N８：P８：K８」のように、三要素の配合比が記載されているので、育てる野菜に適したものを選びましょう。一般的に、大きな実をつける「果菜類」は三要素をバランスよく含む肥料、葉が大きく育つ「葉菜類」は窒素を多く含む肥料、根が肥大する「根菜類」はカリを多く含む肥料が適しています。

また、本書では三要素の配合比が「N８：P８：K８」の肥料を使っていますが、この「８」は、肥料100ｇ中にNPKがそれぞれ８ｇずつ含まれていることを表します。ほかにN：P：Kが15：15：15など含有率の異なる肥料もあります。

主な養分と不足時に表れる野菜の症状

養分	解説→不足時に表れる症状
窒素(N)	「葉肥《はごえ》」ともいう。とくに発芽後の生長期に必要だが、与えすぎに注意→葉の色つやが悪くなり、葉自体も小さくなる
リン酸(P)	「実肥《みごえ》」ともいう。元肥《もとごえ》として施す。果菜類や根菜類には多めに→葉が紫色に変わってくる
カリ(K)	「根肥《ねごえ》」ともいう。根菜類には多めに→葉の周囲が枯れてくる
石灰(Ca)	酸度の調整にも必要→若葉の先が黒く変色する。トマトは実の尻（先端）が黒く変色する

肥料の種類

肥料にはさまざまな種類がありますが、ここでは主に本書で使用しているものを紹介します。

消石灰《しょうせっかい》

水酸化カルシウム。単に「石灰」ともいう。種まきや植えつけの2～3週間前に施す。酸性土壌を中和して、根の発育を促す

苦土《くど》石灰(粒状)

マグネシウムが配合された石灰。酸性土壌を中和する力は消石灰に劣るが、施肥後すぐに種まきや植えつけができる

化成肥料《かせいひりょう》

ＮＰＫの三要素がバランスよく配合された無機質肥料。三要素の含有量がそれぞれ30%以下のものが一般的。元肥・追肥、両方に使う

N：P：K＝15：15：15（各含有量が15%）のもの

N：P：K＝8：8：8（各含有量が８%）のもの

ヨウリン

三要素の１つ、リン酸だけを含んだ肥料。主に果菜類の元肥として使う。球状と粒状があり、まきやすいほうを選べばよい

堆肥《たいひ》

家畜の糞《ふん》や植物などを発酵させてつくる有機質肥料（現在では、主に土壌改良剤として使われる）。元肥として、種まきや植えつけの１週間前に施す。土中にじっくりと養分が浸透し、ふかふかの軟らかい土にする。

使用料の目安

１回にどれぐらいの量を散布すればよいか、各肥料についておおよその目安を示しておきます。

石　灰

化成肥料

（追肥として）

（元肥として）

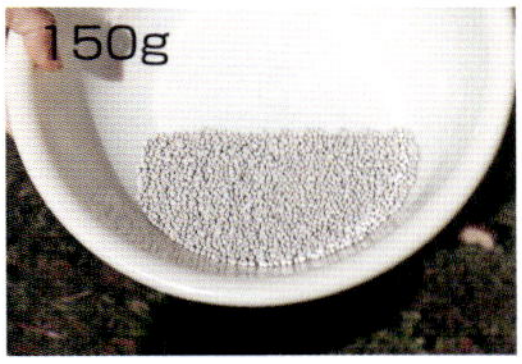

堆　肥

1kg（容量5ℓのバケツ）

2kg

土と肥料に関するQ&A

土づくりと肥料に関する質問をよく受けます。最近はみなさん健康志向で「有機」に関心があります。ここでは、よくある質問を取り上げてお答えしていきます。

Q **コンテナ栽培の場合は、使用する前に用土をふるいにかけて、細かい「みじん」を取り除きます。畑の土は、耕しすぎて細かくなるといけない、ということはないのでしょうか。**

A コンテナと畑とでは、土に求められる性質が異なります。

畑の土の場合は、排水性と通気性がよく、かつ保水性や保肥性もよいという、相反する性質が求められます。堆肥や腐葉土を施してよく耕すと、微生物やミミズなどの小動物の働きによって土が小さな粒になり、さらにそれらの粒が集まって大きな粒になる「団粒構造《だんりゅうこうぞう》」の土になります。団粒構造の土では、大きな粒の隙間を水や空気が通り、小さな粒の隙間に水や肥料が含まれるので、排水性と通気性がよく、かつ保水性や保肥性もよいという性質が備わります。

コンテナ用土の場合は、排水性と通気性が求められます。ですから、細かい「みじん」を取り除かないと、水やりのたびにみじんが流されて下部に集まり、土の粒の隙間を埋めたり、底穴をふさいでしまったりします。そうなれば、排水性も通気性も悪くなってしまいます。

「畑の土をよく耕すこと」と「コンテナ用土のみじんを取り除くこと」は、まったく目的が異なります。畑の土づくりの際は、有機物を施してよく耕し、ふかふかの土にしましょう。

Q **石灰や堆肥は「土壌改良材」とも呼ばれますが、肥料とは違うのですか。**

A 肥料には、窒素《ちっそ》・リン酸・カリの「三要素」やマグネシウム・カルシウムなどのミネラルが溶けています。現在では、主に化成肥料がその供給源として使われていますが、かつて化成肥料が高価で入手しにくかった頃は、堆肥や腐葉土が供給源として使われていました。ただし、堆肥などに含まれる肥料分は少なく、化成肥料の10〜20倍は施す必要があります。今となっては、肥料として使うにはコストがかかりすぎるので、前の回答でも触れたように、主に土壌改良材として使われています。

石灰はアルカリ性なので、どちらかというと、酸性に傾いた土壌を中和する改良材としての意味合いが強いのですが、主成分がカルシウムなので、肥料としての効果もあります。

堆肥を積み上げて醗酵させているところ

Q **堆肥と腐葉土の違いは何でしょうか。**

A どちらも、主に土壌改良材として使われるものです。畑に投入してよく耕すことで、野菜の栽培に適したふかふかの土になります。

腐葉土は、枯れ葉などの植物質を主体に、米ぬかなどを混ぜて発酵させたもので、肥料分が少なく、軽いのが特徴です。

堆肥は、牛や豚、鶏といった家畜の糞《ふん》にわらなどを混ぜて発酵させたもので、腐葉土に比べて肥料分が多く、また、土に混ぜるとがっしりとした野菜に育つことが知られています。

Q **油かすや魚粉《ぎょふん》・骨粉《こっぷん》など、堆肥よりも養分を多く含む有機質肥料がありますが、それらを元肥《もとごえ》に使ってもよいでしょうか。**

A 元肥としては、化成肥料と堆肥を使うことをおすすめします。

もちろん、有機栽培では使用していますので、元肥として使ってもかまいませんが、油かすや魚粉、骨粉などは「ゆっくりと効くこと」「土中で分解されてから効くこと」「分解中に植物にとって有害なガスや塩分が発生すること」を踏まえて、種まきや植えつけの2～3週間以上前に施す必要があります。

また、窒素・リン酸・カリなどのバランスをとるために、何をどれぐらい施すか、計算してから散布量を決めましょう。

Q **完熟堆肥や完熟油かすなど、「完熟」とは何を意味するのでしょうか。「完熟」でない有機質肥料は使わないほうがよいのでしょうか。**

A 生の有機質を畑に投入すると、タンパク質と炭水化物が分解される「一次発酵」と、繊維質が分解される「二次発酵」が起こります。完熟堆肥や完熟油かすなどの「完熟」とは、二次発酵まで済んでいるという意味で、畑に投入してもそれ以上の発酵は起こりません。

堆肥や腐葉土、油かすなどの有機質資材を未熟な状態で畑に施すと、発酵が始まって有害なガスが発生するうえに、土中の温度が上昇し、根が障害を受け、生長が止まってしまいます。また、害虫や病気の発生源にもなります。

「完熟」か「未熟」かを見分けるには、袋の表示だけではなく、においを確かめ、一部を取り出して水をかけてみてください。未熟な場合は、悪臭があり、水をかけると黄色い汁が出ます。完熟しているものは、嫌なにおいがなく、水をかけても透明な液体が出るだけです。

Q **できれば化成肥料を使わないで栽培したいと考えています。その場合、有機質肥料を元肥として、どれぐらい投入すればよいでしょうか。**

A P. 14で述べたとおり、本書では三要素の配合比が「窒素８：リン酸８：カリ８」の化成肥料を使用しており、野菜の種類にもよりますが、100～150g/m^2程度を元肥として施しています。ここで油かすを例に挙げると、窒素分が2.5ぐらいなので、単純に窒素分だけで計算すると、320～480g/m^2投入すればよいことになります。

ただし、ほかの要素についても考えに入れて、数種の有機質肥料をブレンドする必要があります。主なものでは、魚粉は窒素分が多く、骨粉はリン酸が多く、草木を燃やしてつくった草木灰《そうもくはい》はカリとリン酸を多く含むアルカリ性の肥料です。それらの配合のしかたは、有機質肥料についてよく知っている人に相談するとよいでしょう。

Q **石灰（消石灰）と苦土石灰は、成分や効果などに違いがあるのでしょうか。**

A 消石灰はアルカリ分が65％、苦土石灰はアルカリ分が55％です。土壌を中和する力は、消石灰のほうがやや優れています。

「苦土」はマグネシウムのことです。マグネシウムは光合成を行ううえで重要な役割があるので、肥料としての効果もあります。

Q　**「有機石灰」というものを見かけました。石灰は無機質と思っていましたが、違うものなのでしょうか。「有機栽培」と関係はあるのでしょうか。**

A　消石灰や苦土石灰は鉱物からつくられますが、有機石灰は貝殻が原料です。貝からつくられるということで有機栽培にも使われますが、アルカリ分はふつうの消石灰の半分程度です。

Q　**「石灰窒素」と石灰との違いについて教えてください。**

A　石灰は、カルシウムが主成分で、酸性に傾いた土壌を調整する「土壌改良材」です。もう一方の石灰窒素は、カルシウムシアナミドが主成分の「農薬肥料」です。石灰窒素を施すと土中の水分と反応して毒性の強いシアナミドが発生し、土中の害虫や病原菌、雑草の種を駆除することができます。シアナミドは10日程度で石灰と窒素分に分解され、毒性のない肥料に変化します。

初めは農薬として、分解されると肥料としての効果があるために「農薬肥料」と呼ばれるのです。ただし、分解前は人体にも有害なので、取扱いには注意が必要です。家庭菜園では十分に注意して使うようにしましょう。

Q　**野菜の多くは酸性土壌を嫌うようですが、逆に酸性土壌を好む野菜はあるのでしょうか。**

A　「酸性土壌を嫌う」といいますが、野菜を育てるのによいとされるpH6.0〜6.5の範囲も、じつは弱酸性です。より酸性に傾いた土壌（pH5.0〜5.5）で育てられるのは、野菜ではジャガイモやスイカ、果樹ではブルーベリー、花木ではツツジの仲間と、ごく少数です。

栽培のプランニング

どの季節にどんな組み合わせで野菜をつくるか、計画を立てましょう。これも野菜づくりを成功させるための大切な作業です。

計画を立てることで「連作障害」を避ける

計画の第一は、種まきや苗の植えつけを「適期」に行うことです。適期を外すとうまく育たず、収穫できないこともあります。

第二は、「適切な組み合わせ」で栽培することです。同じ野菜（あるいは同じ科の野菜）を同じ場所でつくることを「連作《れんさく》」といいますが、多くの野菜は、連作をすることで特定の病気や害虫が発生し、また、土壌養分の均衡が崩れて生育障害を起こします。これを「連作障害」といい、初心者がよく起こす失敗です。連作障害を避けるには、野菜の種類を次々に変えて栽培する「輪作《りんさく》」という方法をとるのが一般的です。

また、堆肥などの有機物を施す、石灰で土壌酸度を調整する、病害虫に強いつぎ木苗や抵抗性品種を選んで栽培するなどの方法も有効です。同じ場所で栽培しなければならない場合の対処法を、連作障害が出やすいトマトを例に挙げて見てみましょう。

トマトの連作障害対策

対策１．つぎ木苗を選ぶ

トマトの連作障害は、青枯《あおが》れ病や萎凋《いちょう》病など、主に土壌病害による。それらの病害に対して抵抗性のあるつぎ木苗を選んで植えつけることで、障害は出にくくなる

対策２．天地返しを行う

畑の土の軟らかい層（作土《さくど》層）と硬い層（耕盤《こうばん》）の下にある土（心土《しんど》）を入れ替える「天地返《てんちがえ》し」を行うと、連作障害が出にくくなる

対策３．有機物を多めに施す

堆肥などの有機物を多めに施すと、失われた土壌養分が補われ、連作障害を防ぐ対策になる

対策４．土壌消毒を行う

１～３の対策を行っても不安な場合は、土壌消毒を行う。農薬を使う方法や、夏場なら、畑の表面に水をまいてからビニールを張り、太陽の熱で消毒する方法もある

主な野菜の連作障害

野菜の種類	表れる障害
トマト	青枯れ病　萎凋病
ナス	青枯れ病　半身《はんしん》萎凋病
ピーマン	立枯性疫病《たちがれせいえき》　ネコブセンチュウ
キュウリ、スイカ	つる割《わ》れ病　センチュウ
エンドウ	立《た》ち枯《が》れ病
コマツナ、ハクサイ、キャベツ	根《ね》コブ病

休栽が必要な主な野菜とその年数

休栽年数	野菜の種類
1年以上	イチゴ、コマツナ、トウモロコシ、ネギ　ホウレンソウ、レタスなど
2年以上	オクラ、キャベツ、キュウリ、タマネギ、ニラ、ハクサイ、ラッカセイなど
3年以上	インゲン、シシトウ、ジャガイモ、セロリ、トマト、ピーマン、ミツバなど
4~5年以上	エンドウ、ソラマメ、ナス、ミニゴボウなど
連作障害の少ない野菜	カボチャ、サツマイモ、ズッキーニ、ダイコン、ニンジン、ラディッシュなど

畑を4区画に分けて計画を立てる

年間の栽培計画を立てる場合、畑を4つの区画に分けて考える方法をおすすめします。

1年目のプランニング

<春～夏>

まず、1区にキュウリを植えつけます。1区をさらに2つに分け、キュウリとトウモロコシを植えつけてもよいでしょう。2区にはキョウナとチンゲンサイを植えつけます。3区にはつるなしインゲンとエダマメを、4区にはトマトとミニトマトを植えつけます。畑が広い場合は、4区をさらに分け、一緒にナスを植えつけてもよいでしょう。

また、畑の周囲にマリーゴールドやハナニラなどを植えつけると、センチュウの回避や病気の抑制に効果があります。

<秋～冬>

1区にはダイコン、2区にはシュンギクとレタス、サニーレタス、3区にはホウレンソウとラディッシュがおすすめです。また、3区はホウレンソウとラディッシュの収穫後、11月中～下旬頃に、タマネギを植えつけましょう。4区にはハクサイとブロッコリーまたはキャベツを植えつけます。

また、10月中～下旬頃からイチゴの植えつけ適期となるので、畑の縁取りに植えつけましょう。翌年の5月中旬頃から収穫できます。

マリーゴールドを畑の縁などに植えておくと、センチュウの被害を予防できる

1年目のモデルプラン

春～夏

区画	作物
1区画	キュウリ［ウリ科］ （トウモロコシ［イネ科］）
2区画	キョウナ チンゲンサイ ［アブラナ科］
3区画	つるなしインゲン エダマメ ［マメ科］
4区画	トマト ミニトマト （ナス）［ナス科］

秋～冬

区画	作物
1区画	ダイコン ［アブラナ科］
2区画	シュンギク レタス サニーレタス［キク科］
3区画	ホウレンソウ［アカザ科］ ラディッシュ［アブラナ科］ 〈11月中～下旬にタマネギ［ユリ科］〉
4区画	ハクサイ ブロッコリー （キャベツ）［アブラナ科］

2年目のプランニング

2年目からは連作に注意しなければなりません。基本的に各区画、1年目とは違う種類の野菜を栽培します。

＜春〜夏＞

1区にはトマトとミニトマトを、2区にはキュウリを、3区にはキョウナとチンゲンサイを植えつけます。ただし、3区は1年目に植えつけたタマネギの収穫期が5月下旬頃なので、その後に行います。4区にはつるなしインゲンとエダマメを植えつけます。

また、畑の縁取りに植えつけたイチゴからランナーが伸びてきたら、ポットに受けて来年用の苗を育てます。

＜秋〜冬＞

1区にはハクサイとブロッコリーまたはキャベツを、2区にはダイコンを、3区にはシュンギクとレタス、サニーレタスを、4区にはホウレンソウとラディッシュを植えつけます。

また、4区は11月中〜下旬頃、ホウレンソウとラディッシュを収穫した後にタマネギを植えつけます。

春〜夏の3区は、タマネギの収穫が終わってから次の植えつけを行うこと

2年目のモデルプラン

春〜夏

1区画	トマト ミニトマト （ナス）
2区画	キュウリ （トウモロコシ）
3区画	キョウナ チンゲンサイ
4区画	つるなしインゲン エダマメ

秋〜冬

1区画	ハクサイ ブロッコリー （キャベツ）
2区画	ダイコン
3区画	シュンギク レタス サニーレタス
4区画	ホウレンソウ ラディッシュ 〈11月中〜下旬にタマネギ〉

3年目のプランニング

野菜づくりにもだいぶ慣れてくる頃です。やはり連作に注意して、前年よりもよい野菜づくりを目指しましょう。

＜春〜夏＞

1区にはつるなしインゲンとエダマメ（暑さに強いクウシンサイでもよい）を、2区にはトマトとミニトマト、ナス（一画にピーマンを栽培してもよい）を、3区にはキュウリ（一画にトウモロコシやオクラなどを栽培してもよい）を、4区にはキョウナとチンゲンサイ（カブでもよい）を植えつけます。

＜秋〜冬＞

1区にはホウレンソウとラディッシュを、2区にはハクサイとブロッコリーまたはキャベツを、3区にはダイコンを、4区にはシュンギクとレタス、サニーレタスを植えつけます。

1区は11月中〜下旬頃、ホウレンソウとラディッシュを収穫した後にタマネギを植えつけます。また、4区はレタスの収穫後、べたがけをしてホウレンソウを栽培すると、食味のよいものができるので、試してみてください。

トウモロコシは余分な養分を吸収するので、輪作に加えると、後の野菜の生育がよくなる

3年目のモデルプラン

春〜夏

1 区画	つるなしインゲン エダマメ （クウシンサイ［ヒルガオ科］）
2 区画	トマト ミニトマト （ナス、ピーマン）
3 区画	キュウリ （トウモロコシ、オクラ）
4 区画	キョウナ チンゲンサイ （カブ）

秋〜冬

1 区画	ホウレンソウ ラディッシュ 〈11月中〜下旬にタマネギ〉
2 区画	ハクサイ ブロッコリー （キャベツ）
3 区画	ダイコン
4 区画	シュンギク レタス サニーレタス

主な野菜の栽培カレンダー（基準：中間地＝関東〜中部）　●…種まき　▲…植えつけ　■…収穫

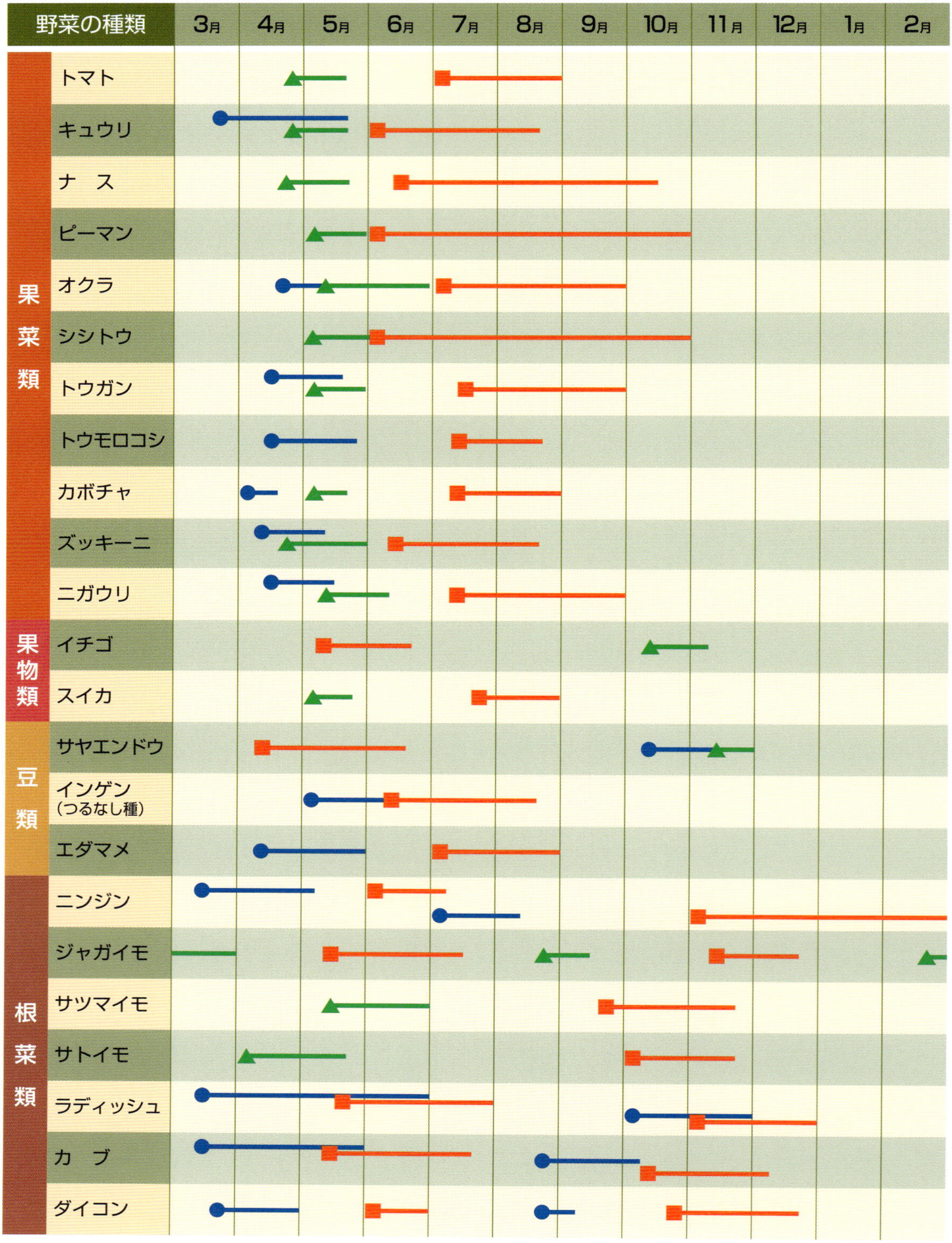

主な野菜の栽培カレンダー

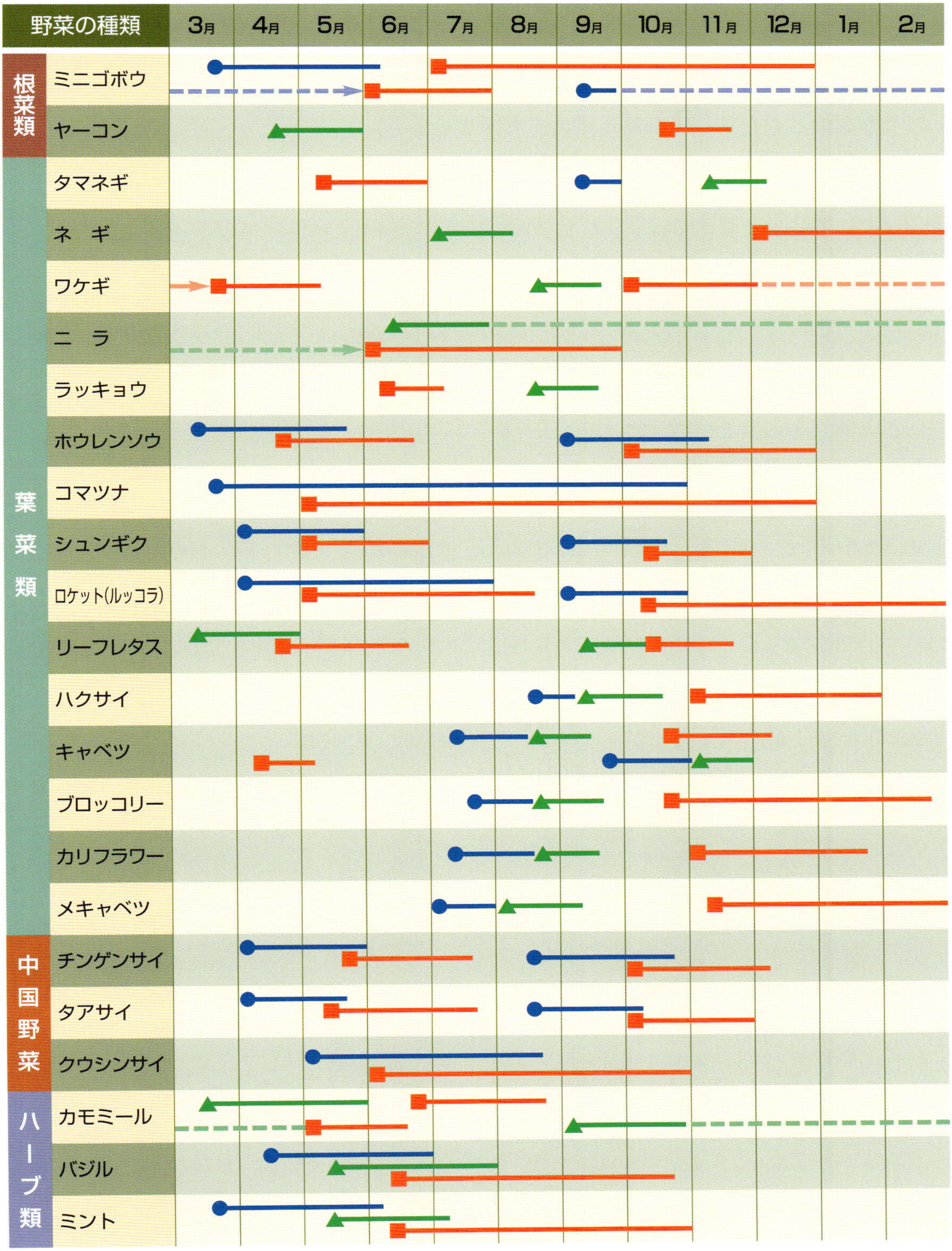
野菜の種類
3月
4月
5月
6月
7月
8月
9月
10月
11月
12月
1月
2月
根菜類
ミニゴボウ
ヤーコン
葉菜類
タマネギ
ネ　ギ
ワケギ
ニ　ラ
ラッキョウ
ホウレンソウ
コマツナ
シュンギク
ロケット(ルッコラ)
リーフレタス
ハクサイ
キャベツ
ブロッコリー
カリフラワー
メキャベツ
中国野菜
チンゲンサイ
タアサイ
クウシンサイ
ハーブ類
カモミール
バジル
ミント

種のまき方の基本

種のまき方には「すじまき」「点まき」「ばらまき」という３つの方法があります。ここで作業のしかたをしっかりと覚えておきましょう。

種をまく前に

種を畑に直接まくことを「じかまき」といい、野菜の種類や種をまく場所によって「すじまき」「点まき」「ばらまき」という３つの方法を使い分けます。

種をまいてうまく発芽させるには、まき方も大切ですが、まく畝の表面を平らにならすことも重要です。畝の表面が平らでないと、場所によって種の埋まる深さが浅すぎたり深すぎたり、水がたまって過湿になったりと条件にばらつきが出て、うまく発芽しない原因になります。

種をまく前には必ず、レーキなどで畝の表面を平らにならしましょう。

すじまきのしかた

畝に溝をつけて１列にまく方法を「すじまき」といいます。ホウレンソウなどの青菜類やカブ、ニンジンなどを栽培するのに適した方法です。１列そろって発芽するために栽培管理がしやすい、というメリットがあります。

また、畝に１列まく場合を「１条まき」、２列まく場合を「２条まき」といいます。

作業はまず、畝に支柱などのまっすぐな棒を押し当てて溝をつけ、そこに約１㎝間隔で種をまいて、土をかけます。

この土をかける作業を「覆土《ふくど》」といい、種の直径の３倍の厚さに土をかぶせるのが基本です。ただし、ニンジンやレタスなど、発芽に光が必要な野菜は、覆土を薄くします。

❶畝に支柱などを押し当て、まっすぐな溝をつける
❷溝に約１㎝間隔で種をまく
❸溝の両側から指でつまむようにして、土をかける
❹手で上から軽く押さえる
❺たっぷりと水をやる

点まきのしかた

畝に等間隔でくぼみをつけ、そこに数粒ずつ種をまく方法を「点まき」といいます。ダイコンやハクサイ、トウモロコシなど、比較的大型の野菜を栽培するのに適した方法です。最終的に、くぼみ１カ所あたり１株に間引くので、くぼみの間隔が株と株の間隔（株間《かぶま》）になります。

昔は種によって生育にばらつきがあり、すじまきでたくさん発芽させ、その中からよい株を残していましたが、現在は生育のそろいがよい「F_1品種」が大半になっているので、その作業は必要ありません。また、種の数が少なくてすみ、発芽後も列がそろい、株間も一定なので間引き作業がラクになる、というメリットもあります。

作業はまず、畝にまっすぐひもを張り、そのひもに沿って等間隔でくぼみをつけます。１カ所に数粒ずつ種をまき、土を１cm程度かけます。

１カ所にまく種の数や、くぼみの間隔、覆土の量は野菜の種類によって異なるので、それぞれに合った方法で行いましょう。

❶畝にまっすぐひもを張る
❷ひもに沿って等間隔で深さ１cm程度のくぼみをつける
❸１カ所あたり数粒ずつ種をまく
❹くぼみに土をかけ、手で上から軽く押さえる
❺たっぷりと水をやる

ばらまきのしかた

畝の表面に種を直接まいて、上から土をかける方法を「ばらまき」といいます。

種まきの作業としてはもっとも簡単な方法です。また、面積あたりの収穫量が多い、というメリットがありますが、種のまきムラが生じやすく発芽率もばらばらで、間引きなどの栽培管理が大変になるので、家庭菜園ではあまりおすすめしません。

❶畝に直接種をまく
❷種が隠れる程度に土をかける
たっぷりと水をやる

ポットまきのしかた

種をじかまきにすると発芽させるのが難しい野菜や、苗が市販されていない珍しい野菜は、ポリポットなどに種をまき、そこである程度の大きさまで苗を育ててから植えつけるとよいでしょう。この方法を「ポットまき」といいます。

ポットまきに使うのは市販の培養土で十分です。自家製にこだわるならば、赤玉土の小粒50〜60%、腐葉土30〜40%、バーミキュライト10〜20%に、石灰と化成肥料をそれぞれ土１ℓあたり３g混ぜて、培養土をつくることもできます。

作業はまず、ポットの底に鉢底《はちぞこ》ネットを敷きます。次に培養土をポットの縁から１〜２㎝下あたりまで入れ、表面を平らにならします。そこに指でくぼみをつけ、種をまいて土をかけ、手で軽く押さえます。

種をまいた後はたっぷりと水をやり、以降は野菜の種類に合わせて育てていきましょう。

種、ポリポット、鉢底ネット、培養土を準備する

ポットの底に鉢底ネット（約３㎝四方）を敷く

ポットの縁から１〜２㎝下まで培養土を入れる

表面をならし、指で数カ所くぼみをつける

くぼみに種をまく

土をかけて手で軽く押さえ、たっぷりと水をやる

種をまいた後の管理

種が発芽するためには、水分・温度・酸素が必要です。また、野菜の種類によって好む条件が異なるので、野菜の種類ごとの性質を理解して整え、なるべく保ってやることが大切です。

水やり

種をまいたら、たっぷりと水をやります。じょうろを使い、やさしい水流で行いましょう。土を乾燥させると、発芽が遅れたり、発芽率が低下したりするので注意が必要です。

発芽適温のキープ

野菜の種類によって、発芽に適した気温が異なります。例えば、レタスやセロリは18～20℃と冷涼な気温を好み、トマトは25～28℃とやや高い気温を好みます。野菜の種類に合わせた発芽適温を保ちましょう。

間引き

まいた種がすべて発芽し、生育するわけではないので、それを見越して必要な株数より多く種をまいています。発芽したら、生育に合わせて不要な苗を抜き取り、元気な苗を残して育てます。この作業を「間引き」といい、生育のよい苗を残し、株間を調整するために行います。

1. 発芽するまでの管理

種まき直後から発芽するまではしっかりと水をやり、土を乾かさないようにする

じかまきの場合は、べたがけ資材や寒冷紗などを使って、温度・湿度管理をするとよい

2. 発芽した後の管理

点まきやポットまきにした場合は、生育のよい苗を残して間引く

すじまきにした場合は、密集して発芽した苗を生育に合わせて間引き、株間を調整する

よい市販苗の選び方

初めて野菜づくりをする場合は、市販の苗から始めるのがおすすめです。ここでは、よい苗を選ぶ際のポイントを紹介します。

収穫は苗のよしあしに左右される

苗は、最近は園芸店やホームセンターなどで、トマトやイチゴ、インゲン、イモ類、キャベツなどの代表的な野菜から、アピオスやヤーコンなどのかなり珍しい野菜まで扱われ、手軽に購入することができます。

とくに初心者の場合は、苗からの栽培のほうが種まきから始めるよりも失敗が少なく、おすすめしたいのですが、植えつけ適期よりもかなり早い状態の苗や、育ちすぎている苗、軟弱な苗なども多いのが現状です。

そのような苗を植えつけても、収穫できなかったり、できても質が悪かったりと、せっかく正しい栽培管理を行ってもムダになる心配があります。

つまり、苗からの野菜づくりに成功するかどうかは、最初の苗選びにかかっているのです。

苗のどこを見ればよいか

よい苗を選ぶためには、❶節間《せっかん》が詰まり、がっしりしていること、❷葉の色が濃く、病害虫にやられていないこと、❸根鉢《ねばち》（ポットから抜いた状態の土のかたまり）ができていて、根が白いこと、の３つをチェックするのが基本です。

❸について、ポットから抜いて根の状態を見ることができない場合は、ポットの底穴から根を見て判断します。

いちばん下に健康な双葉がついていること、下葉が枯れたり黄色く変色していないこともチェックしましょう。下葉が枯れている苗は、すでに植えつけの適期を逃している可能性があります。

また、できれば「つぎ木苗」を選びましょう。多少高価ではありますが病気に強く、連作障害にも抵抗性があり、生育もよいのでおすすめです。

市販苗のチェックポイント

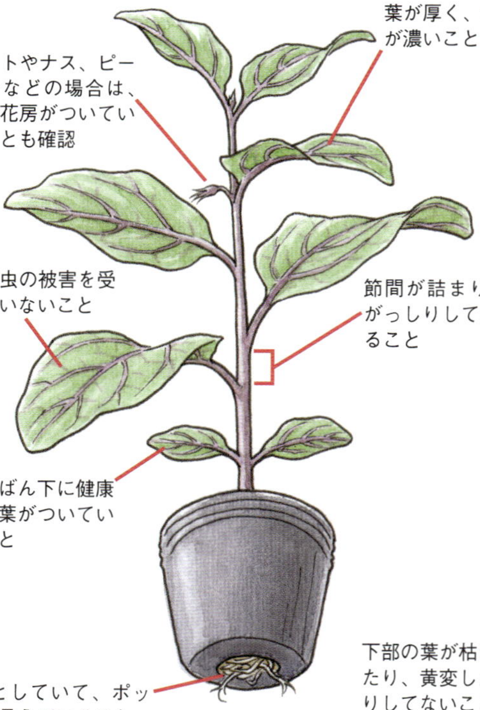
葉が厚く、色が濃いこと
トマトやナス、ピーマンなどの場合は、第一花房がついていることも確認
病害虫の被害を受けていないこと
節間が詰まり、がっしりしていること
いちばん下に健康な双葉がついていること
下部の葉が枯れたり、黄変したりしてないこと
根張りがしっかりとしていて、ポットの底から白い根が見えていること

よい苗を選ぶ3つのポイント

❶節間が詰まって間延びしていないこと

❷葉が厚く、色が濃く、病害虫にやられていないこと

❸しっかりと根鉢ができていて、底の根が白く元気なこと

つぎ木苗を見分けるポイント

トマトやナス、キュウリ、スイカなどは、高価だが病気に強い「つぎ木苗」がおすすめ。見分けるポイントは双葉の上のつぎ目（写真の○で囲んだ部分）

苗の植えつけ方

ポットまきで育てるか、購入するかした苗を畑に植えつけます。ここでは、植えつけの基本作業や、水やりの方法について紹介します。

畑に苗を植えつける

ポットなどである程度の大きさまで育てた苗を畑に植え替える作業を「植えつけ」といいます。

植えつけの前に、あらかじめ土づくりをしておきます。一般的には、植えつけの約２週間前までに石灰を散布して土壌酸度の調整を行い、１週間前までには堆肥や化成肥料などの元肥《もとごえ》を施し、よく耕しておきます（P. 10参照）。

畝を立てた後にその表面をポリエチレンフィルムやわらなどで覆っておく（マルチング）と、地温が上昇します。高温を好む野菜は苗の活着《かっちゃく》がよくなるので、野菜の種類によってはマルチングをしておきましょう（詳しくはP. 40参照）。

また、キュウリなどは植えつけの前にあらかじめ支柱を立てておく方法もあるので、それぞれの作業日程を調整して準備を行いましょう。

苗を植えつけるには、なるべく風のない、曇った日がもっとも適しています。(とくに夏場の)晴天時は日差しが強すぎて、苗がすぐに弱ります。また、風が強いと苗が倒れたり、茎が折れて傷んだり、水分を失ってしおれたりすることがあります。

植えつけの作業は、まず畝に移植ゴテで根鉢《ねばち》（ポットから抜いた状態の土のかたまり）がすっぽり入るぐらいの大きさの穴（植え穴）を掘ります。野菜の種類によっては、根鉢が少し出るぐらい浅めに植えつける「浅植え」や、茎が少し隠れるぐらい深めに植えつける「深植え」にすることがあります。次にじょうろのハス口を外して手で覆い、植え穴に水がたまるぐらいたっぷりと注ぎます。

水が引いたら、ポットから根鉢が崩れないように注意しながら苗を抜きます。人さし指と中指で茎の根元を押さえ、苗を逆さにしてゆっくり抜くと、簡単にポットから外せます。

植え穴に苗を入れたら、株元に土を寄せ、手で軽く押さえて土と根鉢をなじませます。また、植えつける前に液体肥料を水で1000倍に薄めたものを苗にかけておくと、活着しやすくなります。

浅植えは根鉢が少し出る程度。深植えは茎が少し隠れる程度

植えつけたらたっぷりと水をやる

植えつけが終わったら、株元や畝全体にたっぷりと水をやりましょう。

植えつけて新しい根が出るまでは、十分に吸水することができないので、葉から水分が蒸発しすぎると、しおれたり葉が枯れたりします。とくに乾燥が続いたときや風が強い日にはそれが著しく、植え傷みを起こします。植えつけ後の水やりは、植え傷みを防ぐためにも大切な作業です。

その後は、土が乾燥してきたら水をやるのが基本ですが、野菜の種類によっては乾燥を好むものや湿った土壌を好むものがあるので、それぞれの特性に合わせて行いましょう。

苗の植えつけ方

1 移植ゴテで植え穴を掘る

2 植え穴にたっぷりと水を注ぐ

3 たまった水が引くまで待つ

4 人さし指と中指で茎の根元を押さえ、苗を逆さにする

5 根鉢を崩さないよう、ていねいにポットから抜く

6 植え穴に根鉢を入れる

7 株元に土を寄せる

8 手で軽く押さえ、土と根鉢をなじませる

9 ハス口を上に向けたじょうろでたっぷりと水をやる

主な野菜の吸水量（生育初期と生育最盛期）

野菜の種類	生育初期の吸水量（ミリリットル）	生育最盛期の吸水量（ミリリットル）
レタス	20〜40	100〜 200
セロリ	50〜100	300〜 500
トマト	50〜100	1500〜2500
ピーマン	50〜100	1500〜2500
キュウリ	100〜200	2000〜3000

収穫までの基本作業

種まきや苗の植えつけ後、収穫するまでにはさまざまな作業を行う必要があります。すべて大切な作業なので、ここで基本を押さえておきましょう。

栽培作業の流れ

野菜の種類によっては必要のない工程も含まれていますが、一般的な栽培作業は下のような流れで行います。覚えておくとよいでしょう。

種まき／植えつけ（P.26／P.32参照）
»
間引き（P.29参照）
»
除草
»
追《つい》肥《ひ》
»
土寄せ
»
中《ちゅう》耕《こう》
»
摘《てき》心《しん》・わき芽かき（果菜類など）
»
支柱立て・誘《ゆう》引《いん》（果菜類など）
»
収穫

1. 除草

雑草を取り除く

日本は降水量が多く、春から秋まで比較的気温も高いので、野菜だけでなく、雑草も旺盛《おうせい》に繁茂します。雑草は土中の養分や水分を奪ったり、苗を覆うように伸びて日光を遮るなど、野菜の生育に悪影響を及ぼします。

とくに生育初期の苗では、溶けてなくなってしまうこともありますが、逆に生育後期になれば、野菜が繁茂して雑草の生長は抑えられます。

除草の作業は、雑草を手でむしり取るか、除草ガマやレーキ、ホーなどを使って刈り取ります。

除草剤を使う方法もありますが、家庭菜園の場合は畑の面積も広くはないですし、なるべく無農薬栽培を目指して、安全・安心な野菜を育てましょう。

日ごろからよく観察し、雑草が生えてきたらこまめに摘み取る

2. 追肥

生育中に肥料を追加する

野菜は生長するにつれて、養分を多く吸収するようになる傾向があります。

また、すべての養分を元《もと》肥《ごえ》として施しても、雨などによって徐々に流失してしまいます。

そこで、野菜の生育を見ながら肥料を追加する「追肥」という作業を行います。

追肥として施すのは主に化成肥料（窒《ちっ》素《そ》肥料）で、施す分量や場所は異なりますが、一般的には、追肥用の化成肥料30〜50g/m^2程度を株元や畝間に施します。

また、水で500〜1000倍に薄めた液体肥料を、葉面に散布する方法などもあります。

株間への追肥
株と株の間に肥料を施す

畝間への追肥
畝と畝の間（通路）に肥料を施す

条間への追肥
株の列と列の間に肥料を施す

除草ガマを使って刈り取り作業を行うと、中耕（P.36参照）の効果もある

3. 土寄せ

畝間の土を株元に盛る

畝間の土を株元に寄せて盛る作業を「土寄せ」といいます。

この作業には、株の倒伏《とうふく》を防ぐ、根菜類の地下部が露出して色づくのを防ぐ、雑草の発生を抑える、ネギなどを軟白《なんぱく》させる、低くなった畝を高くすることで排水性を高める、などの効果があります。

株元への土寄せ

株元に土を寄せることで、株を安定させる

高い土寄せ

ネギなど軟白栽培する場合は、土をたっぷりと寄せて高く盛り上げる

4. 中耕

栽培中に耕し、土を軟らかくする

初めに軟らかく耕した畑の土も、しばらく栽培を続けていくうちに、雨などの影響で表面が硬くなります。

そうなると通気性や排水性が悪くなり、野菜の生育に悪影響を及ぼします。

また、知らないうちに雑草も生えてきて、野菜の生長を阻害します。

そこで、株間や畝間の表層を軽く耕して雑草を除去し、土の表面を軟らかくする「中耕」という作業を行います。

中耕は、畑の様子を見ながら1カ月に1～2回、追肥と土寄せをかねて行うのが普通です。

❶雨などで表面が硬くなり、雑草も生えてきたイチゴ畑
❷畝の表層を耕して土を軟らかくし、同時に雑草を除去する

5. 摘心・わき芽かき

芽を摘み取って、生長を調整する

茎の先端（生長点《せいちょうてん》）を摘み取ることを「摘心」といい、茎と葉のつけ根から出るわき芽（側枝《そくし》）を摘み取ることを「わき芽かき」といいます。いずれも、主に果菜類の栽培時によく行う作業です。

例えばトマトは、すべてのわき芽を摘み取り、中心の茎（主枝《しゅし》）だけを伸ばして育てる「1本仕立て」で栽培します。花房が5～6段着いたところで摘心するのが一般的です。

摘心には着花を早める効果（スイカなど）やそれ以上伸びないようにする効果（トマトなど）があり、わき芽かきには日当たり・風通しをよくする効果や、生育を調整することで果実の肥大を促す効果などがあります。

茎の先端部分をはさみで切り取る（写真はトマト）

茎と葉のつけ根から伸びてきた芽をかき取る（写真はキュウリ）

6. 支柱立て・誘引

支柱を立てて茎やつるを結び、倒伏を防ぐ

立てた支柱に茎やつるをひもなどで結びつける作業を「誘引」といいます。これによって草丈が高くなる野菜も倒れにくくなります（支柱立ての作業はP.38 参照）。

ただし、支柱にきつく結びつけると、茎やつるの生長の障害になるばかりか、茎が傷んだり、風によって折れたりすることがあります。

茎やつるが生長して太くなることや風などで動くことを考慮し、ひもを8の字に数回ねじって「あそび」をつくり、茎と支柱の間にゆとりを持たせて結びつけるようにしましょう。

誘 引
❶茎にかけたひもを数回ねじり、あそびをつくる
❷適度に距離を取って、支柱に結びつける

支柱の立て方

重い実をつける果菜類やつる性の野菜を栽培する場合は、株が倒れないように支柱を立てる必要があります。ここでは、支柱の立て方とその使い分けを紹介します。

支柱を立てるメリット

草丈が高くなる野菜は、自然のままにしておくと実の重みや風などによって株が倒れてしまい、うまく栽培できません。そこで、支柱を立てて茎やつるを誘引《ゆういん》し、株の倒伏《とうふく》を防ぎます。そのほかにも、まっすぐに生長させることで収穫が簡単になる、病害虫の防除がしやすい、収穫できる量が多くなる、といったメリットがあります。

また、支柱の立て方にはいくつかの方法があり、野菜の種類によって使い分けます。

仮《かり》支柱

植えつけ直後の苗を安定させるのに用いる

苗を植えつけた直後は、まだ根がしっかりと張っていないので、倒れやすく不安定です。

そこで、60～70cmほどの短い支柱を苗のわきに立てて茎を誘引し、安定させます。

この支柱を「仮支柱」といい、株が生長してきたら、長い支柱（本支柱）に切り替えます。

直《ちょく》立《りつ》式

オクラやシシトウ、ピーマン、ナスなどに用いる

株のわきに支柱をまっすぐ立てる方法です。

オクラやシシトウ、ナスなどの草丈があまり高くならず、実の比較的重くならない果菜類に適しています。

合《がっ》掌《しょう》式

キュウリやトマト、ニガウリなどに用いる

畝の両側から支柱を斜めに刺して交差させ、横に支柱を１本渡す方法です。

直立式より安定するので、キュウリやトマトなどの草丈が高くなり、比較的重い実をつける果菜類に適しています。

あんどん型

エンドウなど、つるが伸びる野菜に用いる

株や畝の回りを囲むように支柱を立て、その回りにひもを巻き、結びつけていく方法です。

つるが伸びるマメ科などの野菜に適しています。

支柱の立て方（合掌式）

支柱の先端を確認し、とがっている側を畑に刺す

苗を植えつける位置を決め、それより外側の位置で支柱を斜めに刺す

反対側からも支柱を斜めに刺し、両支柱を交差させる

高さをそろえて数カ所に刺し、交差している部分に支柱を１本渡す

交差している部分をひもでしっかりと結ぶ

補強のため、支柱を１本斜めに渡し、各支柱の接点とひもで結ぶ

マルチのかけ方

マルチをかけることで、地温を上げ、乾燥を防ぎ、雑草が生えるのを抑え、泥の跳ね返りによる病害を防ぐなど、より効率的な栽培ができます。

マルチをかけるメリット

土の表面をわらやポリエチレンフィルムで覆うことを「マルチング（略してマルチ）」といいます。マルチをかけると

❶地温が上がる
❷土壌水分が保たれ、乾燥を防げる
❸雑草が抑えられる（黒マルチの場合）
❹泥の跳ね返りによる病害を防げる

などのメリットがあります。

一般的にはポリエチレンフィルム製の「ポリマルチ」を使うことが多く、色によって特徴的な効果があります。

もっともよく使われる黒マルチは、地温を上げるほか、雑草が生えるのを抑える効果があります。

透明マルチは、地温を上げる効果が高いので、冬場の栽培に向いています。

シルバーマルチは、地温がそれほど上がらないので、夏場の防暑《ぼうしょ》に適しているだけでなく、日光を反射するので光を嫌うアブラムシの防除に効果があります。

幅のサイズもさまざまで、市販されているものでは95cm、135cm、150cmなどが一般的です。畝幅に合わせて使い分けます。

また、等間隔で植えつけ用の穴があいているものや、株間などの目安になる目盛りがついているものなどもあるので、目的や予算に応じて利用するとよいでしょう。

最近では、やや高価ですが、土中で分解される生分解性《せいぶんかいせい》のマルチも市販されています。

もっともよく使われている黒マルチ

植えつける位置がわかりやすい穴あきの黒マルチ

株間の目安になる目盛りつきのマルチ

ポリマルチの色と効果

色	効果
黒マルチ	地温を適度に上げる。雑草の繁殖を抑える
透明マルチ	地温を上げ、育成を早める
グリーンマルチ	地温を上げすぎず、日光も入りやすい。雑草を抑制し、根焼けを防ぐ
シルバーマルチ	地温を上げすぎない 雑草の繁殖を抑える。日光を反射し、アブラムシを防除する

夏場に向いているグリーンマルチ

マルチのかけ方

1 畝幅より左右各15cmほど広いマルチを畝の端にのせる

2 マルチのすそを畝の端に埋め、足で踏んでしっかりと固定する

3 マルチを畝よりも長く伸ばしてピンと張る

4 畝の端でマルチに土をかけ、足で踏んでしっかりと固定する

5 くわでマルチを切り離す（はさみなどで切ってもよい）

6 畝のサイドのマルチを足で踏んでピンと張り、土をかける

7 同じように少しずつ土をかけていき、両サイドを固定する

8 風で飛ばされないよう、畝の中央に重しとして土をのせておく

寒冷紗のかけ方

寒冷紗をかけて栽培すると、寒さ・暑さ・強風・大雨・乾燥・鳥による食害・害虫など、さまざまな悪条件から野菜を守ることができます。

無農薬栽培も可能に

寒冷紗《かんれいしゃ》は、低温期には幼苗や株の保温のため、高温期には遮光《しゃこう》することで暑さをしのぐために使います。それによって、冬作の収穫期間を長くしたり、植えつけを早めたりすることができるようになります。

防寒・防暑以外にも、強風や大雨による株の倒《とう》伏《ふく》を防ぐ効果や、害虫がつくのを防ぐ効果などもあります。

そのため、夏などの害虫が多く発生する期間に寒冷紗をトンネル状にかけて栽培（トンネル栽培という）すれば、無農薬栽培も可能になります。

寒冷紗には２つのタイプがある

寒冷紗には、白と黒の２つのタイプがあります。黒いタイプは遮光効果が高いので、夏場の日《ひ》除《よ》けに向いています。白いタイプは霜除け・保温・保湿・防虫効果があり、春・秋・冬に使います。

初めて購入する場合は、オールマイティに使える白い寒冷紗をおすすめします。

色の違いのほかにも、網目の細かさや材質など、用途別にさまざまなタイプのものがあるので、使い分けてみるとよいでしょう。

また、寒冷紗のほかに不《ふ》織《しょく》布《ふ》（べたがけ資材）も畑を覆う被覆《ひふく》資材としてよく利用されています。

これは、畑に直接かけて栽培するもので、寒冷紗と同じように、霜除け・保温・発芽ぞろい（芽がそろって出る）・早どり・鳥害防除・防虫など、さまざまな効果があります。用途や予算に応じて使い分けましょう。

オールマイティに使える白い寒冷紗

かけ方には２つの方法がある

寒冷紗のかけ方には、畑に直接かける「べたがけ」と、アーチ状にした支柱の上にかける「トンネルがけ」の２つの方法があります。

寒冷紗はトンネルがけに、不織布はべたがけによく用いられます。べたがけの方法はマルチングのかけ方と同じです。ただし、切るときにははさみを使います。

また、寒冷紗も不織布も、かけたまま水をやることができます。

発芽するまでや発芽した直後の保護、草丈の低い葉菜類などの栽培には、べたがけが便利。かけたまま水やりもできる

寒冷紗のトンネルがけ

畝の肩に50～60㎝程度の等間隔で細い支柱を刺していく

支柱をアーチ状に曲げ、反対側の畝の肩に刺す

アーチの高さをそろえる

アーチの上に寒冷紗をかける

寒冷紗の端を土で埋める

寒冷紗の周りを土で埋め、固定する

アーチにした支柱と支柱の間に、新しく支柱を刺す

新しく刺した支柱をアーチ状に曲げ、寒冷紗を固定する

病害虫の防除のしかた

野菜づくりに病害虫被害はつきものです。ここでは、病害虫の予防対策と、被害を受けてしまったときの対処法を紹介します。

まずは「予防」対策をとること

野菜を栽培するときに、病気や害虫の被害を受けることは避けられません。

病気や害虫による被害を防ぐためには、農薬を使って防除するのがもっとも効果的ですが、病害虫の予防対策をとっておけば、農薬の使用を控えることができます。それにはまず、栽培する環境を整えて、管理をしっかりと行うことが大切です。

具体的には、日当たりと風通しがよい場所を選んで栽培することです。とくに、庭で栽培をする場合は、風の通りにくいブロック塀《べい》などに近い場所は避け、南向きで風が吹き抜ける場所を選びましょう。

また、野菜の栽培に適した土づくりや畝立て、間引き、除草、追肥《ついひ》・土寄せ、中耕《ちゅうこう》などの基本作業をしっかりと行うことも、病害虫を防ぐのに効果があります。

ほかにも、よい苗を選ぶ、病害虫に対して抵抗性のある品種を利用する、連作を避ける、マリーゴールドを畑の周りに植えてセンチュウの被害を防ぐ、害虫に対して忌避《きひ》効果のあるシルバーストライプマルチなどを利用する、寒冷紗《かんれいしゃ》などをかけて害虫の侵入を防ぐ、害虫を見つけたら捕殺するなどのちょっとした心がけと努力が、病害虫の予防対策となります。

病害虫の予防対策

対　策	効　果
石灰を散布して耕す	畑に石灰を散布してよく耕し、土壌酸度を調整することで病害を予防する
土を寒気にさらす	土を荒く掘り起こして、寒気にさらすことで病害虫を防除する
株間をあけて植えつける	株間を広くとることで、日当たりや風通しを確保する
連作を避ける	連作を避けることで、障害を未然に防ぐ
トンネル栽培にする	寒冷紗をかけることで、害虫の侵入を物理的に防ぐ
マルチングを利用する	害虫に対して忌避効果のあるシルバーストライプマルチなどを敷く
反射テープを利用する	株周りに張ることで、光を嫌うアブラムシを防除する
水をシャワー散布する	ナスなど、朝夕にシャワー散布してアブラムシを洗い流す
牛乳を散布する	薄めた牛乳をアブラムシに散布して駆除する
被害株を早めに処理する	病気の葉や株を取り除くことで、被害の拡大を防ぐ

主な野菜に発生する病害虫と対策

野　菜	病害虫	対　策
イチゴ	ウドンコ病	カリグリーン®800～1000倍を散布する
キャベツ	アオムシ・コナガ	捕殺するか、トアロー®フロアブルCT1000倍を散布する
キュウリ	ベト病	ダコニール®1000の1000倍を散布する
	ウリハムシ	捕殺するか、マラソン®乳剤1000倍を散布する
ダイコン	アブラムシ	オレート®液剤100倍かマラソン®乳剤2000倍を散布する
ナス	ハダニ	粘着くん®液剤100倍を散布する
ネギ	サビ病	サプロール®乳剤800～1000倍を散布する

主な病害虫の種類と症状

病　気	症　状
ウイルス病	葉にモザイク状の斑点が出て枯れる
ウドンコ病	葉の表面に白い粉状のカビが広がる
立ち枯れ病	地面近くの茎が腐ってしおれる
つる割れ病	地面近くの茎が枯れ、葉が黄色く変色して枯れる
軟腐《なんぷ》病	地面近くの葉から株全体が腐り、悪臭を放つ
灰色カビ病	葉や茎・花に灰色のカビが生える
ベト病	葉に多角形の斑点が出て、やがて褐色になり、葉裏に灰色のカビが生える
害　虫	**症　状**
アオムシ	モンシロチョウなどの幼虫が主に葉を食害する
アザミウマ（スリップス）	葉や花の汁を吸い、かすり状にする。1～2㎜程度の小虫
アブラムシ	葉や茎、根の汁を吸う
キスジノミハムシ	幼虫は根を、成虫は葉を食害する。成虫はツヤのある黒地に黄色の縦縞《たてじま》が2本ある
コナガ	1㎝程度の緑色の幼虫が葉裏にいて、葉脈を残して食害する
センチュウ	土中に生息し、根を腐らせたり、根にコブをつくったりする
ハダニ	葉に群がり、汁を吸う。葉には白い斑点ができる
ヨトウムシ	夜間に葉や茎を食い荒らす。葉裏に卵を産みつけ、灰褐色のイモムシになる

被害を受けたときの対処法

しかし、いくら予防対策をとっていても、害虫はエサを求めて外から飛来、または土中から侵入しますし、病原菌は雨の跳ね返りなどで土から感染してしまいます。

そのまま放置しておけば、ほかの野菜にまで被害が拡大する場合もあるので、農薬による防除も考えなければいけません。

農薬は防除効果が高いのですが、使用法を誤ると逆に薬害が発生する場合もあるので、散布する前には必ず使用法を確認し、適切な使用時期・回数・濃度・散布量などを守りましょう。

また、農薬にはそれぞれ適応する病気や害虫、対象の野菜が定められています。病気や害虫の名前や、対象の野菜に使えるかどうかがわからない場合は、各都道府県の農業改良普及センターや農協、園芸店などに相談するとよいでしょう。

農薬を使用することに抵抗がある場合は、安全性の高いオレイン酸ナトリウム剤（石鹸《せっけん》の成分のひとつ。本書では「オレート®液剤」）や、ＢＴ剤（バチルス・チューリンゲンシスという細菌が生成するタンパク質を利用した、人体には無害な生物農薬。有機栽培でも使用することができる。本書では「トアロー®フロアブルＣＴ」）などを使うようにしましょう。

農薬の散布の手順

服装の準備

薬剤の皮膚への付着や吸入を防ぐため、ゴム手袋、マスク、メガネ、長袖シャツを着用。散布後は、顔や手をよく洗う

薬剤の表示確認

適応する病害虫や対象の野菜を確認して購入し、使用前に再度、使用時期や回数、濃度、散布量などを確認する

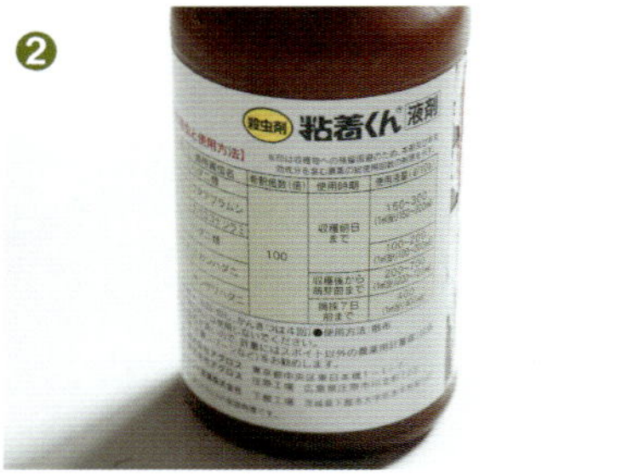

薬剤の準備

薬剤を規定量の水に加えてよく攪拌する（展着剤を必ず加える）

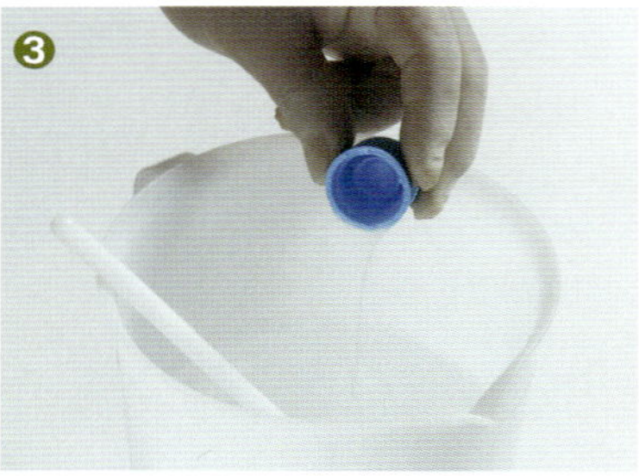

葉裏への散布

葉裏につく害虫が多いので、株の下から上へ動かすように散布。また、薬剤を浴びないように風上から散布すること

全体への散布

株から20〜30㎝ほど離れたところから、株全体にまんべんなく散布する

病気

ウイルス病

アブラムシにより伝染される。写真はトマトの葉が糸状になった状態（糸葉症状）

半《はん》身《しん》萎《い》凋病《ちょうびょう》

土中のカビによって株の半分が枯れてしまう病気。やがて株全体の葉がしおれて枯れる（写真はナス）

害虫

アブラムシ

代表的な害虫で、ほとんどの野菜につく。葉や茎、根の汁を吸い、ウイルス病を媒介する

カメムシ

マメ科などの野菜によく見られ、葉や実の汁を吸う

テントウムシダマシ

植物を食べるテントウムシ。写真のオオニジュウヤホシテントウやよく似たニジュウヤホシテントウはナス科の野菜の葉を食害する

家庭菜園で見られる主な病害虫

ウドンコ病

葉の表面に白い粉状のカビが広がる。多発すると、果実の肥大が悪くなる（写真はカボチャ）

疫病《えきびょう》

トマトに多く見られる。発生すると広がるのが早く、やっかいな病気。カビが原因で起こり、茎に黒褐色の病斑ができる。梅雨時期や秋の長雨の頃によく発生する（写真はトマト）

ベト病

葉に多角形の斑点が出て、やがて褐色になり、葉裏に灰色のカビが生える。下部の葉から症状が表れ、上部の葉へと伝染していく（写真はキュウリ）

生理障害

裂果《れっか》

果実が色づき、熟してから雨に当たると発生する生理障害（写真はミニトマト）

アオムシ

主に葉を食害する。モンシロチョウの幼虫はキャベツなどにつく

ウリハムシ

ウリ科の野菜の害虫で、幼虫は根を、成虫は葉を食害する

キアゲハ

幼虫が、ニンジンやパセリなどセリ科の野菜の葉を食害する

ケムシ

ドクガの仲間の幼虫が、エダマメの葉を食害する。毒があるので触ると危険

コガネムシ

幼虫は根を食害し、成虫は葉脈を残して葉を食害する

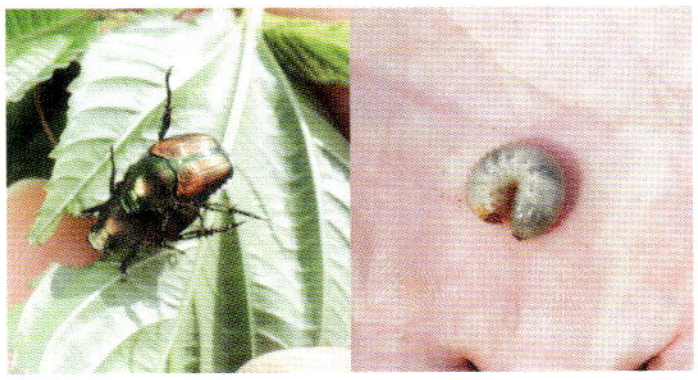

ヨトウムシ

夜盗虫の名のとおりに夜、土中から出てきて葉を食害する。ヨトウガの幼虫

ミナミキイロアザミウマ

葉や花、実の汁を吸い、かすり状にする（写真は被害を受けたナス）

そろえたい基本の道具

栽培作業を効率よく行うため、野菜づくりを始める前にそろえておきたい基本の道具とその使い方を紹介します。

必ず用意する5つの道具

くわ、スコップ、移植ゴテ、剪定ばさみ、じょうろ。この5つの道具があれば、とりあえず栽培を始めることができます。

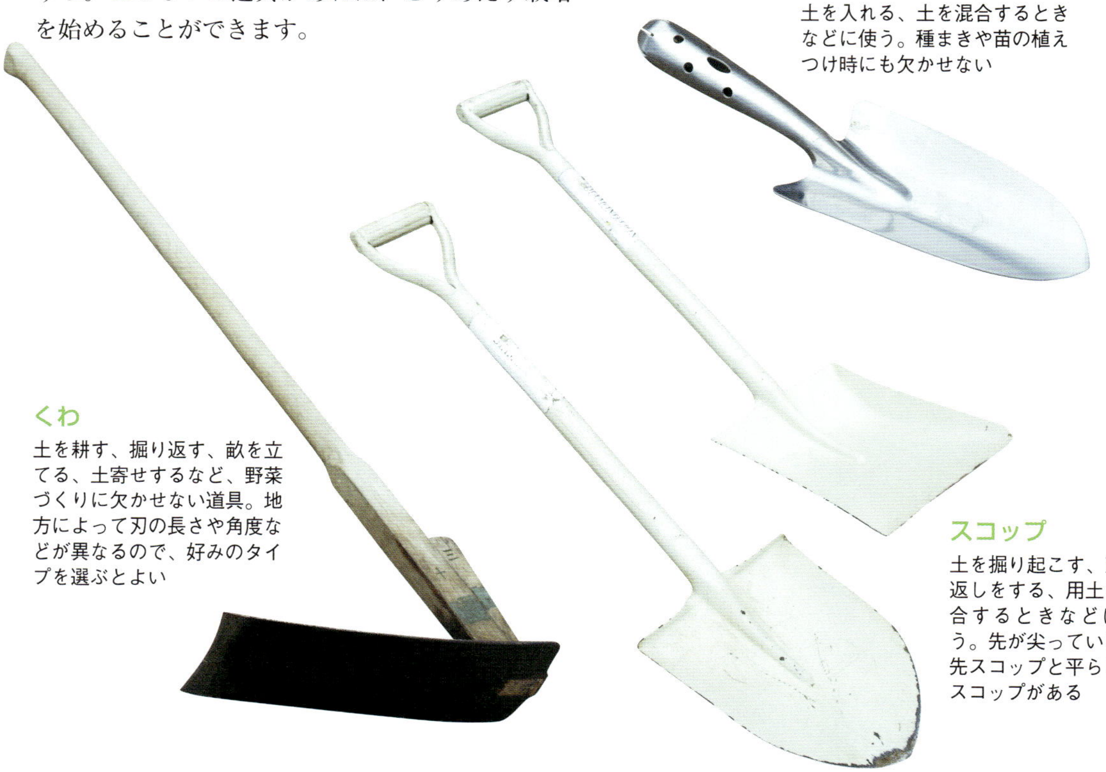

移植ゴテ

畝に植え穴を掘る、鉢などに用土を入れる、土を混合するときなどに使う。種まきや苗の植えつけ時にも欠かせない

くわ

土を耕す、掘り返す、畝を立てる、土寄せするなど、野菜づくりに欠かせない道具。地方によって刃の長さや角度などが異なるので、好みのタイプを選ぶとよい

スコップ

土を掘り起こす、天地返しをする、用土を配合するときなどに使う。先が尖っている剣先スコップと平らな角スコップがある

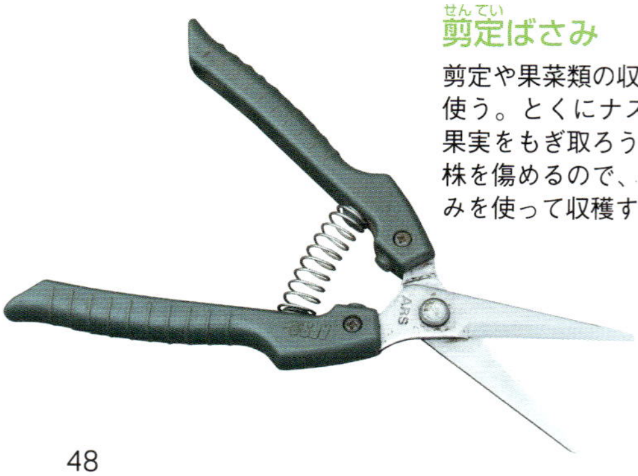

剪定《せんてい》ばさみ

剪定や果菜類の収穫によく使う。とくにナスなどは、果実をもぎ取ろうとすると株を傷めるので、必ずはさみを使って収穫する

じょうろ

種まきや植えつけ作業の前後、乾燥時の水やりに使う。「ハス口」を上向きにしたり下向きにしたりして、水の出方を調整できるように、ハス口を取り外せるタイプがよい

そろえたい８つの道具

青菜類なら前述の５つの道具があれば栽培できますが、その他いろいろな野菜を栽培するには、これらの道具も必要になります。

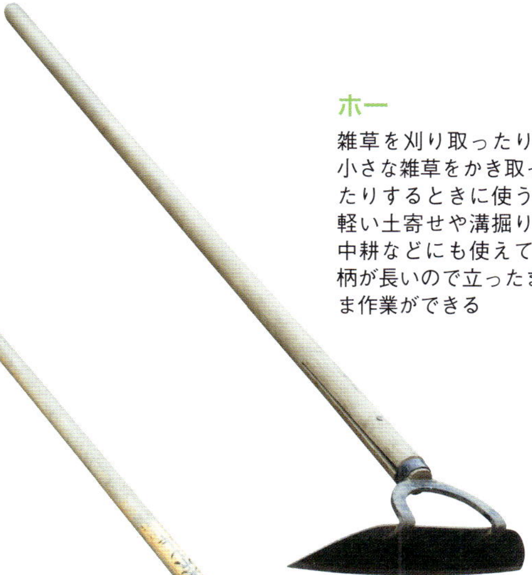

ホー

雑草を刈り取ったり、小さな雑草をかき取ったりするときに使う。軽い土寄せや溝掘り、中耕などにも使えて、柄が長いので立ったまま作業ができる

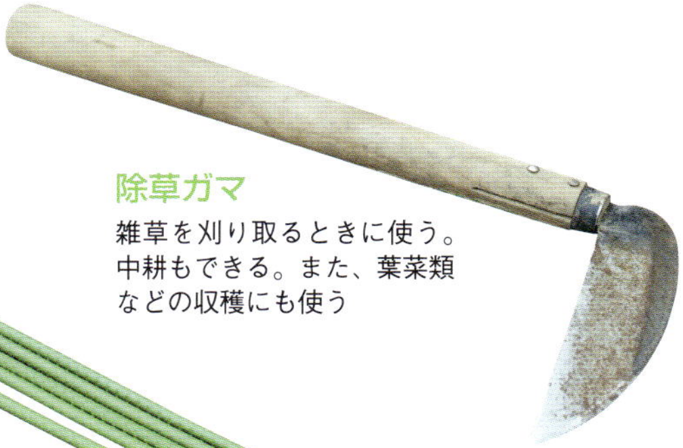

除草ガマ

雑草を刈り取るときに使う。中耕もできる。また、葉菜類などの収穫にも使う

支柱

果菜類やつる性の野菜などを栽培する際に必要。1～2m程度のものを用意しておくとよい

レーキ

畝を立てた後、表面を平らにならすときに使う。また、土の表面の除草や刈り取った雑草を集めるのにも使える

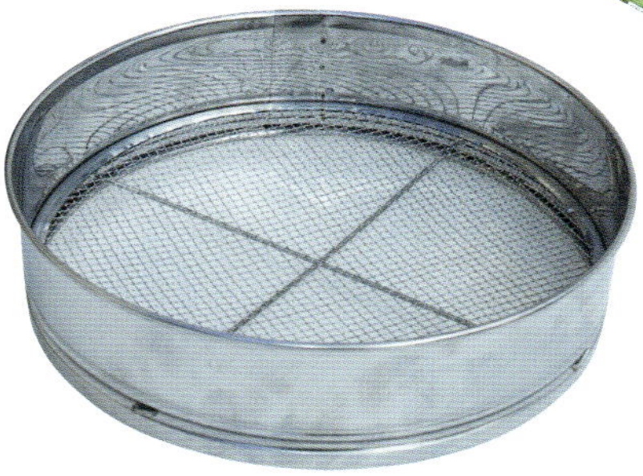

ふるい

土をふるい分ける道具。粒の大きさによって土を分けられる。種まき後に、土を浅くかける作業にも使える

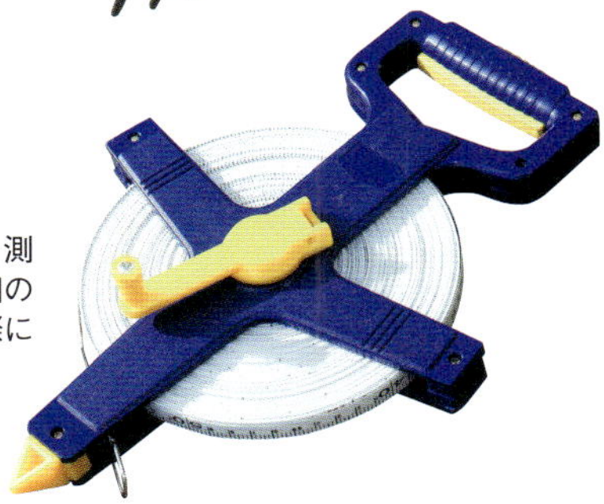

巻《ま》き尺《じゃく》

畝幅や株間などを測るときに使う。畑の区画分けをする際にも便利な道具

黒マルチ

果菜類の多くは、マルチをかけて栽培すると失敗が少なくなる

噴《ふん》霧《む》器《き》

農薬散布用の道具。容量は５～10ℓあれば十分。電池式と手動式のものがあるが、電池式のほうが手軽で使いやすい

コンテナで野菜づくり

コンテナを使えば、ベランダや庭先で野菜づくりが楽しめます。また、畑で本格的に育てる前に、コンテナでチャレンジしてみることもできます。

コンテナ栽培のポイントは4つ

コンテナで野菜づくりをする際に、ポイントとなるのは「コンテナの大きさ」「置く環境」「水やりのしかた」「植えつける用土」の4つです。注意点を挙げますので、覚えておきましょう。

置き場所の日照条件と栽培できる主な野菜

日照条件	野　菜
日当たりがよい	インゲン、キュウリ、トマト、ナス、ニンジン、ピーマンなど
半日は日が当たる	コマツナ、シュンギク、ホウレンソウなど
日当たりが悪い	ミツバ、ミョウガなど

CHECK 1. コンテナの大きさ

野菜を栽培するコンテナには深さと容量が求められます。一般的なのは、長さ約65cm、深さ約20cm、容量約15ℓの標準コンテナと呼ばれるタイプで、30〜40日程度で収穫できる葉菜類を育てるのに適しています。

長さ約85cm、深さ約30cm、容量25ℓ以上の大型コンテナは、根菜類や果菜類の栽培に使い、長さ30〜40cm程度、容量10ℓ以下の小型コンテナは、ハーブ類や小さめの葉菜類の栽培に適しています。

コンテナの種類

大型コンテナ　容量25ℓ以上

標準コンテナ　容量約15ℓ

小型コンテナ　容量10ℓ以下

CHECK2. 置く環境

ベランダでコンテナ栽培をする場合は、日当たりと風通しが問題になります。

日光を好む野菜もあれば、半日陰でも育つ野菜もあります。生育に適した気温も野菜によってさまざまです。育てる野菜の性質を知り、条件の合う場所にコンテナを置いて育てましょう。

また、風通しが悪いとコンテナの中が蒸れて野菜が弱り、病害虫が発生しやすくなります。壁際などは避け、風通しのよい場所を選びましょう。

CHECK3. 水やりのしかた

コンテナ栽培では、土の乾燥に気をつける必要があります。といって、常に湿った状態にしておくと、かえって根を傷めてしまいます。水やりは「土の表面が乾いたら与える」のが基本です。

また、水やりをする際には、コンテナの底から水が流れ出るぐらいに、まんべんなくたっぷりと与えましょう。コンテナ内の古い空気が水で押し出され、新鮮な空気が供給されます。

ただし、種をまいてから芽が出るまでは、土を乾かさないように管理しましょう。じょうろのハス口を上に向け、種が流れないよう、やさしい水流でかけてください。

CHECK4. 植えつける用土

限られた量の土で栽培するので、コンテナ栽培では畑以上に、排水性や通気性など、植えつける用土の性質が重要になります。

さまざまな用土が市販されていますが、簡単なので自分で配合してみましょう。

基本の配合比は「赤玉土４：堆肥４：腐葉土１：バーミキュライト１」で、この用土はオールマイティに使えます。

また、一度栽培し終えても、根などをきれいに取り除いて、新しい土を３分の１～２分の１ほど混ぜれば、連作障害を気にせずに続けて栽培することができます。

用土の配合

❶赤玉土、堆肥、腐葉土、バーミキュライトを４：４：１：１の割合で。化成肥料と石灰も用土１ℓあたり３ｇずつ用意
❷大きな容器にすべて入れ、よく混ぜる
❸混ぜながら少しずつ水を加えていく。強く握ったときに、指で軽く押してすぐに崩れる程度のかたまりになるのがよい

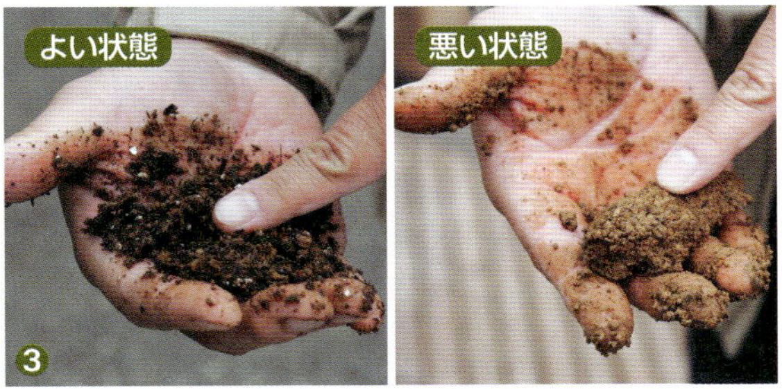

苗の植えつけ方

コンテナを準備する。土の流出と害虫の侵入防止のため、底のネットは外さない

排水性を高めるため、コンテナの底が見えなくなるぐらいに鉢底石（はちぞこいし）を敷いて、平らにならす

縁から2㎝下ぐらいまで用土を入れ、平らにならす

必要な間隔をとって植え穴を掘る

ポットから苗を抜き、植え穴に入れて株元を軽く押さえる

植えつけたところ

コンテナの底から流れ出るまで、たっぷりと水をやる

種のまき方

コンテナの底にネットを置き、鉢底石を敷いて、縁から２㎝下ぐらいまで用土を入れる

支柱などで土の表面に溝をつける

約１㎝間隔で溝の中に種をまく

指でつまむようにして土をかけ、手で軽く押さえて種と土をなじませる

コンテナの底から流れ出るまで、たっぷりと水をやる

栽培後の用土の再生法

❶ 土中の根や葉を取り除き、新聞紙の上に広げて乾かす

❷ 有機質肥料を、土の体積の５～10％程度混ぜる

❸ 握るとかたまりになる程度に、水を加えながら混ぜる

❹ 殺菌のため、ビニール袋に入れて日当たりのよい場所に１～２カ月置く

❺ 新しい用土を３分の１～２分の１程度加え、必要な肥料を混ぜる

パセリ

キョウナ

地域別栽培カレンダーつき
はじめての野菜づくり
— 本書の特徴と見方

野菜の名称・科名・難易度

野菜名の後の〈　〉内は、同じ栽培法でつくれる野菜の名前、（　）内は別名です。難易度は、★の数が多いほど栽培が難しいことを示します。

栽培の手順

土づくりや種まき、苗の植えつけ、間引き、追肥、土寄せ、剪定など、収穫までの作業を、写真やイラストを用いて、わかりやすく解説しています。
なお、苗の植えつけからの栽培をおすすめしている野菜については、種まきの解説はしていません。
※作業を行う時期は中間地を目安にしています。

その野菜の特徴などをひと言で表しています。

アブラナ科　難易度★★★☆☆

ブロッコリー

花蕾（つぼみ）と茎を利用する おいしい健康野菜

こんな場合はどうする？
・花蕾《からい》が大きくならない→適期に植えつける
・食害される→しっかりと防虫対策をとる
育てやすい品種：グリエール、緑嶺《りょくれい》など
連作障害の有無：あり（２～３年は避ける）
コンテナ栽培のポイント：スティックセニョールが向いている。深さ30cm以上の大型コンテナに、本葉５～６枚の苗を植えつけ、たっぷりと水をやる。頂部《ちょうぶ》の花蕾が２cmになったら、その下の茎を斜めに切って摘心《てきしん》し、株元に化成肥料10gを施して土寄せをする。わき芽の花蕾が10円玉大になったら、茎を20cmほどつけて収穫し、追肥《ついひ》・土寄せをしておく。
特徴的な栄養素：カロテン・ビタミンC・E（抗酸化作用）、葉酸（貧血予防）、ビタミンU（健胃《けんい》作用）、鉄（赤血球の成分）、スルフォラファン（がん予防）
オススメの食べ方：ゆでてサラダかクリームシチューに。

スティックセニョール　ブロッコリー

●…種まき　▲…植えつけ　■…収穫

栽培カレンダー		3	4	5	6	7	8	9	10	11	12	1	2
作業	寒冷地												
	中間地												
	暖地												

夏に種をまき、秋に収穫するのがおすすめ

地中海沿岸が原産。肥大した花蕾を利用するように品種改良されたキャベツの仲間です。栄養価の高い野菜で、カロテン・ビタミンC、Eを多く含み、がん予防作用があるといわれるスルフォラファンを含むことでも注目されています。

生育適温は20℃前後と比較的冷涼な気候を好みます。苗の頃は高温に強いのですが、花蕾が肥大する頃には弱くなるので、７月下旬～８月中旬に種をまいて苗を育て、10月下旬から収穫します。

種まきから75～80日で収穫できる早生《わせ》品種、90～95日で収穫できる中生《なかて》品種、大型になる晩生《おくて》品種に分けられます。主な品種は「グリエール」「ハイツ」「緑嶺」などです。最近は「スティックセニョール」という、小さな花蕾と長く軟らかい茎を利用する家庭菜園向きの品種も人気です。

スティックセニョール（左）とブロッコリー（右）

204

葉菜類　ブロッコリー

1. 種まき
7月下旬～8月中旬に行う

９cm径のポットに培養土を入れ、５～６カ所のくぼみをつけて、１粒ずつ種をまきます。芽が出たら３本に、本葉２枚で２本に、３～４枚で１本に間引き、５～６枚になったら植えつけます。

❶５～６カ所のくぼみをつけ、種をまいて、水をやる
❷❸発芽したら、３本に間引く

2. 土づくり・植えつけ・追肥
１回目の追肥は本葉10枚の頃に行う

植えつけの２週間前、石灰100g/m²を散布して耕します。１週間前、畝幅を60cmとして中央に深さ20cmの溝を掘り、堆肥２kg/m²と化成肥料100g/m²を施して埋め戻し、高さ10cmの畝を立てます。株間40cmで植え穴を掘り、たっぷりと水を注ぎます。水が引いたらポットから抜いた苗を植えつけ、根元を軽く押さえて、水をやります。

１回目の追肥は本葉が10枚になった頃に、２回目はその20日後に行います。化成肥料30g/m²を株間に散布して土を寄せます。

植えつけ　追肥

畝に植え穴を掘り、たっぷりと水を注ぐ。水が引いたら苗を植えつけ、根元を軽く押さえて、たっぷりと水をやる

株間に化成肥料30g/m²を施し、土を寄せておく

3. 収穫（種まきから約90～95日）
直径15cm程度になったら収穫する

頂部の花蕾が肥大して、１つずつの小さなつぼみがはっきりと見え、固く締まってきた状態が収穫の適期です。茎の部分も皮をむいて、アスパラガスのように利用することができます。

病害虫の防除

葉がまだ軟らかい頃に、害虫が多く発生します。見つけしだい捕殺するか、アオムシやコナガにはトアロー®フロアブルCT（BT水和剤）1000倍、アブラムシにはオレート®液剤100倍やマラソン®乳剤2000倍を散布して駆除します。べたがけ資材（不織布《ふしょくふ》、寒冷紗《かんれいしゃ》）や防虫ネットをかけて、防ぐのもよいでしょう。

花蕾の10～15cmほど下の茎をナイフで切って収穫する

栽培カレンダー

寒冷地（東北以北）、中間地（関東～中部）、暖地（西日本）と、国内を3つの地域に分けて、種まきや苗の植えつけ、収穫を行う時期の目安を示しています。
苗の植えつけからの栽培をおすすめしている野菜については、種まきの時期は記載していません。

病害虫の防除

野菜ごとに、発生しやすい病気・害虫とそれらを防ぎ、駆除する方法を紹介しています。防除に使用する薬剤は、対象となる野菜や適応する病害虫、使用法や回数などが定められているのでよく確認し、正しく使いましょう。

栽培のためのアドバイス

よく起こる失敗とその対処法や、コンテナ栽培をする際のポイントなどを紹介しています。連作障害の有無は栽培計画を立てる際の目安にしてください。オススメの食べ方には、著者の好みが大きく反映されています。

野菜の特徴・栽培のポイント

各野菜の原産地、生育に適した気候や土壌、栽培する際の注意点、家庭菜園でおすすめの品種などを紹介しています。

※本書の情報は2009年1月現在のものです。

畑でつくる野菜カタログ

果菜、根菜、葉菜、ハーブなど、80種の育て方

ナス科　難易度★★★☆☆

トマト〈ミニトマト〉

家庭菜園の一番人気 もぎたてのおいしさは格別！

こんな場合はどうする？

- 実の先端（下側）が黒くなる→石灰を散布して、カルシウムを補給する。水不足も一因
- 実が割れる→雨除《あめよ》けをして、実を雨に当てない

育てやすい品種： ホーム桃太郎《ももたろう》EX、麗夏《れいか》など

連作《れんさく》障害の有無： あり（3～4年は避ける）

コンテナ栽培のポイント： 深さ30cm以上の大型コンテナに、縁から約2cm下まで土を入れ、苗を植えつける。仮支柱を立て、ひもで結ぶ。根がしっかりと張ったら、2mほどの本支柱を立てる。第一果がふくらんできたら、化成肥料10gを追肥《ついひ》。第一果を収穫後、背丈ぐらいの高さで摘心《てきしん》する。

特徴的な栄養素： カリウム（ナトリウムの排泄《はいせつ》）、リコピン（抗酸化作用、がん予防）、カロテン・ビタミンC

オススメの食べ方： 完熟した実をスライスしてサラダに。ジュースや煮込みにしてもおいしいですね。

●…種まき　▲…植えつけ　■…収穫

栽培カレンダー		3	4	5	6	7	8	9	10	11	12	1	2
作業	寒冷地			▲	―	■	―	―	―				
	中間地		▲	―		■	―						
	暖地		▲	―	■	―	―						

第一花房からしっかりと着果させたい

トマトは、南米のアンデス高原地帯が原産。日当たりと水はけのよい土壌を好み、比較的冷涼な気候かつ昼夜の気温差が大きい条件下でよく生育します。高温多湿は苦手です。

ほかの果菜類にもいえることですが、栽培では、葉や茎、根を伸ばす「栄養生長」と、花や実、種をつくる「生殖生長」とをバランスよく維持していくことが大切です。例えば、窒素《ちっそ》を多く含む肥料を施しすぎると、葉ばかりが繁って実のつかない「つるぼけ」になります。つるぼけ対策として、もうひとつ重要なのが「第一花房《かぼう》からしっかりと実をつけさせる」ことです。また、高温多湿の梅雨期には病気にかかりやすくなります。防除には、定期的な薬剤散布が効果的です。

家庭菜園向きの品種としては、上記のほか、病気に強い「瑞光《ずいこう》102」「サターン」「招福《しょうふく》」、完熟しても実の傷みが少ない「桃太郎」シリーズなどが人気です。

ミニトマトの栽培のポイントはほぼ同じですが、トマトより手がかからず、育てやすいでしょう。

1. 苗選び

葉の色つやがよい苗を選ぶ

トマト栽培のポイントはよい苗を選ぶことです。節と節の間が詰まり、葉に厚みがあり、色が濃くてつやがよく、双葉がまだついている苗を選びましょう。逆に、葉が縮れていたり縁がめくれている苗は避けましょう。また、ポットから抜ける場合は根もチェックします。根が巻いている苗は、植えつけてもまともに生長しません。

POINT 1：節間が詰まっている苗を選ぶ

POINT 2：つぎ木苗（◯部分がついだ跡）を選べば、連作できる

POINT 3：根が巻いていない苗を選ぶ

2. 土づくり・マルチング

根が深く伸びるので、しっかりと耕す

根が深さ１m、幅２～３m程度に伸びるので深く耕し、水はけをよくするために畝を高く立てておきましょう。また、カルシウムが不足すると尻腐《しりぐさ》れ症になるので、植えつけの２～３週間前に、石灰150g/m^2を散布してよく耕します。

植えつけの１週間前に、畝幅を120cmとしてひもを張り、その中央に深さ30cmの溝を掘って堆肥４kg/m^2と化成肥料100g/m^2、ヨウリン50g/m^2を施し、埋め戻します。高さ20cmの畝を立て、マルチをかけて地温を上げておきましょう。

❶植えつけの２～３週間前、石灰を散布してよく耕す。１週間前、中央に深さ30cmの溝を掘る
❷❸溝に堆肥・化成肥料・ヨウリンを施して埋め、高さ20cmの畝を立てる
❹マルチをかけて、その中央に土か石をのせる

3. 植えつけ

花房を通路側に向けて植えつける

晩霜《ばんそう》の心配がなくなる4月下旬～5月中旬に植えつけます。市販の苗はポットが9cm径と小さいので、12cm径のポットに移して、一番花が咲くまで育てます。

植えつけは、マルチに株間を約45cmとって穴を2列あけ、10cmほどの深さに掘ります。水をたっぷりと注ぎ、水が引いたら苗を深めに植え、根元を軽く押さえます。花房を通路側に向けて植えつけると（トマトは同じ方向に花が咲くので）、後の管理や収穫作業が楽になります。

❶❷マルチに穴をあけて植え穴を掘り、たっぷりと水を注ぐ
❸苗の根元を押さえ、逆さにしてポットから抜く
❹植え穴に苗を入れて土をかぶせ、根元を軽く押さえる

4. 支柱立て・誘引

「本支柱」は合掌式で

植えつけ後、各株のわきに「仮支柱」を斜めに立て、茎とひもで結びます。

草丈50cmぐらいに生長したら「本支柱」を立て、茎を誘引《ゆういん》します（植えつけ前に立てておけば仮支柱は不要）。本支柱は、各株のわきに支柱を斜めに立て、上部で交差させます。交差する高さをそろえて横に支柱を1本のせ、合掌式（P.38参照）に組みます。

合掌式

株のわきに斜めに支柱を立てる

茎にひもをかけ、数回ねじって「あそび」をつくり、支柱に結ぶ

5. わき芽かき

主枝以外の「わき芽」はすべて摘み取る

生長してくると、葉のつけ根から盛んにわき芽が出ます。トマトの場合は、わき芽をすべて摘み取り、主枝にだけ実らせる「1本仕立て」で育てます。

わき芽を摘み取ることで、実が大きくなります。また、日当たりや風通しがよくなるので、病害虫も発生しにくくなります。

わき芽は生長が早いので、週1回のペースで摘み取りましょう。

手で簡単に折れる

6. 誘引

茎と支柱の間にあそびをつくる

開花後、花房のすぐ下のわき芽を摘み取ったら、茎を誘引します。ただし、横に伸びている茎は、自然に上に向かって伸びるので、無理に起こして結ばないようにしましょう。

❶開花したら、花房のすぐ下のわき芽（○印の部分）を摘み取る
❷茎にひもをかけて数回ねじり、「あそび」をつくる
❸支柱に結びつける

トマトの花房

7. ホルモン処理

第一花房を確実に着果させる

実がならない「つるぼけ」を防ぐためにも、第一花房は人工的に必ず着果させましょう。

一般的に、ホルモン処理を行う時期はまだ低温期なので、トマトトーン（市販のホルモン剤）を水で50～100倍に薄めたものを散布し、着果を促します。

第一花房に２～３個の花が咲いたら、花房全体にスプレーします。ただし、二度がけは奇形の実ができる原因となるので、通常は一度だけにします。

ホルモン剤を使わず、指でとんとんと軽くたたくだけでもよい

❶ホルモン剤。写真は、水で薄めずに直接使えるタイプ
❷花房全体に、ホルモン剤をスプレーで散布する（花つきがよい場合は、４～５個の花を残して摘み取ってから散布）

8. 追肥・土寄せ

月に1～2回追肥する

追肥は、一番下の花房（１段目＝第一花房）の実がピンポン球ぐらいの大きさになった頃と、下から３番目の第三花房についた実が大きくなった頃の２回を目安に行います。

３回目以降は、株の生育状況を見ながら、20日おきぐらいに追肥します。ただし、肥料を与えすぎると実つきが悪くなるので注意しましょう。

化成肥料30g/m²を、マルチをめくって畝の肩にぱらぱらとまき、くわなどで軽く土寄せをしておきます。

ミニトマトの場合は、第一花房の実が大きくなってきた頃に追肥する

❶第一花房の実がピンポン球大になったら、１回目の追肥
❷追肥する場所のマルチをめくり、化成肥料をまいて軽く土寄せ

9. 摘心・摘果

支柱の高さになったら摘心

一般的に、支柱の高さ（5～6段目＝第五～六花房ぐらいの高さ）まで生長したら、それ以上茎が伸びないように「摘心」します。あまり高くなると、作業しにくくなるからです。

最終花房（実）の上2枚の葉を残し、その上の茎をはさみで切り取ります。摘心した後は、茎と支柱を軽く結んで誘引します。

支柱より高く伸びた茎をはさみで切り取る

実が多い場合（大玉種は4～5果、中玉種は7～8果まで）は、生育の悪い実を摘み取り、元気な実に栄養を回す

10. 収穫（植えつけから約55～60日）

完熟した実からこまめに収穫する

開花後50日ほどで実が色づいてきます。真っ赤に完熟した実を収穫しましょう。

完熟した順に、へた（果《か》梗《こう》）の部分からはさみで切り取ります。そのままにしておくと、果皮が破れたり落果したりするので、こまめに収穫しましょう。

また、梅雨期に実る1段目と7月頃に実る最上段の実は食味が落ちます。中間期に実ったものがおいしいといわれています。

へた（果梗）の部分からはさみで切り取る

ほかの実に刺さらないよう、へたを根元まで切る

病害虫の防除

トマトは、かかる病気が20種類以上もあるといわれています。とくに、多湿の梅雨期には病気にかかりやすくなります。症状が表れたら、サンボルドー300～600倍やダコニール®1000の1000倍など、それぞれの病気に適用する薬剤を散布して、蔓延《まんえん》防止に努めます。

アブラムシがついたら、オレート®液剤100倍かマラソン®乳剤2000倍を散布するなど、駆除を徹底します。

ウリ科　難易度★★☆☆☆

キュウリ

開花から1週間で収穫できる 用途多様な夏野菜

こんな場合はどうする？

・株元が枯れる→抵抗性の強いつぎ木苗に植え直す

・実の形が悪い→速効性の化成肥料を施す

育てやすい品種：四川《しせん》、つばさ、フリーダムなど

連作障害の有無：あり（2～3年は避ける）

コンテナ栽培のポイント：本葉3～4枚になった苗を深さ30cm以上の大型コンテナに植えつける。少し離して仮支柱を立て、軽く誘引《ゆういん》する。つるが伸びてきたら2mぐらいの本支柱を立て、生育に合わせて誘引する。最初の2～3果は若取りし、その後は順次収穫する。支柱の高さまで伸びたら摘心《てきしん》し、わき芽を伸ばす。

特徴的な栄養素：カリウム（ナトリウムの排泄《はいせつ》）、イソクエルシトリン（利尿作用、むくみ解消）、カロテン（美肌効果）、ビタミンC（風邪予防）

オススメの食べ方：生のキュウリにモロミみそをつけたモロキュウや浅漬けにするのが好きですね。

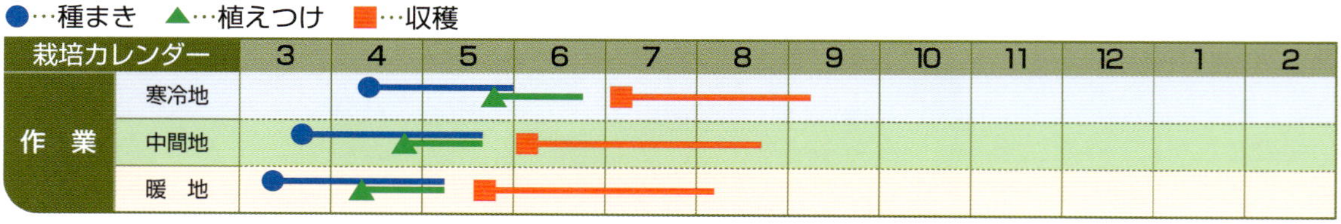

発芽から収穫まで約2カ月と短期間

キュウリは雄花と雌花が別々につく、つる性の一年草。インド北西のヒマラヤ山麓《さんろく》地帯が原産で、冷涼な気候を好みます。ただし、霜に弱く、10～12℃以下では生育しません。

土壌の水分不足に弱く、また、根から酸素を多く取り入れます。土づくりの際には、有機物を多めに施して通気性をよくし、深く耕して酸素をたっぷりと供給しましょう。

キュウリは、果菜類の中でも収穫までの期間が短く、発芽からは約2カ月、開花からは約1週間で収穫できます。

しかし、連作すると「つる割れ病」という土壌伝染性の病気が発生するので、毎年栽培する場合は、少々高値ですが抵抗性の強いつぎ木苗を購入するか、輪《りん》作《さく》するとよいでしょう。

家庭菜園向きの品種は、上記のほかに「よしなり」「南進《なんしん》」「シャキット」などがあります。

つぎ木苗

1. 種まき・苗づくり

植えつけまで本葉3～4枚に育てる

3月下旬～5月下旬に、10～12cm径のポットに3粒の種をまき、水を与えます。

発芽したら1本間引いて「2本立ち」に、本葉が出たら生育のよいほうを残して「1本立ち」にします。本葉が3～4枚になったら植えつけましょう。

また、畑にじかまきをする場合は、直径20cmぐらいの「鞍《くら》つき」（P.13参照）を40～45cm間隔でつくり、それぞれに3～4粒ずつ種をまきます。ポットまきと同様に間引いていき、本葉が4～5枚になったら1本立ちにします。

ポットに入れた培養土にくぼみを3カ所つけ（❶）、種を1粒ずつまいて（❷）軽く土をかぶせる。発芽したら1本間引き（❸）、本葉が出たら生育の悪いほうを間引き（❹）、1本立ちにする

2. 土づくり

深く耕して、酸素を供給する

植えつけの2～3週間前に、石灰150g/m^2を畑全面に散布してよく耕します。植えつけの1週間前、堆肥5kg/m^2、油かす100g/m^2、化成肥料100～150g/m^2、ヨウリン60g/m^2を畑全面に散布し、酸素を十分に供給するよう、深く耕します。

「2条植え」の場合は、幅120cm、高さ15～20cmの畝をつくります。

肥料を畑全面に散布し、くわでなるべく深く耕す。2条植えの場合は左右にひもを張り、幅120cm、高さ15～20cmの畝をつくる

3. マルチング

乾燥を防ぎ、地温を上げる

キュウリは、地温が低すぎたり、土壌の水分が不足したりすると生育不良を起こしやすくなります。それらをマルチングで防ぐことができます。

畑にマルチをかけたら、風で飛ばされないよう、重しをのせておきましょう。

畝幅より大きめのマルチを使い、端に土を盛って固定する（❶）。反対側にも土を盛り（❷）、くわでマルチを切る（❸）。四隅をしっかりと土で埋め、マルチの中央に重しをのせる（❹）

4. 支柱立て

巻きひげをからませるので、しっかりと立てる

キュウリのつるは折れやすいので、合掌式《がっしょうしき》のしっかりとした支柱を立てましょう。

植えつけ予定位置の外側に支柱を斜めに立て、上で交差させます。各支柱の交差する高さをそろえ、横に1本、支柱をのせます。交差している箇所をひもでしっかりと結びます。

❶植えつけ位置の外側に支柱を斜めに立てる
❷交差する高さをそろえ、横に支柱をのせる
❸崩れないよう、ひもでしっかりと結ぶ
❹補強のため、斜めに支柱を通して各接点をひもで結ぶ

5. 植えつけ

条間60㎝の「2条植え」にする

晩霜《ばんそう》の心配がなくなる4月下旬～5月中旬が植えつけの適期です。

苗は条間60㎝、株間40～45㎝の2条植えにします。植えつけ位置のマルチに穴をあけて軽く土を掘り、水をたっぷりと注ぎます。

苗をポットから抜き、まっすぐに植えつけて根元を軽く押さえます。終わったら苗の周囲に水やりをします。乾燥する夏期には、朝方か夕方に十分水を与えましょう。水分不足は、生育不良の原因となります。

植え穴にたっぷりと水を注ぐ。水が引いたら、ポットから抜いた苗を植えつけ、もう一度水をやる

6. 誘引

つるが垂れないよう、こまめに行う

植えつけ後にひもなどで支柱に茎を誘引しますが、きつく結ぶと生長が妨げられたり、風で折れたりします。茎と支柱の間には必ず「あそび」をつくっておきましょう。茎にひもをかけたら、ひもを数回ねじり、あそびをつくってから支柱に結びます。

また、つるの伸びが早いので、茎が垂れ下がらないよう、こまめに誘引しましょう。

根元から10㎝ぐらいのところにひもをかける。数回ねじってあそびをつくり、ひもを支柱にしっかりと結びつける

上の写真のように、ネットにからませる方法もある

7. 摘心

支柱の高さで親づるを摘心する

親づるの5～6節までに生える子づる（側枝《そくし》）は、すべて摘み取ります。7節より上に生える子づるも1～2節で摘心し、親づるの「1本立て」とします。

また、親づるが支柱の高さまで生長したら、それ以上伸びないように摘心します。その際、子づるは摘心せずに放任します。

5～6節までの子づるはすべて摘み取る

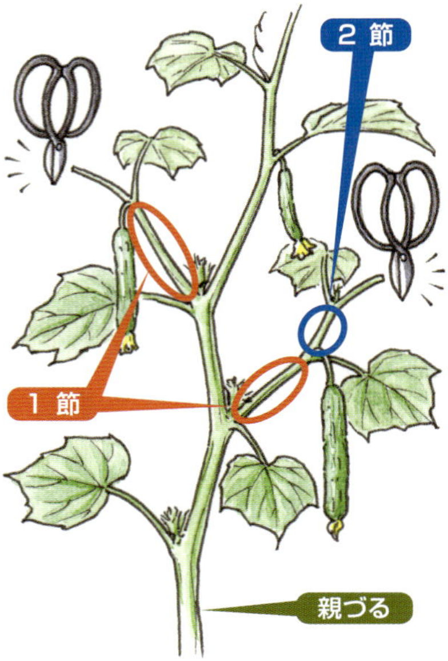

7節より上の子づるも、1～2節で摘心

8. 追肥

10～15日おきに追肥する

キュウリは、肥切《ひぎ》れ（肥料切れ）を起こすと尻太《しりぶと》など変形した実ができます。肥切れを起こさないように、1カ月に2～3回ぐらい（10～15日おき）のペースで化成肥料30g/m^{2}を追肥《ついひ》しましょう。

1回目の追肥は株の周りに、2～3回目の追肥は畝の両わき（肩）に施します。

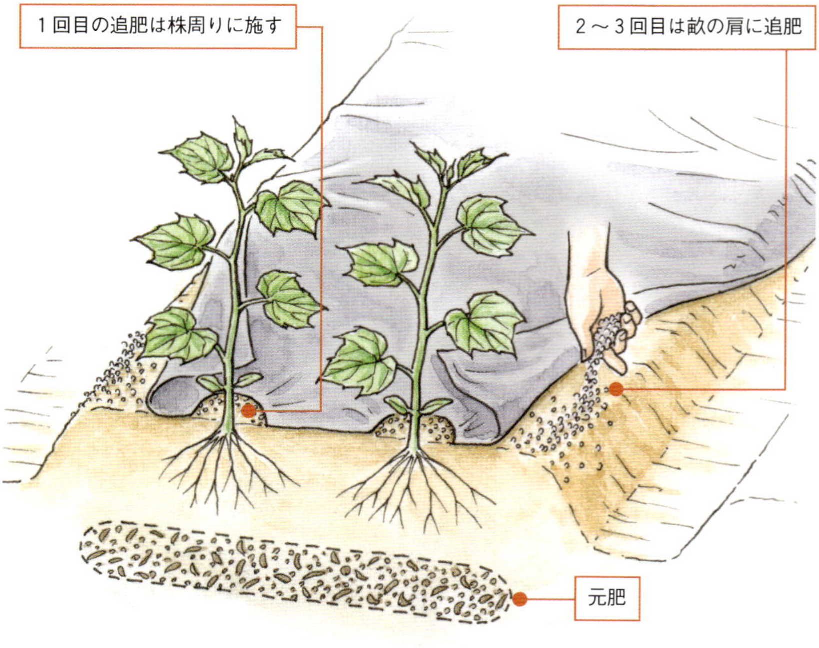

9. 敷きわら

株の根元にわらを敷く

梅雨期は、株の根元にわらを敷きましょう。

わらを敷くことで、雨などによる泥の跳ね返りで葉が汚れるのを防ぐことができます。葉に泥がつくと、枯れたり、病気の原因になったりすることがあります。

10. 収穫（種まきから約60日）

大きくしすぎず、早めに収穫する

最初の２～３個は、株を疲れさせないために「若取り」します。

それ以降は、18～20cmぐらいになったら、どんどん収穫しましょう。うっかり見逃すとヘチマのように大きくなってしまうので、注意が必要です。

18～20cm程度に育ったら、へた（果梗）の部分をはさみで切って収穫する。収穫が遅れて大きくなりすぎると、食味が悪くなる

病害虫の防除

キュウリはとくに病害虫の発生しやすい野菜です。多いのが、葉に黄色の病斑《びょうはん》が出るベト病と、葉に白い病斑が出るウドンコ病です。ベト病にはダコニール®1000の1000倍、ウドンコ病にはモレスタン®水和剤2000～4000倍を散布します。また、アブラムシにはオレート®液剤100倍かマラソン®乳剤2000倍を散布し、ウリハムシにはマラソン乳剤1000倍を散布します。

ナス科　難易度★★★☆☆

ナス

初夏から晩秋まで収穫できる好みの品種を育てたい

こんな場合はどうする？

- 硬い実（石ナス）ができる→ホルモン剤を散布する
- 実につやがなく種が入る→小ぶりの未熟果を収穫する

育てやすい品種：黒帝《こくてい》、とげなし千両《せんりょう》二号など

連作障害の有無：あり（４～５年は避ける）

コンテナ栽培のポイント：深さ30cm以上の大型コンテナに植えつけ、70cmの仮支柱を立てて誘引《ゆういん》する。つぼみがついたら、主枝とその下のわき芽２本を残してわき芽を切り取り、120cm程度の本支柱を立てて誘引する。最初の実がついたら若いうちに収穫し、化成肥料10gを追肥、以降は２週間に１回追肥《ついひ》する。

特徴的な栄養素：カリウム（ナトリウムの排泄《はいせつ》）、食物繊維（便秘の改善）、ナスニン（視力の改善）、ポリフェノール（抗酸化作用）

オススメの食べ方：焼きナスが好きです。マーボーナスもおいしいですね。

●…種まき　▲…植えつけ　■…収穫

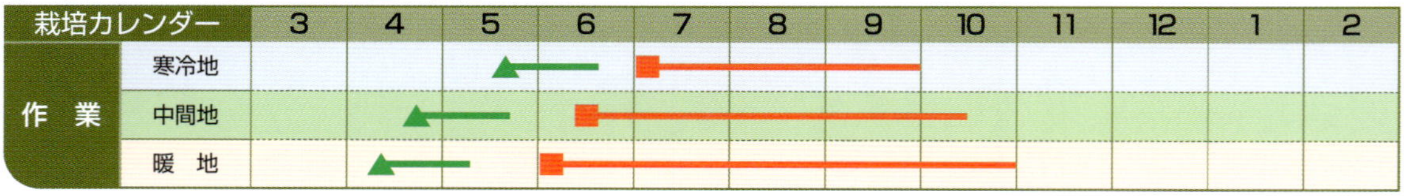

高温性で日光を好むが乾燥には弱い

ナスは熱帯インド原産といわれている高温性の野菜です。生育適温は30℃前後。寒さに弱いので早植えは禁物です。日当たりのよい場所を好み、日照が悪いと生育も悪くなります。乾燥に弱いので、水分が多く、深く耕した土壌で育てます。

連作障害が表れやすいので、同じ場所で栽培するときは４～５年はあけましょう。

形や用途の違うさまざまな品種がつくられています。好みの品種を育てましょう。

ナスの主な品種

中長《ちゅうなが》ナス	黒福《くろふく》、黒帝、千黒《せんごく》2号、とげなし千両二号、大黒田
長《なが》ナス	黒陽《こくよう》、庄屋《しょうや》大長《おおなが》、筑陽《ちくよう》、長岡長《ながおかなが》、飛天長《ひてんなが》
丸《まる》ナス	うす皮味丸《かわあじまる》、紫水《しすい》、太助大丸《たすけおおまる》、早生大丸《わせおおまる》
米《べい》ナス	くろわし
地方品種	民田《みんでん》ナス（山形の小ナス）、仙台長《せんだいなが》ナス（宮城の長ナス）、巾着《きんちゃく》ナス（新潟の丸ナス）、賀茂《かも》ナス（京都の丸ナス）、水《みず》ナス（大阪の中長ナス）、博多長《はかたなが》ナス（福岡の長ナス）

1. 苗選び

つぎ木苗なら育てやすい

ナスは、種から苗に育てるまで長期間かかり、管理も難しいので、家庭菜園では苗を購入しましょう。

苗は、節間が詰まり、葉色が濃く、茎が太くがっしりとしたものを選びましょう。肥《ひ》切《ぎ》れした老化苗（下葉が黄《おう》化《か》したり枯れてなくなったりしている）は根づきにくいので避けます。

やや高価ですが、耐病性のある台木（アカナスなど）につぎ木した苗は連作障害に強く、生育もよいのでおすすめです。

節間が詰まり、茎が太く葉色の濃い苗を選ぶ。なるべく、つぎ木苗を使用したい（○印がついだ部分）

2. 土づくり

肥料の多い、ふかふかの土をつくる

植えつけの２～３週間前に、石灰150～200g/m^2を畑に全面散布し、30～40cmほどの深さに耕します。植えつけの１週間前には、畑の中央に深さ20～30cmの溝を掘り、そこに堆肥４kg/m^2、油かす100g/m^2、化成肥料150g/m^2、ヨウリン60g/m^2を散布して土を戻します。

幅60cm（２条植えなら120cm）、高さ20cmの畝をつくり、マルチをかけます。

植えつけ１週間前、畑の中央に深さ20～30cmの溝を掘り、そこに堆肥などを散布して埋め戻す。畝をつくり、マルチをかけて、その中央に土か石をのせておく

3. 植えつけ・誘引

根鉢を崩さず、植えつける

植えつけは、晩霜《ばんそう》の心配がなくなる5月の連休頃に行います。

株間を60cm（2条植えの場合は60cm×2列、米ナスは90～100cm）とり、マルチに穴をあけて土を掘り、たっぷりと水を注ぎます。水が引いたらポットから抜いた苗を植えつけ、根元を軽く押さえます。

植えつけた苗のわきに長さ70cmの仮支柱を斜めに立て、ひもで軽く誘引します。以降、土の乾燥が激しい場合は水やりをします。

株間を60cmとって植えつける。苗のわきに斜めに仮支柱を立て、根元から10cmぐらいのところで誘引する

4. 仕立て

「3本仕立て」にする

植えつけ後、株が生長してきたら一番花のすぐ下のわき芽2本を残し、それより下のわき芽をすべて切り取ります。主枝とその下の勢いが強いわき芽2本を生かす「3本仕立て」です。

残したわき芽が生長してきたら、交差するように本支柱をもう1本立てて、ひもで誘引します。

❶主枝と、一番花のすぐ下のわき芽2本を残す
❷ほかのわき芽を切り取る
❸写真のような3本仕立てで育てる

5. 追肥

実がつき出したら施す

実がつき出したら２週間に１回、追肥します。株が小さいうちは株元に、大きくなってきたらマルチをめくり、畝の肩にまいて軽く土寄せします。２回目は１回目より外側に、３回目はさらに外側に施します。

また、花を観察すると、株の生育状態がわかります。雄しべより雌しべのほうが長いときは「生育良好」、両方が同じ長さのときは「要注意」、雄しべのほうが長いときや落花するときは「肥切れか水不足」の状態です。

雌しべが長いときは生育良好。雄しべが長いときは肥切れか水不足

追肥は１回あたり、化成肥料を30g／㎡。株が小さいうちは株元に施す

6. 収穫・更新剪定（植えつけから約30日）

早めに収穫する

ナスは、熟すと種が硬くなり肉質も低下するので、開花後20～25日の未熟果を収穫します。中長ナスは10㎝ぐらいから収穫できます。

また、７月下旬頃になると、枝が混んで日当たりが悪くなり、実の質が落ちてきます。この頃から８月上旬の間に、全体の１／３～１／２の枝を剪定《せんてい》し、秋ナスの収穫を目指します。

枝が混んできたら、すべての枝を1/3～1/2の長さに剪定する。日当たりがよくなり、再び質のよいナス（秋ナス）が収穫できる

病害虫の防除

アブラムシ（下写真）やヨトウムシなどの害虫による被害に注意します。アブラムシにはオレート®液剤100倍かマラソン®乳剤2000倍が、ヨトウムシやテントウムシダマシ類にはディプテレックス®乳剤1000倍が効果的です。

また、毎夕、葉にたっぷりと水をかけるとアブラムシの防除に効果があります。

ナス科　難易度★★☆☆☆

ピーマン〈パプリカ〉

高温を好み、初夏から秋まで長く収穫が楽しめる

バナナピーマン

ピーマンの花

こんな場合はどうする？

- なかなか育たない→マルチをかけて地温を上げる
- 花が落ちる→実を若取りして、株周りに追肥《ついひ》する

育てやすい品種： 京《きょう》みどり、翠玉《すいぎょく》二号など

連作障害の有無： あり（３～４年は避ける）

コンテナ栽培のポイント： 深さ30cm以上の大型コンテナに苗を植えつけ、仮支柱を立てて誘引《ゆういん》する。最初のつぼみがついたら、主枝《しゅし》とその下２本のわき芽以外を摘み取る「３本仕立て」にし、本支柱を立てて誘引する。最初の実は若いうちに収穫し、化成肥料10gを追肥する。以降２週間に１回、追肥する。

特徴的な栄養素： ビタミンＣ（風邪予防）、ビタミンＥ（抗酸化作用）、カロテン（美肌効果）、食物繊維（便秘の改善）

オススメの食べ方： いちばん好きなのは肉詰めです。

●…種まき　▲…植えつけ　■…収穫

栽培カレンダー		3	4	5	6	7	8	9	10	11	12	1	2
作業	寒冷地			▲―	―■―	―	―	―	―				
	中間地			▲―	■―	―	―	―	―				
	暖地		▲―	―■	―	―	―	―	―				

ナス科の野菜の後は避けて栽培する

ピーマンは熱帯アメリカ原産の、辛みのないトウガラシの仲間です。ビタミンＣやカロテンを豊富に含む栄養価の高い野菜で、最近では緑色の未熟果のほかに、赤・オレンジ色・黄色・紫などのカラーピーマン（パプリカ）をよく見かけるようになりました。

暑さに強く、病害虫も少ないので家庭菜園向きの野菜ですが、ナス科の連作障害があるので気をつけましょう。

さまざまな品種がありますが、どれも比較的栽培しやすいので、好みのものを選びましょう。

ピーマンの主な品種（小果種は「P.80 シシトウ」参照）

中果種	あきの、エース、京みどり、京波《きょうなみ》、翠玉二号、ニューエース
大果種	ゴールデンベル［黄］、ソニアゴールド［黄］、ソニアレッド［赤］、ワンダーベル［赤］
その他の品種	セニョリータ（甘みの強い完熟ピーマン）、バナナピーマン（熟すにつれて果色が黄緑→クリーム色→黄色→オレンジ色→赤へと変化する）

1. 土づくり

元肥《もとごえ》をたっぷりと施す

ピーマンは通気性のよい土を好むので、堆肥などの有機物を多く施して、ふかふかの土にします。

植えつけの2～3週間前に、石灰100g/m^2を畑全面に散布して、深く耕します。1～2週間前には、堆肥3kg/m^2、油かす100～200g/m^2、化成肥料150～200g/m^2、ヨウリン60g/m^2を畑全面に散布して、深く耕します。

または、肥料の半量を全面に施して、残りを掘った溝に施す方法でもよいでしょう。

❶❷植えつけの2～3週間前、畑全面に石灰を散布し、よく耕す
❸植えつけの1～2週間前、堆肥などの元肥を散布し、よく耕す

※半量を散布して耕し、残りを掘った溝に施してもよい

2. 畝づくり

広めの畝をつくり、2条植えにする

植えつける前に、幅120cm、高さ20cmの畝をつくります。畝の長さは植えつける株の数に合わせて決めましょう。1条植えにする場合は、畝幅60cmにします。また、マルチをかけておくと、地温が上がるので活《かっ》着《ちゃく》しやすく、生育もよくなります。

畝幅に合わせてひもを張り、ひもの外側の土を内側に入れる（❶）。20cm程度に盛ったら、表面の土をレーキなどできれいにならす（❷）。マルチをかけて地温を上げておくと、活着しやすい（❸）。マルチの上には重しをのせておく（❹）

3. 植えつけ・誘引

苗は浅植えにする

ピーマンは低温に弱いので、植えつけは５月上旬～下旬頃に行います。市販の苗（本葉７～８枚ほどで節間の詰まった大きめの苗がよい）を購入し、株間45～50㎝の２条植えにします。

マルチに穴をあけて植え穴を掘り、たっぷりと水を注ぎます。水が引いたら、ポットから抜いた苗を植えつけます。

植えつけ後、仮支柱を垂直に立て、ひもで軽く結んで誘引します。

マルチをかけた畝に、株間45～50㎝、条間60㎝で植えつけ、株のわきに仮支柱を立てる。株元から10㎝ぐらいの位置で、仮支柱に結びつける

4. 仕立て・剪定・誘引

一番果がついたら「3本仕立て」に

植えつけから２～３週間後、一番果がついて育ってくると、側枝《そくし》が伸びてきます。主枝と勢いの強い側枝２本以外の分枝をすべて切り取り、3本仕立てにします。

その際、株のわきに本支柱を垂直に立ててしっかりと誘引し、倒伏《とうふく》や枝が折れるのを防ぎます。

また、生長するにつれて、枝が混んできます。重なった枝などは、こまめに剪定《せんてい》しましょう。

❶主枝と勢いの強い側枝２本を残し、側枝をはさみで切り取る
❷小さなわき芽などは手で摘み取る
❸余分な側枝を剪定して、日当たりをよくする

5. 追肥・土寄せ

一番果を収穫したら追肥する

一番果を収穫したら、1回目の追肥をします。化成肥料30g/m^{2}を、株元か、マルチをめくって畝の肩に施し、軽く土寄せします。

2回目以降の追肥・土寄せは、2週間に1回のペースで行います。

株元に追肥。畝の肩に施す方法はシシトウ（P.83）を参照

6. 収穫（植えつけから約30日）

早めの収穫を心がける

開花後、約15～20日で収穫できます。実が多い場合は、早めの収穫を心がけましょう。実らせておくと、大きくなりますが株が弱ってしまいます。また、果皮が硬くなり、色も悪くなります。

完熟果やカラーピーマン（パプリカ）の場合は、60日前後で収穫できます。枝が折れやすいので、必ずはさみで切って収穫しましょう。

へた（果梗）の部分ははさみで切る

病害虫の防除

主な病気は、モザイク病や黄化《おうか》えそ病です。アブラムシなどが媒介するので、それらの害虫を駆除することが大切です。

また、ナス科の野菜の後で栽培すると、立《た》ち枯《が》れ性疫《せいえき》病になることがあります。連作を避け、つぎ木苗を使うことも大切です。

アブラムシやハダニはマラソン®乳剤2000倍や粘着くん®液剤100倍で、しっかりと駆除します。

モザイク病が発生したピーマンの葉

アオイ科　難易度★★★☆☆

オクラ

ぬめりが体に効く夏バテ防止に最適な野菜

こんな場合はどうする？

・発芽しない→種を一昼夜水に浸してからまく

・実が硬く、種も大きい→７～８cmで収穫する

育てやすい品種：アーリーファイブ、ガリバーなど

連作障害の有無：あり（２年は避ける）

コンテナ栽培のポイント：深さ30cm以上の大型コンテナに苗を植えつける（10℃以下では生長しないので、気温に注意）。草丈20～30cmほどに生長したら、支柱を立てて軽く誘引《ゆういん》する。以降、生長に合わせて誘引する。収穫したら化成肥料10gを追肥《ついひ》。追肥は、月に２回ほど行う。

特徴的な栄養素：カロテン（美肌効果）、ビタミンE（抗酸化作用）、カルシウム（骨・歯の成分）、ペクチン（食物繊維）、ムチン（胃粘膜の保護）

オススメの食べ方：ゆでて刻んでかつおぶしをかけるか、てんぷらにするとおいしいですね。

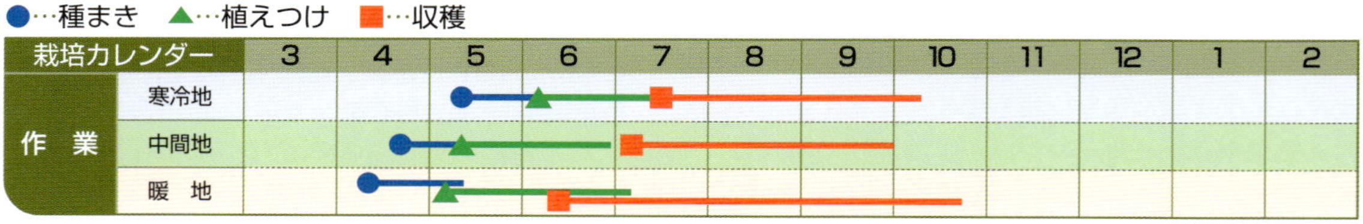

どの品種も栽培しやすい

オクラは、アフリカ北東部が原産。暑さにとても強く、真夏でも元気に生長します。土壌の乾燥にも多湿にも耐える強い野菜ですが、寒さには非常に弱く、気温が10℃以下になると生長が止まります。

草丈は品種にもよりますが、通常１～２mぐらいまで生長します。

吸肥力が強いので、元肥《もとごえ》の窒素《ちっそ》分が多いと草勢《そうせい》が強くなって実つきが悪くなるので、多く収穫するには土づくりがポイントになります。

主な品種には下表のようなものがありますが、どれも栽培しやすいでしょう。

オクラの主な品種

五角オクラ	アーリーファイブ、ガリバー、グリーンエチュード、グリーンロケット、ピークファイブ、ベターファイブなど
赤オクラ	ベニー（さやの色が紫紅の五角オクラ。熱を加えると深緑色に変わるので、彩りを楽しむなら生食で）

1. 種まき

4月末～5月上旬にまく

発芽適温が25～30℃と高いので、種は４月末～５月上旬頃にポットまきします。オクラは種皮が硬いので、種をまく前に一昼夜水に浸しましょう。

種は１つのポットに４～５粒ずつまきます。双葉が出たら３本に間引き、本葉が２～３枚出たら１本立ちにします。

ポットに培養土を入れて、指で４～５カ所くぼみをつけ、１カ所に１粒ずつ種をまく

2. 土づくり

元肥の量に気をつける

植えつけの２週間前に、石灰100g/m^2を畑全面に散布してよく耕します。植えつけの１週間前には、堆肥２kg/m^2、化成肥料100g/m^2を元肥として施し、深く耕します。元肥の窒素分が多いと実つきが悪くなるので、注意が必要です。

幅70～80cm、高さ10cmの畝をつくります。地温上昇と雑草防止のため、黒マルチをかけましょう。苗の生育がよくなります。

幅70～80cm、高さ10cmの畝をつくり、黒マルチをかける。マルチの上には重しをのせておく

3. 植えつけ

株間を40〜60㎝あける

「植え傷み」を少なくするために、本葉が３〜４枚出た頃の若い苗を植えつけるようにしましょう。

株間は40〜60cmとります。マルチの上から植え穴を掘り、たっぷりと水を注ぎます。水が引いたら苗をポットから抜き、植えつけて軽く手で押さえます。

植えつけてから数日経った苗（グリーンのマルチをかけている）

4. 追肥

収穫期に入ったら追肥する

収穫を始めたら、１回目の追肥を行います。化成肥料30g/m^{2}程度を株の周りか畝の肩に施し、土寄せをします。

以降、月に２回ぐらいのペースで追肥・土寄せを行いましょう。

美しいオクラの花

月に２回、化成肥料30gを施す。マルチをめくって株周りに追肥し、土寄せ（写真は、マルチをかけてない株）

5. 摘葉

風通しをよくする

収穫を始めたら、収穫した実がついていた節の下の葉1～2枚を残して、それ以下の葉をはさみで切りましょう。この作業によって実つきがよくなり、風通しがよくなるので病害の発生が少なくなります。

収穫した実の下の節についている葉を1～2枚残して切り取り、風通しをよくする（○印が収穫した実のあと）

6. 収穫（種まきから約80日）

実は早めに収穫する

さやの長さが7～10cmぐらいになった頃が収穫の適期です。その時期を逃すと、大きくはなるものの硬くなって食べられなくなり、また、アブラムシの巣になってしまいます。

開花後7日程度を目安に、若いさやを収穫することを心がけましょう。

「人さし指程度の長さ」が収穫の目安

病害虫の防除

根《ね》コブセンチュウによる被害が大きいので、葉菜類や根菜類との輪作《りんさく》をするよう努めます。被害が激しい場合は、薬剤などによる土壌消毒を行って駆除します。

アブラムシはオレート®液剤100倍などで、ハスモンヨトウはアディオン®乳剤2000倍などで、早めに防除しましょう。

ナス科　難易度★★☆☆☆

シシトウ（トウガラシ）

シシトウは辛みの少ない トウガラシの仲間

こんな場合はどうする？

- 葉が落ち、実つきが悪い→日当たりをよくする
- 実が辛い→肥料と水をたっぷりと与える

育てやすい品種：甘《あま》とう美人《びじん》、翠光《すいこう》など

連作障害の有無：あり（3～4年は避ける）

コンテナ栽培のポイント：直径30cmの鉢に1株植えつけ、仮支柱を立てる。気温が低い日は屋内に入れる。植えつけ後2週間程度で本支柱に替えて誘引《ゆういん》し、以降、生長に合わせて誘引する。追肥《ついひ》は、2週間に1回、化成肥料を10g施す。肥料と水が不足すると、実が辛くなるので注意する。

特徴的な栄養素：カロテン（美肌効果）、ビタミンC（風邪予防）、ビタミンE（抗酸化作用）、食物繊維（便秘の改善）、カプサイシン（血行促進、食欲増進など）

オススメの食べ方：素揚げに塩をふって食べるのが好きですね。串焼きもいいです。

●…種まき　▲…植えつけ　■…収穫

栽培カレンダー		3	4	5	6	7	8	9	10	11	12	1	2
作業	寒冷地			▲―	■―	―	―	―					
	中間地			▲―	■―	―	―	―	―				
	暖地		▲―	■―	―	―	―	―	―				

水はけがよく、肥沃な土壌で栽培する

シシトウは、トウガラシの仲間のうち、辛みが少ない小果種です。完熟すると真っ赤になりますが、通常は未熟果を使います。

栽培のしかたはシシトウもトウガラシもほぼ同じで、日当たりがよい場所で、水はけのよい肥沃《ひよく》な土壌での栽培が適しています。

主な品種には「甘とう美人」「翠光」などがあります。トウガラシの甘味種には「伏見甘《ふしみあま》トウガラシ」「万願寺《まんがんじ》トウガラシ」などがあります。辛みのあるトウガラシは「ヤツブサ」「タカノツメ」「日光トウガラシ」などが代表的な品種です。

伏見甘トウガラシ

万願寺トウガラシ

日光トウガラシ

1. 土づくり

元《もと》肥《ごえ》をたっぷりと施す

栽培期間が長いので、有機物を多く施すように心がけます。

植えつけの2～3週間前に、石灰150g/m^{2}を畑全面に散布し、よく耕します。

植えつけの1週間前には、堆肥3kg/m^2、油かす100g/m^2、化成肥料150g/m^2、ヨウリン60g/m^{2}を畑全面に散布して耕すか、溝を掘って施し、幅60cm、高さ20cmの畝を立てます。

マルチをかけると生育が早くなり、収穫量も多くなります。

1 元肥をたっぷりと施して耕し、畝を立てる

2 マルチをかけ、その中央に土か石をのせておく

2. 植えつけ

5月上旬～下旬頃に植えつける

植えつけは、晩霜《ばんそう》の心配がなくなる5月上旬～下旬頃に行います。

畝幅は、1条植えの場合は60cmに、2条植えの場合は120cmにします。

株間を45～50cmとり、ポットから抜いた苗を浅めに植えつけます。

シシトウの苗。選ぶ際のポイントはピーマンと同じ

1 マルチの上から植え穴を掘り、水をたっぷりと注ぐ
2 水が引くまで待つ
3 苗の根元を押さえて、ポットから抜く
4 苗を浅めに植えつけ、土をかぶせて根元を軽く押さえる

3. 仮支柱立て

風で倒れないように固定する

苗を植えつけたら、株のわきに60〜70cmぐらいの仮支柱を垂直に立て、株元から10cmぐらいのところで、支柱と茎を軽く結んで誘引します。

株が生長してきたら、仮支柱を外して本支柱を立て、生長に合わせて誘引していきましょう。

苗のわきに仮支柱を立て、茎にひもをかける。ひもを２〜３回ねじって「あそび」をつくり、仮支柱に結ぶ

4. 仕立て

「3本仕立て」にする

植えつけから２〜３週間後、一番果がついて育ってくると、側枝《そくし》が伸びてきます。ピーマンと同様、３本仕立てにして育てます。

主枝《しゅし》と勢いの強い側枝２本以外の側枝を、はさみですべて切り取ります。

また、生長するにつれて、枝が混んできます。重なった枝などは、こまめに剪定《せんてい》しましょう。

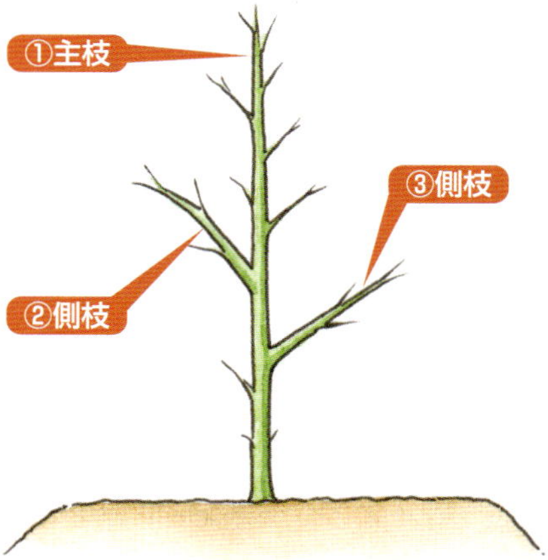

主枝と側枝２本の「３本仕立て」に

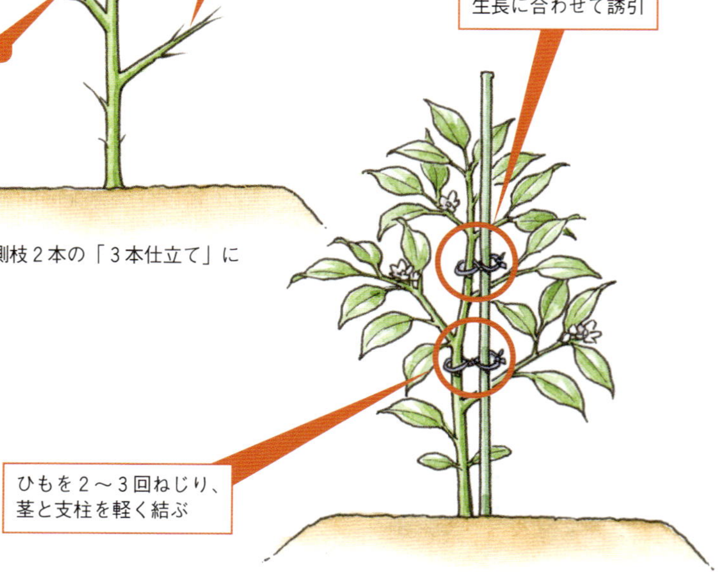

5. 追肥

月に1〜2回施す

生育状況を見ながら１カ月に１～２回、化成肥料30g/m²を畝の肩に散布し、軽く土寄せします。

収穫した実が辛いときは、肥料が不足しているおそれがあります。草勢《そうせい》を回復させるため、追肥を行いましょう。

マルチをめくり、畝の肩に追肥を施す。散布したら、軽く土寄せをして、マルチを元に戻す

6. 収穫（植えつけから約30日）

5〜6㎝になったら収穫する

シシトウは未熟果を収穫します。５～６cmになった実をはさみで切り取りましょう。

トウガラシは開花後60日程度で真っ赤に熟してきます。赤く熟した実を摘み取るか、株ごと抜いて軒下などで乾燥させます。

また、葉トウガラシとして利用する場合は、二～三番果が４～５cmになったところで株ごと引き抜き、葉を摘み取って佃《つくだ》煮《に》などにします。

へた（果梗）の部分をはさみで切って収穫する

病害虫の防除

病害虫が少ないので、家庭菜園なら無農薬でも栽培できますが、アブラムシが目立つようなら、オレート®液剤100倍を散布します。

病気は、葉や茎に白い粉状のカビがつくウドンコ病に注意しましょう。発生したらカリグリーン®800〜1000倍を散布しましょう。

ウリ科　難易度★★☆☆☆

トウガン

ダイエットにぴったり！
最近再注目の伝統野菜

こんな場合はどうする？

・あまり実がつかない→天気のよい日に人工授粉する

・実が虫に食われる→敷きわらをする

育てやすい品種：姫トウガンなど

連作障害の有無：あり（1～2年は避ける）

コンテナ栽培のポイント：難しいが、ミニ品種なら可能。気温が高くなる5月以降、ほかのウリ科の作物と同様、深さ30cm以上の大型コンテナに、本葉4～5枚の苗を植えつける。ネットなどにつるを誘引《ゆういん》し、混んできたら重なっている部分を剪定《せんてい》する。実がついたら月に2回、化成肥料10gを施す。

特徴的な栄養素：カリウム（ナトリウムの排泄《はいせつ》）、ビタミンC（風邪予防）

オススメの食べ方：トウガン自体は味がないので、あんかけやスープにして食べます。

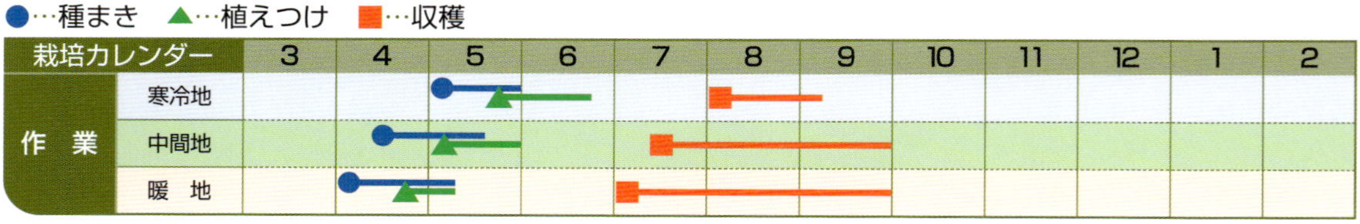

十分に暖かくなってから植えつける

熱帯アジアが原産。夏～秋に実る夏野菜ですが、貯蔵性が高く、冬まで保存できるので「冬瓜」の名がつけられました。

日本には古くに伝わり、夏～冬にかけて利用できる野菜として、煮物やスープに重宝されてきました。洋食が好まれるようになって一時期人気がなくなりましたが、最近は低カロリーでダイエット向きの野菜として見直されています。

生育適温は25～30℃と高温を好みます。発芽にも高温が必要なため、種まきは十分に暖かくなる4月中旬以降か、ポットにまいて保温しながら育《いく》苗《びょう》します。スイカと同様、植えつけてから活着するまで、畝をホットキャップで覆い、生長を促すとよいでしょう。また、根を深く張らせるために、水やりは控えめにします。草勢《そうせい》が強いので、栽培にはかなり広い面積が必要です。鞍《くら》つき畝に苗を植えつけ、200cm四方の畑につるを這《は》わせます。

あまり品種改良はされていませんが、実の重さが1.5kg程度のミニ品種から10kg以上になるものまであります。

1. 種まき・土づくり・植えつけ

広めの畝を立てる

4月中旬～5月中旬頃、ポットに種を3粒まき、本葉が出たら1本立ちにして、本葉4～5枚で植えつけます。植えつけの2週間前に200㎝四方の畑を準備して石灰100～150g/m^{2}を施し、1週間前には堆肥2kg/m^{2}と化成肥料30g/m^{2}を施して鞍つき畝を立て、苗を植えつけます。スイカと同じ方法です。植えつけ後、活着するまでホットキャップで覆います。

9㎝径のポットに3カ所、指でくぼみをつけ、1粒ずつ種をまく。発芽後、本葉が出たら1本立ちにする

2. 栽培管理

つるぼけに気をつける

子づるが伸びてきたら、親づるは本葉5～6枚を残して摘心《てきしん》します。子づるは生育のよい4本程度を伸ばし、孫づるは本葉2枚を残して摘心します。つるが盛んに伸びてきたら敷きわらをします。

開花したら人工授粉（詳しくはP.90のカボチャを参照）します。追肥《ついひ》は、着果後に化成肥料30～40g/m^{2}を畑全面に施します。

授粉は、雌花が咲いた日の早朝に行う

敷きわら

雑草の防除と、果実を汚れや虫による食害から保護する効果がある

3. 収穫（種まきから約80日）

開花後30～40日が目安

実は、開花後約1カ月で収穫できます。実の表面に白い粉がついた頃が収穫の適期です。ただし、粉がつかないタイプのものは、実の大きさと重さで判断します。

へた（果梗）の部分をはさみで切って収穫する

病害虫の防除

病害虫には比較的強いのですが、疫《えき》病やウドンコ病が発生します。敷きわらなどをして、病気の葉はすぐに取り除きます。

イネ科　難易度★★★☆☆

トウモロコシ

もぎたての甘みを味わえるのは、栽培した人の特権

こんな場合はどうする？

・実入りが悪い→２条植えにして受粉の確率を高める

・小さな実しかできない→適期に適量の追肥《ついひ》を施す

育てやすい品種：ティガ、ハニーバンタムなど

連作障害の有無：あり（１年は避ける）

コンテナ栽培のポイント：コンテナ栽培は難しい

特徴的な栄養素：ビタミンB_1・B_2（エネルギー代謝の促進）、カリウム（ナトリウムの排泄《はいせつ》）、食物繊維（便秘の改善）、リノール酸（動脈硬化の予防）

オススメの食べ方：シンプルに、ゆでトウモロコシか焼きトウモロコシにして食べるのが好きですね。もちろん、スープもおいしいものです。

●…種まき　▲…植えつけ　■…収穫

栽培カレンダー		3	4	5	6	7	8	9	10	11	12	1	2
作業	寒冷地			●—	—		■—	—					
	中間地		●—	—		■—	—						
	暖地		●—	—		■—	—						

異なる品種と混ぜて栽培しないこと

トウモロコシは、茎の先端に雄花が、茎の中ほどに雌花がつく、代表的な「雌雄異花《しゆういか》植物」です。

日当たりのよい場所を好みます。生育適温が25〜30℃と高めなので、ポットまきでは４月上旬〜中旬に、じかまきでは４月下旬〜５月下旬に種をまきます。

また、風媒《ふうばい》（花粉が風に運ばれて受粉する）花なので、異なる品種を混植すると、交雑して品種の特性が出なくなるおそれがあります。

トウモロコシには、土壌中の余剰な養分を吸収する「クリーニング作物（クロップ）」として輪作《りんさく》に組み込まれるほどの、強い吸肥力があります。肥料が不足すると小さな実しかつかないので、追肥は適期に適量を施しましょう。

おすすめの品種はバイカラー種の「ティガ」「ピーターコーン」、黄色種の「ハニーバンタム」、三色種の「ウッディーコーン」などです。

また、１株に１本が基本なので、わき芽はかき取りますが、親指ほどの太さのものは「ヤングコーン」として食べられます。

1. 土づくり

元《もと》肥《ごえ》をたっぷりと施しておく

種まきの２週間前に、石灰100g/m^2を畑全面に散布して、よく耕します。

種まきの１週間前には、堆肥２kg/m^2、化成肥料100g/m^2を畑全面に散布して、よく耕します。

１条まきの場合は幅60cm、２条まきの場合は幅75cm、高さ10cmの畝をつくります。トウモロコシは茎の先端につく雄花から花粉が落ち、下の雌花の毛（雌しべ）に付着して受粉するので、２条植えのほうが受粉しやすく、実入りがよくなります。

種まきの２週間前、石灰を散布して耕す

種まきの１週間前、堆肥と化成肥料を散布して耕す

2. 種まき

1カ所に3粒、じかまきにする

じかまきにする場合は、４月下旬～５月下旬に種をまきます。

畝に株間を30cmとってくぼみをつけ、１つのくぼみに３粒の種をまきます。まいたら軽く土をかぶせて手で押さえ、たっぷりと水をやります。以降も、土が乾いたらたっぷりと水をやります。

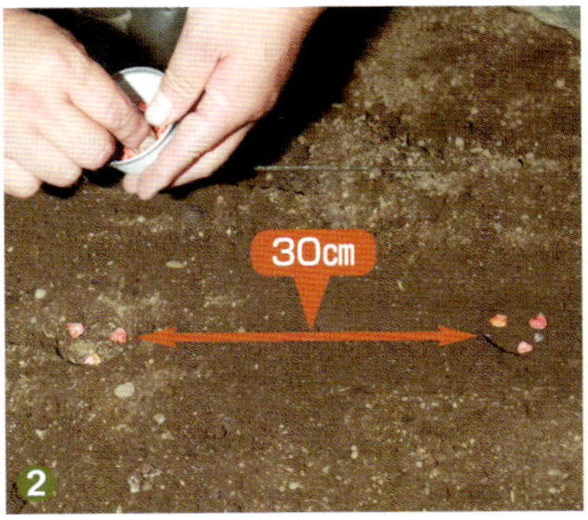

❶苗がきれいに並ぶよう、畝に溝をつける。２条植えの場合は２列つける
❷溝に沿い、株間30cmあけてくぼみをつけ、３粒の種をまく
❸軽く土をかぶせ、手で押さえる
❹たっぷりと水をやる
❺発芽したところ

3. 間引き

草丈10㎝で2本にする

発芽して草丈が10cmになったら、１回目の間引きを行います。生育のよい苗を２本残し、間引いた後は株元に軽く土寄せし、苗を安定させます。

生育の悪い苗を１本間引く。間引き後、株元に手で土寄せ

4. 間引き

草丈20㎝で1本にする

１回目の間引きから約10日、草丈が20cm程度になったら、生育のよい株を残して間引きます。

草丈が20㎝程度になったら、２回目の間引き。種をまいた箇所につき、１本育てるようにする

5. 追肥・土寄せ

2回目の間引き後に行う

２回目の間引き後、株元に化成肥料30g/m^2を施して、軽く土寄せします。

草丈が50cmほどになり、株元からわき芽が出てきたら、化成肥料30g/m^2を株元に追肥し、株が倒れないよう、しっかりと土寄せを行いましょう。

２回目の間引き後、化成肥料30ｇ/m^2を施し、株元に軽く土寄せ

草丈が50㎝ほどになったら、再び追肥と土寄せ

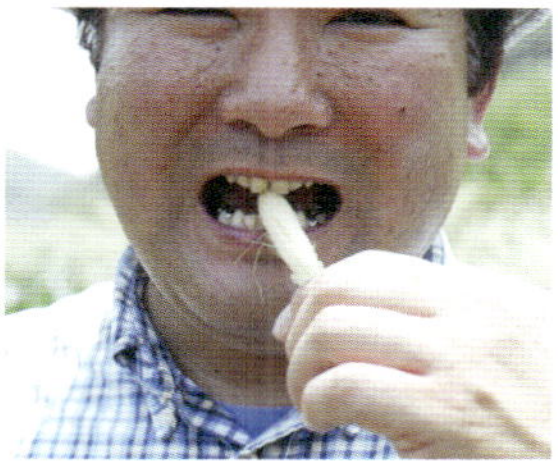

生でも食べられる「ヤングコーン」は、家庭菜園ならではの味

6. 収穫（種まきから約80〜85日）

絹糸が褐色になったら収穫する

開花から約20〜25日、種まきから約80〜85日、実の先端の絹糸《けんし》（ヒゲ）が褐色になった頃が収穫の適期です。実のつけ根を切り取って収穫しましょう。

トウモロコシは鮮度が落ちやすいので、収穫したその日のうちに食べることをおすすめします。

先端の絹糸が褐色に色づいたものから収穫する

病害虫の防除

トウモロコシは、害虫による被害が多く発生するので、実（雌花）の先端に絹糸ができ始めた頃に薬剤を散布します（アブラムシにはオレート®液剤100倍、アワノメイガには三明デナポン®粒剤5、カメムシにはスミチオン®乳剤1000倍など）。

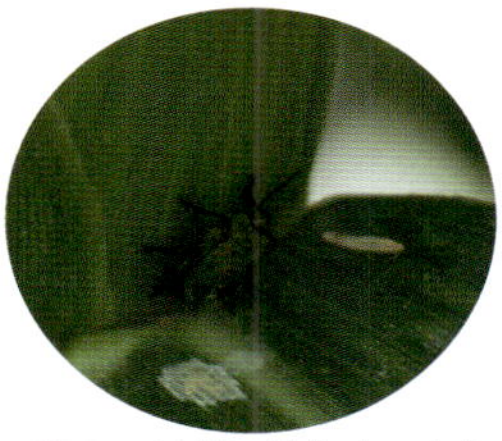

葉のつけ根に潜むカメムシ

また、実が小さいうちは鳥に狙われるので、ネットなどをかけて防ぎましょう。

株ごと鳥除けネットで覆うか、実にネットをかけて鳥を防ぐ

ウリ科　難易度★★★☆☆

カボチャ

無農薬でも栽培できる
手間のかからない強健な野菜

こんな場合はどうする？

・葉は茂るが実ができない→肥料を少なめにする

・実が虫に食われる→実の下にたっぷりとわらを敷く

育てやすい品種：栗《くり》えびす、ベイブレードなど

連作障害の有無：なし

コンテナ栽培のポイント：ミニカボチャなら可能。深さ30cm以上の大型コンテナに、本葉４～５枚の苗を植えつける。四隅に支柱を立てて、20cm間隔で数段ひもを張り（あんどん仕立て）、つるを誘引《ゆういん》する。葉が混んできたら重なっている部分を剪定《せんてい》する。実がついたら月に２回、化成肥料10gを施す。

特徴的な栄養素：カロテン（美肌効果、疲れ目の改善）、ビタミンＥ（抗酸化作用）、ビタミンＣ（風邪予防）、食物繊維（便秘の改善）

オススメの食べ方：アズキとカボチャのいとこ煮やほうとうがおいしいですね。パンプキンプリンも好きです。

赤皮カボチャ

鹿ヶ谷

●…種まき　▲…植えつけ　■…収穫

栽培カレンダー		3	4	5	6	7	8	9	10	11	12	1	2
作業	寒冷地		●	▲			■						
	中間地		●	▲		■							
	暖地	●	▲		■								

広い栽培スペースが必要

カボチャは、中央アメリカが原産。４月上旬～中旬に種をまき、真夏（７～８月）に収穫します。

果菜類の中ではもっとも強健で、病害虫にも比較的強いので、無農薬で栽培することも可能です。土壌適応性が高く、普通の畑なら旺盛《おうせい》に育ちますが、つるがよく伸び、１株に７～８個の実がつくので、広い栽培スペースが必要になります。ただし、垣根に這《は》わせたり、棚づくりにしたりと、地面に這わせないで栽培することもできるので、工夫してみましょう。

種類は「西洋《せいよう》カボチャ」「日本《にほん》カボチャ」「ペポカボチャ」の３種類に大別されます。西洋カボチャは甘くほくほくとした食感で「栗カボチャ」とも呼ばれ、「栗えびす」「ベイブレード」が代表品種です。日本カボチャにはねっとりとした風味があり、「菊座《きくざ》」「黒皮《くろかわ》」「鹿ヶ谷《ししがたに》」などがあります。ペポカボチャには、形や味の風変わりなものが多くあります。

1. 種まき

春にポットまきで育苗する

畑にじかまきもできますが、カボチャの育苗《いくびょう》は比較的簡単なので、ポットまきがよいでしょう。

4月上旬～中旬（植えつけの1カ月前）に、12cm径のポットに2粒ずつ種をまき、発芽したら生育のよいものを残して間引きます。

本葉が4枚になったら、植えつけ可能です。

ポットに培養土を入れ、2カ所くぼみをつける。くぼみに1粒ずつ種をまき、土をかけて手で軽く押さえ、水を与える

2. 土づくり・植えつけ

多肥にならないよう気をつける

植えつけの2週間前に、石灰100～150g/m^2を畑全面に散布して、よく耕します。植えつけの1週間前に、幅90～100cm、高さ10cmの畝を立てます。つるが伸びるので、幅は通路を含めて200～250cmぐらいとります。

畝の中央に深さ20cmの溝を掘り、堆肥2kg/m^2、化成肥料50～60g/m^2、ヨウリン30～50g/m^2を施して埋め戻します。マルチをかけて地温を上げておくとよいでしょう。

植えつけは、晩霜《ばんそう》の心配がなくなる5月上旬に行います。株間を60～100cmとり、植え穴を掘って苗を植えつけます。

❶～❸植えつけの1週間前、畝の中央に溝を掘り、元肥を施して埋め戻す

❹～❻マルチの上から植え穴を掘り、水をたっぷりと注ぐ。水が引いたらポットから抜いた苗を植えつけ、水をやる

3. 剪定

親づると生育のよい子づるを残す

つるが伸びてきたら、親づると生育のよい子づる２本を残して、ほかの子づるをナイフやはさみで切り取り、「３本仕立て」にします。

親づる１本、子づる２本の３本仕立てにする

4. 人工授粉

雌花が咲いたら授粉する

雌花が咲いたら、その日の朝早くに雄花を摘み取って雄しべをむき出しにし、雌しべの柱頭《ちゅうとう》に花粉をこすりつけて授粉します。朝を逃すと花粉が発芽力を失うので、注意してください。

自然に任せると結実しない場合もあるので、人の手で確実に授粉することが、カボチャ栽培のポイントです。

花びらの下の部分がふくらんでいるのが雌花、細いのが雄花

雄花を摘み取り、花びらを取り除いて、雄しべをむき出しにする

雌しべの柱頭に雄しべをやさしくこすりつけて授粉する（朝早くに行うこと）

5. 追肥・敷きわら

追肥は、生育状況を見て行う

つるが茂る前に敷きわらをします。土が見えなくなるぐらいにたっぷりとわらを敷きましょう。雨の跳ね返りによる病気の感染や害虫による食害を防ぎ、雑草を防除します。

実がこぶし大に生長したら、化成肥料30～40g/m²を畑全面に施します。ただし、つるの伸びが旺盛なときや葉の色が濃いときは、窒素《ちっそ》過多になって「つるぼけ」を起こすおそれがあるので、追肥《ついひ》は控えましょう。

土が見えなくなるぐらいにわらを敷く（マルチをかけてもよい）

追肥は敷きわらの上からパラパラとまく（マルチがけの場合はめくってまく）

※実の下にクッションになるものを置いておくとよい

6. 収穫（種まきから約90～100日）

適期の収穫を心がける

開花後40～45日経ち、へた（果梗《かこう》）が割れてコルクのようになったら収穫適期です。

カボチャは長期保存ができます。収穫後4～5日陰干ししてから、利用するまで風通しのよい冷暗所で貯蔵します。

ペポカボチャ

へたの部分をはさみで切って収穫する。収穫後、数日おいて追熟すると甘みが増しておいしくなる

病害虫の防除

比較的病害虫に強い野菜ですが、ウドンコ病にかかることがあります。発生したらカリグリーン®800～1000倍やダコニール®1000の1000倍などの薬剤を散布します。

アブラムシやハダニがつくこともあります。見つけたら手で取り除くか、粘着くん®液剤100倍を散布して防除します。

ウドンコ病にかかった葉

ウリ科　難易度★★★☆☆

ズッキーニ

開花から1週間で収穫できる用途多様な夏野菜

こんな場合はどうする？
- あまり実がつかない→天気のよい日に人工授粉する
- 実が硬い→適期に植えつける／早めに収穫する

育てやすい品種：ダイナー、グリーントスカなど

連作障害の有無：なし

コンテナ栽培のポイント：深さ30cm以上の大型コンテナに、本葉2～3枚になった苗を植えつける。かなり広がって育つので、植えつけるのは1株でよい。実がついたら、月に2回、化成肥料を10g施す。

特徴的な栄養素：カリウム（ナトリウムの排泄《はいせつ》）、カロテン（美肌効果）・ビタミンC（風邪予防）

オススメの食べ方：油と相性がよいので、炒め物や揚げ物にするとおいしく食べられます。ビタミンAの吸収もよくなるのでオススメです。

●…種まき　▲…植えつけ　■…収穫

栽培カレンダー		3	4	5	6	7	8	9	10	11	12	1	2
作業	寒冷地		●	●▲	▲	■	■	■					
	中間地		●▲	●▲	▲■	■	■						
	暖地		●▲	●▲	■	■	■						

広がって育つので、植えつけは株間をとって

見た目はキュウリに、食感はナスに似ていますが、カボチャ（ペポカボチャ）の仲間で、料理にはその未熟果を使います。北米西部～メキシコが原産といわれ、その後ヨーロッパに伝わりました。イタリア料理やフランス料理でよく使われ、最近は日本でも見かけるようになりました。

「つるなしカボチャ」ともいわれるように、つるが伸びず、花は葉腋《ようえき》から花梗《かこう》を伸ばして咲きます。

栽培は、日当たりのよい場所で。土壌はあまり選びません。栽培期間は、4月中旬～5月中旬頃までに種をポットにまいて育て、晩霜《ばんそう》の心配がなくなる5月上旬以降に植えつけます。収穫は、開花から4～10日後。収穫できる期間は1～2カ月程度です。

ズッキーニは、株がかなり広がるので、株間は80～100cmほどとって植えつけましょう。

主な品種には、上記のほか、「ブラックトスカ」、果皮が黄色の「オーラム」などが挙げられます。どの品種も、日当たりがよければ比較的栽培しやすいものです。

1. 種まき・畑づくり

育苗期間は約20～30日

４月中旬から５月中旬頃までに、１つのポットに２粒ずつ、種をまきます。発芽して子葉が開いた頃に、生育のよいほうを残して間引きます。

植えつけの２週間前、畑に石灰100g/m^2を全面散布してよく耕し、その１週間後に堆肥２kg/m^2と化成肥料100g/m^2を散布して耕します。

ポットに培養土を入れ、２カ所くぼみをつける。くぼみに１粒ずつ種を入れ、土をかけて軽く押さえ、水を与える

2. 植えつけ・追肥

晩霜の心配がなくなってから植えつける

５月上旬以降、本葉が４～５枚になったら幅120cmの畝をつくってマルチをかけ、株間を80～100cmとって浅植えします。

実がついたら月に１～２回、化成肥料30～50g/m^2を追肥します。

植えつけ時や乾燥が続くときには、水をたっぷりと与えましょう。

マルチの上から土を掘って水を注ぎ、苗を浅植えにする。土をかけて軽く押さえ、水をたっぷりと与える

病害虫の防除

害虫は、アブラムシが多くつきます。見つけしだい手で取り除くか、オレート®液剤100倍を散布します。ウドンコ病には、ダコニール®1000の1000倍を散布します。

写真の葉についている白い斑紋は、ズッキーニ特有の模様で、病気ではない

3. 収穫（種まきから約80日後）

あまり大きくならないうちに収穫する

開花後４～10日、実の長さが20～25cmになったら収穫適期です。それ以上大きくすると、実が硬くなってしまいます。

また、開きかけのつぼみを「花ズッキーニ」といい、つぼみの中に詰めものをして調理します。

ウリ科　　難易度★★☆☆☆

ニガウリ（ゴーヤー）

独特な苦みと歯ごたえのある食感がくせになる健康野菜

こんな場合はどうする？

- 発芽しない→種を一昼夜水に浸してからまく
- 実がオレンジ色になる→完熟した証拠。未熟果を収穫

育てやすい品種： にがにがくんなど

連作障害の有無： あり（３～４年は避ける）

コンテナ栽培のポイント： 深さ30㎝以上の大型コンテナに、本葉４～５枚の苗を植えつける。ネットなどにつるを誘引《ゆういん》し、混んできたら重なっている部分を剪定《せんてい》する。実がついたら月に２回、化成肥料10gを施す。

特徴的な栄養素： ビタミンＣ（風邪予防）、食物繊維（便秘の改善）、カロテン（美肌効果）、カリウム（ナトリウムの排泄《はいせつ》）、モモルデシン（食欲増進）

オススメの食べ方： チャンプルーのほか、ゆでてサラダにしてもおいしいですよ。

●…種まき　▲…植えつけ　■…収穫

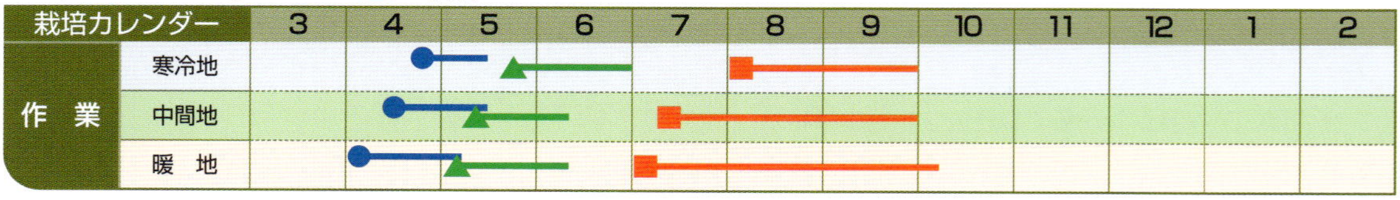

ネットにからませて夏の日除け代わりにも

ニガウリは、熱帯アジアが原産。名前のとおり、爽《さわ》やかな苦みと歯ごたえのある食感が特徴です。暑さに極めて強く、日本ではこれまで沖縄や九州でしか流通していませんでしたが、今では「夏バテに効く健康野菜」として、全国的に栽培されるようになりました。

４月下旬～５月上旬に種をまき、７～９月に収穫します。比較的栽培期間が長いので、有機物を多く施す（例えば、鶏糞《けいふん》を150g/m^2）とよいでしょう。

夏の暑い時期に盛んに生長します。病害虫も比較的少ないので、家庭菜園向きのとても育てやすい野菜です。土壌適応性は高いのですが、水はけのよい土壌がよいでしょう。また、つるがほかのものによくからみつくので、ネットなどにからませて、日《ひ》除《よ》け代わりに栽培してもよいでしょう。

各地域で独特な品種が栽培されています。形や色で分類すると、青長《あおなが》、青中長《あおちゅうなが》、白長《しろなが》、白中長《しろちゅうなが》などがあり、短い紡錘《ぼうすい》形の品種もあります。

1. 種まき・植えつけ

ポットで育苗《いくびょう》する

9cm径ポットに種を2粒まき、土をかけてたっぷりと水をやります。本葉が出たら生育のよいほうを残して間引き、5月中旬頃、本葉が4〜5枚になったら植えつけます。

植えつけの2週間前に石灰100g/m^2を、1週間前には堆肥2kg/m^2、化成肥料100g/m^2を畑全面に散布してよく耕します。幅120cm、高さ15cmの畝を立て、株間40〜50cmで植えつけます。

2カ所くぼみをつけ、一昼夜水に浸した種を1粒ずつまく。本葉が出たら1本立ちにする

2. 支柱立て・追肥

月に1〜2回、追肥する

早めに支柱を立てて、つるを誘引しましょう。支柱を3本立てて上部で組み、つるをひもで軽く結びます。

実が生長してきたら、1カ月に1〜2回、化成肥料30g/m^2を株の周りに施します。

支柱を3本立てて上部で組み、つるを誘引する。追肥は、株周りや畝の肩などに施す

3. 収穫（種まきから約90〜100日）

未熟果も熟果もおいしい

品種にもよりますが中長品種では25〜30cmを、長品種では30〜35cmを目安に、未熟果を収穫します。

熟果も食べられます。熟すと種の周りが赤いゼリー状に変わり、アケビと同じように甘くなります。

熟すと、種の周りが甘くなる

へた（果梗）の部分をはさみで切って収穫する

病害虫の防除

病害虫の比較的少ない野菜ですが、夏場にアブラムシがつくことがあります。見つけしだい手で取り除きますが、心配な場合は、オレート®液剤100倍かマラソン®乳剤1000倍を散布して防除してもよいでしょう。

写真：(株)サカタのタネ

ウリ科　難易度★★☆☆☆

シロウリ

漬け物や煮物に最適な 甘くないメロンの仲間

こんな場合はどうする？

- あまり実がつかない→天気のよい日に人工授粉する
- 実が虫に食われる→敷きわらをする

育てやすい品種：早馬《はやうま》（青《あお》はぐら）、白《しろ》はぐらなど

連作障害の有無：あり（1～2年は避ける）

コンテナ栽培のポイント：コンテナ栽培も可能だが、難しい。ほかのウリ科の作物と同様に、深さ30cm以上の大型コンテナに、本葉4～5枚の苗を植えつける。ネットなどにつるを誘引《ゆういん》し、混んできたら重なっている部分を剪定《せんてい》する。実がついたら月に2回、化成肥料10gを施す。

特徴的な栄養素：カリウム（ナトリウムの排泄《はいせつ》）、食物繊維（便秘の改善）

オススメの食べ方：漬け物（塩漬け、みそ漬け）がおいしいですよ。

●…種まき　▲…植えつけ　■…収穫

栽培カレンダー		3	4	5	6	7	8	9	10	11	12	1	2
作業	寒冷地		●	●▲	▲	■	■						
	中間地		●	●▲	▲	■	■						
	暖地	●	●▲	●▲	▲■	■	■						

実の長さが20～40cmになったら収穫する

4月上旬～5月中旬頃、ポットに種を3～4粒まき、本葉が出たら1本立ちにして、本葉4～5枚で植えつけます。

植えつけの2週間前に石灰100g/m^2を散布して耕し、幅60cm、高さ10cmの畝を立てます。1週間前には畝の中央に深めの溝を掘り、堆肥2kg/m^2と化成肥料100g/m^2を施して埋め戻します。株間60cmで植えつけ、水をたっぷりと与えます。

子づるが伸びてきたら、親づるは本葉5～6枚を残して摘心《てきしん》します。子づるは下から2番目のものから4本程度を伸ばし、孫づるは本葉2枚を残して摘心します。つるが盛んに伸びてきたら畝の肩に化成肥料30g/m^2を追肥《ついひ》し、敷きわらをします。2回目の追肥は、子づるが畝からはみ出るぐらいに伸びたら施します。開花したら人工授粉し（P.90のカボチャを参照）、実は長さ20～40cm、直径5～6cmになったら収穫できます。

病害虫には比較的強いのですが、過湿になるとベト病やウドンコ病の発生が多くなります。敷きわらなどをして、病気の葉はすぐに取り除きます。

ウリ科　難易度★★☆☆☆

ヘチマ

熟果はタワシに、若い実は食用に
茎から出る液体は化粧水に

こんな場合はどうする？

- 収穫量が少ない→水やりをしっかりと行う
- 食べると繊維が硬い→開花から約10日の若い実を収穫する

育てやすい品種：とくになし

連作障害の有無：あり（１～２年は避ける）

コンテナ栽培のポイント：深さ30cm以上の大型コンテナに、本葉４～５枚の苗を植えつける。ネットなどにつるを誘引し、混んできたら重なっている部分を剪定する。実がついたら月に２回、化成肥料10gを施す。

特徴的な栄養素：カロテン（美肌効果）、ビタミンK（骨《こつ》粗《そ》鬆《しょう》症《しょう》予防）、カルシウム（骨、歯の成分）、鉄（赤血球の成分）

オススメの食べ方：若い実を取り、皮をむいてみそ炒めにするのがオススメです。

ヘチマの種まき（ポットまき）

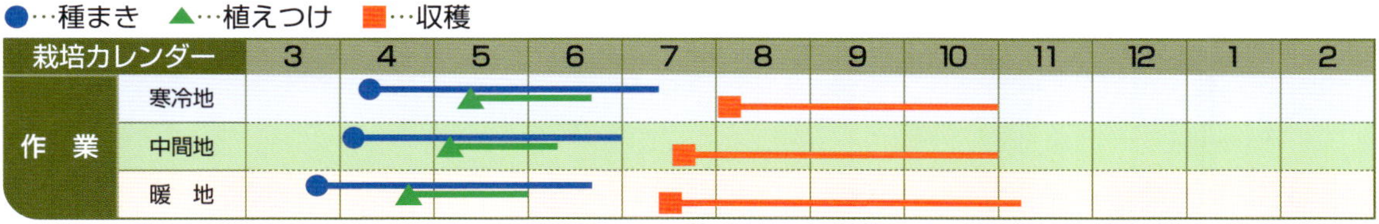

食用には、開花から約10日で収穫する

シロウリと同様の作業で種まき・植えつけを行います（適期はカレンダー参照）。市販の苗を購入するのもよいでしょう。株間を90cmとって植えつけます。

つるが50～60cmまで伸びたら株周りに化成肥料30g/m²を追肥します。さらにつるが伸びるので、支柱やネットにからませるか、棚に這《は》わせて栽培します。実が大きくなってきた頃に２回目の追肥を行い、以降は約２週間おきに施します。

収穫は、食用の場合は開花から約10日（盛夏は７～８日）経った長さ20～30cmの若い実を、タワシにする場合は開花から40～50日後に熟果をとります。

化粧水は、実が熟す９月にとります。つるを根元から30～60cmぐらいの部分で切り、消毒したビンに根元側の切り口を差し込みます。一晩で１株あたり約２ℓの化粧水がとれます。

とくに被害の大きな病害虫はないので、無農薬で栽培しましょう。

バラ科　　難易度★★★★☆

イチゴ

栽培に手間はかかるが収穫が楽しみ

こんな場合はどうする？

- 実にカビが生える→病気の実を取り、薬剤を散布する
- 畝側に実がつく→ランナーの跡を畝の内側に向ける

育てやすい品種：ダナー、宝交早生《ほうこうわせ》など

連作障害の有無：あり（1～2年は避ける）

コンテナ栽培のポイント：深さ15cm以上のコンテナに苗（露地《ろじ》栽培用品種が望ましい）を株間20cmで浅めに植えつけ、たっぷりと水をやる。ランナーの跡の向きをそろえるのがコツ。1月上旬～2月中旬に化成肥料10gを株元に施し、軽く土を寄せる。以降も月に1回、同様に追肥《ついひ》する。5月中旬～6月中旬頃、実が熟したら収穫。

特徴的な栄養素：ビタミンC（風邪予防）、食物繊維（便秘の改善）、カリウム（ナトリウムの排泄《はいせつ》）、葉酸（貧血予防）、アントシアニン（発がん抑制作用）

オススメの食べ方：収穫したてを生食するのがいちばんですが、ジャムにすれば長期保存できます。

●…種まき　▲…植えつけ　■…収穫

栽培カレンダー		3	4	5	6	7	8	9	10	11	12	1	2
作業	寒冷地				■━			▲━	━				
	中間地			■━	━				▲━	━			
	暖地		■━	━					▲━	━			

家庭菜園には「露地栽培品種」が向いている

イチゴは、南北アメリカが原産。赤く熟した実を食べますが、正しくは種のように見える粒が果実で、実の部分は花托《かたく》（花柄《かへい》の先端にある、花がつく土台部分）です。

17～20℃と冷涼な気候を好み、栽培には水はけがよく、適度な保水性と通気性のある肥沃《ひよく》な土壌と、日当たりのよい畑が適しています。暑さや乾燥には弱いのですが寒さには強く、雪の下でも枯れません。

秋～冬の低温短日《たんじつ》（日が短くなる）条件に合うと花芽ができ、その後の高温長日《ちょうじつ》条件に合う（暖かく、日が長くなってくる）と開花・結実します。

初夏になると親株から伸びる茎（ランナー）の先に子株がつくので、切り離して苗をつくることができます。

品種は多種多様です。青果店などに出回るイチゴはすべてハウス栽培用の品種ですが、家庭菜園でも栽培は可能です。しかし、家庭菜園でつくる場合は「ダナー」「宝交早生」などの露地栽培用の品種がつくりやすいでしょう。

1. 土づくり

元《もと》肥《ごえ》をたっぷりと施す

植えつけの２週間前、畑に石灰100g/m^{2}を散布してよく耕します。１週間前に堆肥３kg/m^{2}と化成肥料100g/m^2、ヨウリン30g/m^{2}を全面散布し、くわで土とよく混ぜ合わせます。

植えつけの直前に、幅60〜70cm、高さ15〜20cmの畝をつくります。

1 石灰散布後、１週間したら堆肥を施す

2 化成肥料とヨウリンも散布し、土とよく混ぜ合わせる

3 幅60〜70cm、高さ15〜20cmの畝をつくる

2. 植えつけ

花房を畝の外側に向ける

10月中旬〜11月上旬に、葉色が濃くしっかりとした苗を購入し、株間30cmの２条植えにします。

植えつけのコツは、根元にある葉のつけ根が軽く隠れる程度の浅植えにすることと、花《か》房《ほう》（ランナーの跡の反対側につく）が通路側（畝の外側）につくように、または花房が日当たりのよい側に伸びるように植えつけることです。

植えつけたら、たっぷりと水を与えましょう。

❶ランナーの跡の反対側に花房がつくので、ランナーの跡を畝の内側に向けて植えつける
❷株間を30cmとって植え穴を掘り、たっぷりと水を注ぐ
❸❹水が引いたら、苗を浅めに植えつけて、根元を軽く押さえ、たっぷりと水をやる

3. 中耕・追肥

実が大きくなりだしたら液肥を施す

植えつけて根づき始める頃から、寒さに強いハコベなどの雑草が出てきます。除草を兼ねて中耕《ちゅうこう》（株周りの土を耕すこと）を冬の間に１～２回行いましょう。

１月下旬～２月上旬に、化成肥料30～40g/m^2を条間に追肥して、中耕します。また、実が肥大し始めた頃に液体肥料を施すと効果的です。

雑草をきれいに取り除く

枯れている葉も取り除く

条間に化成肥料を施す

土とよく混ぜ合わせる

4. マルチング

低温にさらしてからかける

２～３月に黒色のマルチをかけると、地温が上がって株の生長が進み、開花も早まります。また、雑草の防除にもなります。

ただし、マルチをかける前に、枯れ葉や病気の葉をしっかりと取り除いておきましょう。

株の上からマルチをかけ（❶）、指でマルチに穴をあけて株を表面に出す（❷）。あける穴はなるべく小さくすること

5. 収穫（植えつけから約200日）

5月中旬以降に収穫期を迎える

植えつけから約200日、開花から30～40日前後の５月中旬から６月中旬頃が収穫期です。真っ赤に熟したものから順次、手で摘み取りましょう。鳥に狙われる場合は、畝全体に防鳥ネットを張って食害を防ぎます。

赤く熟した実を手で摘み取る

6. 株分け

株分けで来年用の苗をつくる

収穫期になると、ランナーが伸びてその先に子株がつきます。その子株を分けて、来年用の苗をつくることができます。

ポットでの育苗《いくびょう》が、簡単で失敗が少ないのでおすすめです。伸びてきた子株を、培養土を入れたポットに入れ、ランナーの上に重しをのせて固定します。数日経って根づいたら、子株から２～３cm残してランナーを切り離します。

ランナーをつけたまま、子株をポットに入れ、ランナーに重しをのせておく。根づいたら、ランナーを２～３cm残して切り離す

病害虫の防除

病気に感染していない苗を植えつければ、病気の心配はあまりないのですが、ウドンコ病が発生した場合はカリグリーン®800～1000倍を、収穫期に実が腐る灰色《はいいろ》カビ病にはカリグリーン800倍かオーソサイド®水和剤80の800倍を散布します。

アブラムシにはオレート®液剤100倍を、ハダニにはダニ太郎®1000倍かマラソン®乳剤2000倍を、発生の初期に散布して駆除します。

ウリ科　難易度★★★★☆

スイカ

初心者には少々難しいが、挑戦したい夏の風物詩

こんな場合はどうする？
- 実が大きくならない→摘果《てきか》と追肥《ついひ》を適期に行う
- 実がつかない→人工授粉をする

育てやすい品種：小玉種《こだましゅ》の紅《べに》しずく、ミゼットなど

連作障害の有無：あり（3～4年は避ける）

コンテナ栽培のポイント：小玉種が向いている。深さ30cm以上の大型コンテナに苗を植えつけたら周りに支柱を立て、あんどん仕立てにする。着果したら化成肥料10gを施す。肥切れに注意し、元気がない場合は適宜追肥する。水は土が乾いたらたっぷりと与える。収穫は、1株あたり2個程度にする。

特徴的な栄養素：ビタミンC（風邪予防）、カリウム（ナトリウムの排泄《はいせつ》）、シトルリン（利尿作用）、リコピン（抗酸化作用）

オススメの食べ方：実と皮の間の白い部分のみそ漬けもおいしいものです。

●…種まき　▲…植えつけ　■…収穫

栽培カレンダー		3	4	5	6	7	8	9	10	11	12	1	2
作業	寒冷地			▲	▲		■	■					
	中間地			▲		■	■						
	暖地		▲	▲		■	■						

日当たりと水はけのよい場所で栽培する

スイカは、アフリカ中南部が原産。みずみずしく爽《さわ》やかな歯触りと甘さで、夏の風物詩として親しまれています。初心者には少々栽培が難しいのですが、小玉種なら比較的栽培しやすいので、挑戦してみてもよいでしょう。

土壌適応性が高く、酸性の土壌や土の乾燥にも強いのですが、連作はできません。3～4年はウリ科の野菜を栽培していない場所を選びます。また、日当たりと水はけのよい場所で栽培します。

5月上旬～中旬に植えつけ、7月下旬～8月に収穫します。病気に強いつぎ木苗を使うと栽培しやすいでしょう。また、高温を好むので、植えつけてから根づくまで、1株ごとにホットキャップをかぶせ、生長を促します。

品種には、大玉種《おおだましゅ》と小玉種があります。大玉種には「金輝《きんき》」「縞王《しまおう》マックス」「瑞祥《ずいしょう》」「紅大《こうだい》」などがあります。家庭菜園には、比較的栽培しやすい小玉種がおすすめです。果肉の赤い「紅《べに》こだま」「紅しずく」、果肉の黄色い「ニューこだま」「ミゼット」などがあります。

1. 土づくり・植えつけ

ホットキャップで生長を促す

スイカは、円形に土を盛った「鞍《くら》つき」畝に1株ずつ植えつけます。

植えつけの2週間前までに、石灰150g/m^2を畑に散布してよく耕しておきます。植えつけの1週間前には、畝間を200㎝とり、中央に深さ30㎝の穴を掘って堆肥2kg、化成肥料30g、ヨウリン15gを入れ、鞍つきにします。

5月上旬～中旬頃、苗を浅めに植えつけ、根づくまでホットキャップで覆います。

畝間を200㎝とり、中央に穴を掘って元肥を施す。掘った穴を埋め戻し、周囲から中心に向かって円形に土を盛り上げていき、鞍つき畝を立てる

鞍つきの中央に植え穴を掘り、水をたっぷりと注ぐ。水が引いたら1株ずつ苗を植えつけ、土をかけて根元を軽く押さえる

2. 剪定

3～4本に仕立てる

本葉が5～6枚になったら、つるの先端を摘心《てきしん》します。子づるが伸びてきたら、勢いのよい子づる3～4本を残し、ほかの子づるを切り取ります。

新たに伸びてくる子づるや孫づるを畑の空いているスペースに誘導しながら、つるを広げていきます。

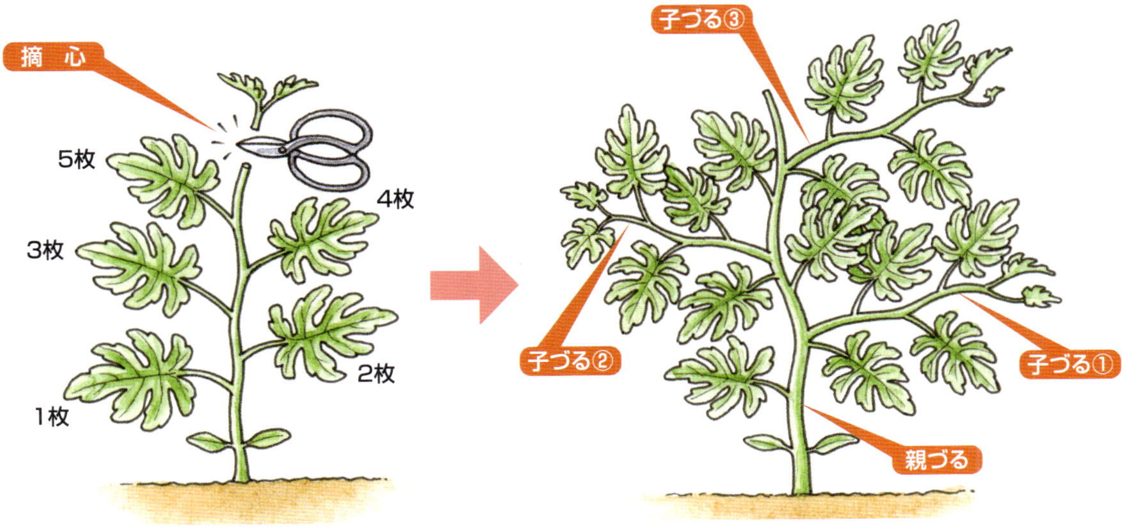

3. 人工授粉

晴れた日の朝早くに行う

花が咲き始めたら、各つるの「18節」より先についた最初の雌花を探し、雌しべの柱頭《ちゅうとう》に雄花の雄しべをこすりつけて授粉します。

授粉した日づけを書いた札をつるに結んでおき、収穫の目安にします。

虫によって受粉もするが、人工授粉したほうが確実

❶花の下の部分（子房）がふくらんでいるのが雌花
❷花の下の部分が細いのが雄花
❸雄花を摘み取り、雌しべの柱頭に雄しべを軽くこすりつける
❹授粉日を書いた札をつるに結んでおく

4. 摘果・敷きわら・追肥

2～4個残して摘果する

1株当たり2～4個程度収穫するのを目標にして、それらを大きくするためにほかの実を摘み取ります。

畑全体にわらを敷き、着果したら化成肥料30g/m²を畝の周りに施します。実がつく前に追肥すると「つるぼけ」になりやすいので、実がついてから行いましょう。

2回目以降の追肥は、生育状況を見て、株に元気がない場合に適宜行います。

実を発泡スチロールなどの上にのせ、地面に直接つけないようにする

畑全体にわらを敷き、実がついたら追肥する

5. 除草

実を大きくするために行う

雑草が繁茂すると株への日当たりが悪くなるうえに養分を奪われ、実が大きくならなかったり、実の品質低下を招いたりします。

つるが伸びる前や雑草が生えてきたときには、ていねいに抜き取り、敷きわらもしっかりと行いましょう。

雑草はていねいに抜き取る

除草が遅れ、雑草が生い茂ったスイカ畑

6. 収穫（植えつけから約90～100日）

開花後35～40日を目安に収穫する

スイカは、外観や実をたたいたときの音で熟期がわかるといわれていますが、確実に判断するのは難しいものです。そこで、「開花後日数」（35～40日程度）や「積算温度」（毎日の平均気温の合計が900～1000℃）を目安に収穫しましょう。

病害虫の防除

過湿によって病気が発生しやすくなるので、畑の水はけや長雨の時期に気をつけます。主な病気は、葉に輪紋《わもん》が出て枯れる炭疽《たんそ》病や、白いカビが生えるウドンコ病です。炭疽病にはビスダイセンTM水和剤400～800倍を、ウドンコ病にはカリグリーン®800～1000倍を散布します。

アブラムシやハダニも発生するので、見つけしだい取り除き、薬剤を散布して防除します（アブラムシにはオレート®液剤100倍、ハダニにはダニ太郎®1000倍など）。

へた（果梗）の部分をはさみでカットして収穫する

マメ科　難易度★★★★☆

サヤエンドウ

晩秋に種をまき、春から初夏にかけて収穫する

こんな場合はどうする？

- 冬を越せずに枯れる→種まきを適期に行う
- 葉に白い模様が出る→ナモグリバエを防除する

育てやすい品種： 絹小町《きぬこまち》、スナックなど

連作障害の有無： あり（4～5年は避ける）

コンテナ栽培のポイント： 深さ15cm以上のコンテナに、本葉3～4枚の苗を株間20～25cmで植えつけ、たっぷりと水をやる（以降、土が乾き始めたら与える）。早春、20cmほどに伸びたら2mぐらいの支柱を立て、苗を誘《ゆう》引《いん》する。株元に化成肥料10gを追肥《ついひ》し、新しい土を入れる。支柱の間にひもを張り、つるをからませる。実がつき始めたら再び追肥し、適期に収穫する。

特徴的な栄養素： ビタミンC（風邪予防）、カロテン（美肌効果）、鉄・葉酸（貧血予防）、食物繊維

オススメの食べ方： よくラーメンの具にします。煮物にちらしたり、炒め物に入れたりしてもおいしいですね。

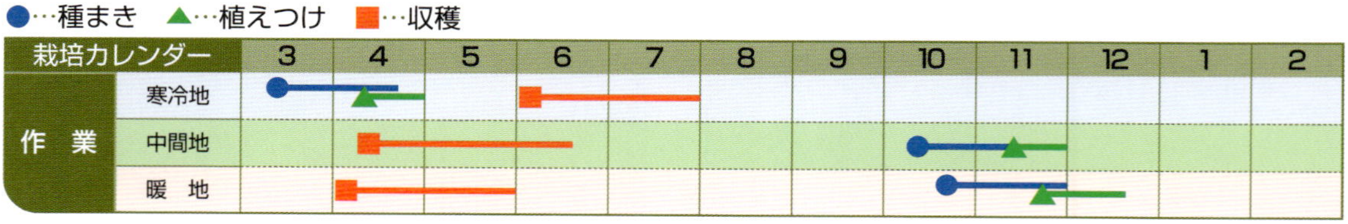

寒さに強い若苗の状態で冬を越させる

地中海沿岸～西アジアが原産。生育適温が15～20℃と低く、冬越しをさせて栽培します。種まきの時期が重要です。晩秋（10月中旬～11月上旬）にまき、4～5月頃に収穫しますが、早まきして冬の前に株が40～50cmほどに生長すると、寒さにやられて枯れてしまいます。

また、連作に弱く、酸性土壌ではうまく生育しないので、4～5年は栽培していない場所を選び、石灰で土壌の酸度を調整してから植えつけます。

発芽する頃に鳥に狙われやすいので、べたがけなどで覆って栽培するとよいでしょう。

実がふくらむ前の若いさやを食べる「サヤエンドウ」、さやと実を食べる「スナップエンドウ」、若い実をたべる「グリーンピース」があり、草丈の低いつるなし品種などもあります。

主な品種

サヤエンドウ	赤花絹《あかばなきぬ》さや、白花絹《しろばなきぬ》さや、絹小町、豊成《とよなり》、仏国大《ふっこくおお》さやなど
スナップエンドウ	スナック、ホルンなど
グリーンピース	ウスイ、南海 緑《なんかいみどり》など

1. 種まき

早まきしないように注意する

晩秋（10月中旬～11月上旬）に種をまき、ポットで育苗《いくびょう》します。

9cm径ポットに4粒の種をまき、水を与えます。そのまま本葉が2～3枚出るまで育てます。

畑にじかまきもできます。その場合は、株間を30cmとり、1カ所に4～5粒の点まきにします（畝立てはP. 110「3．土づくり・植えつけ」を参照）。発芽する頃に鳥害を受けやすいので、べたがけなどで覆っておきましょう。

9cm径のポットに培養土を入れ、4カ所くぼみをつける。くぼみに1粒ずつ種をまき、土をかけてたっぷりと水を与える

2. 間引き

本葉が出たら「3本立ち」にする

発芽後、本葉が出たら生育のよい3本を残し、1本間引きます。本葉が2～3枚になったら、畑に植えつけます。

じかまきの場合は、本葉が3～4枚になったら根元に軽く土寄せをします。また、根元にわらを敷くと、乾燥防止と防寒対策になります。

生育のよい苗を残し、1本間引く。本葉が3～4枚になったら植えつける

3. 土づくり・植えつけ

石灰で土壌の酸度を調整する

サヤエンドウは酸性土壌を嫌うので、石灰を施して土壌の酸度を調整します。

植えつけの２週間前に、石灰150～200g/m^{2}を散布してよく耕し、堆肥２kg/m^{2}と化成肥料50g/m^{2}を散布してよく耕しておきます。

幅100cm、高さ10cmの畝を立て、株間30cm、条間60cmの２条植えにします。植えつけ後もたっぷりと水を与えます。

❶❷株間30cm、条間60cm（２条植え）で植え穴を掘り、たっぷりと水を注ぐ
❸❹水が引いたら、苗を植えつけて手で軽く押さえ、たっぷりと水をやる

4. 防寒対策

ササ竹を立てる

寒さが厳しくなる12月下旬から２月にかけては、霜《しも》除《よ》けと防寒のため、畝の北側か西側にササ竹を立てておきます。

２月頃、ササ竹が枯れたら取り除きます。

畝の北側か西側に、高さ50cmほどのササ竹を立てる。べたがけやトンネル状の寒冷紗でも防寒できる。その場合は、新芽が伸び始める３月には取り除く

5. 支柱立て・追肥

支柱につるを誘引する

２月に入り、つるが伸びてきたら、ササ竹を取り除き、畝の周りに支柱を立てます。支柱にひもを張り、つるを誘引してひもで軽く結びます。支柱の周りにネットを張り、そこにつるをからませてもよいでしょう。株元に化成肥料30g/m^{2}を施して、土寄せをします。

畝の周りに支柱を立て、ひもを張る

つるを上に伸ばして誘引し、ひもで軽く結ぶ

その後、つるの伸びに合わせて上段のひもに誘引

病害虫の防除

春になり、ナモグリバエの幼虫による食害（葉の中にトンネルを掘り、絵を描いたように見える）が見られたら、マラソン®乳剤1000倍を散布します。ウドンコ病にはカリグリーン®800～1000倍などを、褐紋《かつもん》病にはベンレート®水和剤1000～2000倍を散布します。

また、春に葉や茎が黄色く変色して枯れるのは、連作障害です。

6. 収穫（種まきから約180日）

実がふくらみ始めたら収穫する

サヤエンドウは、実がふくらみ始めた頃に収穫します。

スナップエンドウは、さやがふくらんだ頃に収穫します。

グリーンピースは、開花から35日ほど、さやの表面に小じわが出てきた頃が収穫の適期です。

いずれも、収穫が遅れると実が硬くなるので、適期での収穫を心がけましょう。

つるを切って収穫する

マメ科　難易度★★☆☆☆

インゲン

短期間で何度も栽培できる便利なスタミナ野菜

こんな場合はどうする？
- 実がつかない→窒素肥料を控える
- 花が咲いても落ちる→こまめに水やりを行う

育てやすい品種： さつきみどり２号など

連作障害の有無： あり（３～４年は避ける）

コンテナ栽培のポイント： 深さ30cm以上の大型コンテナに、株間20～25cmで深さ２cm・直径５cmのくぼみをつけ、１カ所に３粒種をまく。やや多めに土をかけ、たっぷりと水をやる。本葉２～３枚で１～２本に間引き、20cmほどに伸びたら支柱を立てて誘引《ゆういん》し、株元に化成肥料10gを施す。開花から10～15日ほどの若いさやを収穫する。

特徴的な栄養素： カロテン（美肌効果）、食物繊維（便秘の解消）、ビタミンＢ群（疲労回復）、アスパラギン酸（スタミナ増強）、レクチン（免疫増強）

オススメの食べ方： ジャガイモとの煮つけがオススメ。

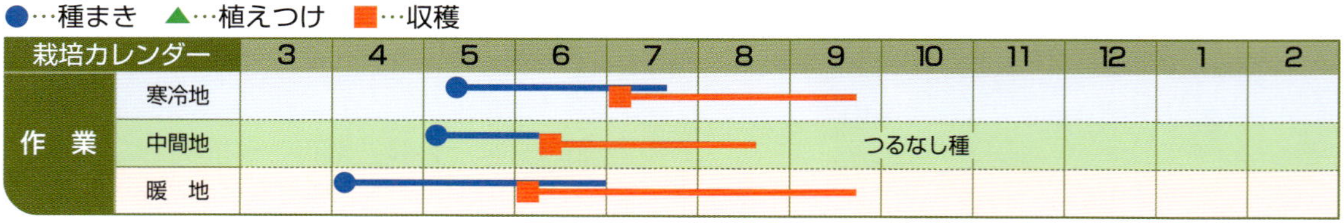

乾燥させると落花とハダニが多くなるので注意

中央アメリカが原産で、日本には隠元禅師《いんげんぜんじ》が江戸時代に伝えたとされています。

生育適温は20～25℃前後と、マメ類の中では比較的高温ですが、30℃以上の高温や10℃以下の低温下では生育が悪くなります。また、日当たりのよい場所を好みますが、土を乾燥させると落花《らっか》が増え、ハダニの被害を受けやすくなるので、水はたっぷりと与えましょう。

短期間で何度も栽培・収穫ができるので、関西では「三度豆《さんどまめ》」とも呼ばれます。草丈の低いつるなし種とつるが長く伸びるつるあり種があり、初心者にはつるなし種が栽培しやすいでしょう。また、さやの形は「丸《まる》さや」と「平《ひら》さや」があります。

おすすめの品種は、つるなし種では「さつきみどり２号」「セリーナ」など、つるあり種では「王《おう》湖《こ》」「ケンタッキー101」など。平さやの「モロッコインゲン」もおすすめです。

1. 土づくり

石灰で土壌調整を行う

連作障害が出やすいので、3～4年は栽培していない場所を選びましょう。また、酸性土壌を嫌うので、必要に応じて石灰を散布し、調整します。

種まきの2週間前、石灰150～200g/m^2を畑に全面散布してよく耕します。

種まきの1週間前、畝の幅を60～75cmとしてひもを張り、堆肥2kg/m^2と化成肥料100g/m^2を散布して耕しておきます。

植えつけの2週間前、石灰を散布してよく耕す

植えつけの1週間前、堆肥と化成肥料を施してよく耕す

2. 種まき

6月上旬頃まで種まきできる

じかまきの場合は、5月上旬～6月上旬頃が種まきの適期です。

幅60～75cm（2条植えなら90～100cm）、高さ10cmの畝を立て、株間を30cmとってくぼみをつけ、1カ所に3粒ずつ種をまきます。

種まき後はたっぷりと水を与えます。

ポットまきの場合は、4月中旬頃が適期です。10.5cm径のポットに培養土を入れて種を3粒まき、たっぷりと水を与えます。

❶❷畝にひもを張り、それに沿って株間30cmでくぼみをつける
❸❹1カ所に3粒の種をまく。土をかけて軽く押さえ、たっぷりと水をやる

3. 間引き

本葉が出たら2本立ちにする

種まきから10～15日後、本葉が出たら、生育のよい苗を２本残して１本間引きます。

間引いた苗も、発芽しなかった場所に移植して育てることができます。

種まきから10～15日ほどで本葉が展開する。生育のよい苗を２本残して１本間引く

4. 支柱立て・誘引

株の倒伏防止に支柱を立てる

つるなし種も、株の倒伏《とうふく》を防ぐため、１ｍぐらいの支柱を垂直に立てて誘引します。

つるあり種の場合は、合《がっ》掌式《しょうしき》に支柱を組み、ひもで結んで誘引します。

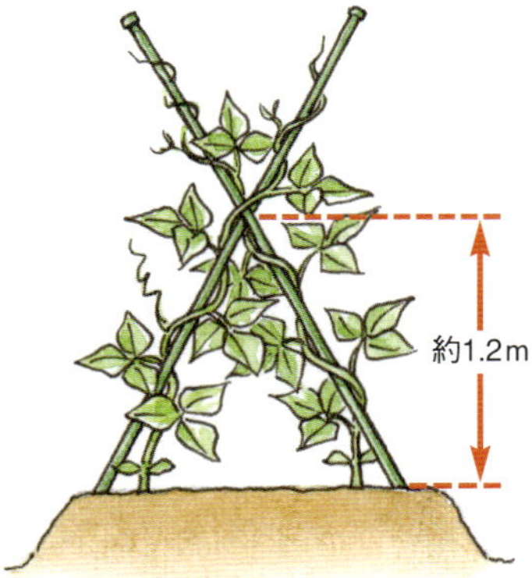
約1.2m

つるあり種の場合は、支柱を交差させる合掌式にして、誘引する

生長したようす（つるあり種）

ひもを数回ねじって「あそび」をつくり、茎と支柱を結ぶ

つるなし種の場合は、１本の支柱を垂直に深く刺して、誘引する

5. 追肥

草丈20～30㎝で最初の追肥《ついひ》を施す

草丈が20～30cmに伸びた頃に、最初の追肥をします。株周りに化成肥料30g/m²を施し、軽く土を寄せます。

2回目の追肥は収穫期に、化成肥料30g/m²を株周りに施し、軽く土を寄せます。

窒素《ちっそ》肥料が多すぎると、実がつかないことがあります。追肥は、株の生育状況を見ながら行いましょう。

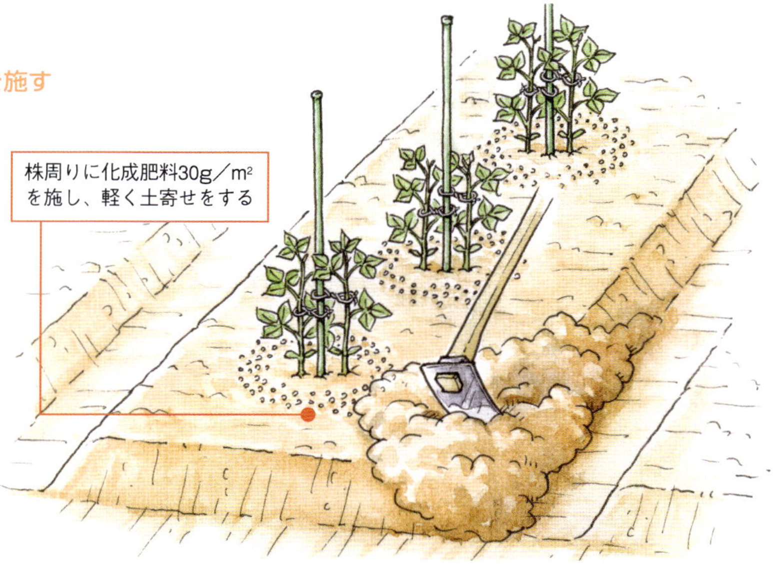
株周りに化成肥料30g／m²
を施し、軽く土寄せをする

6. 収穫（種まきから約60日）

ふくらみかけた頃が適期

つるなし種は、開花後約10～15日で収穫できます。若い実のほうが軟らかくておいしいので、さやがあまりふくらまないうちに収穫しましょう。

つるあり種は、多少大きくふくらんでからでもおいしく食べられます。

つるなし種は、さやがふくらみかけた頃が収穫の適期

つるあり種は、少し大きくなったら収穫する

病害虫の防除

病気の心配は少ないのですが、害虫がつくことがあります。

アブラムシやハダニを見つけたらマラソン®乳剤2000倍か粘着くん®液剤100倍を散布して駆除します。

また、発芽する頃に鳥害を受けやすいので、本葉が出るまでは、べたがけをしたり、防鳥ネットなどを張ったりしてもよいでしょう。

マメ科　難易度★★★☆☆

エダマメ

夏の味覚として大人気 とれたては至福の味わい

こんな場合はどうする？

- さやに豆が入っていない→開花期にカメムシを防除
- あまり実がつかない→窒素《ちっそ》肥料を控える

育てやすい品種：ビアフレンド、湯《ゆ》あがり娘《むすめ》など

連作障害の有無：あり（３～４年は避ける）

コンテナ栽培のポイント：深さ30㎝以上の大型コンテナに、株間20㎝で本葉２枚の苗を植えつけ、たっぷりと水をやる。以降、土が乾き始めたら与える。本葉が展開し始めたら双葉のすぐ下まで土を盛り、株を安定させる。開花したら化成肥料10gを株元に施し、土を寄せる。実が充実したら、株ごと抜いて収穫する。

特徴的な栄養素：たんぱく質・ビタミンB_1（疲労回復）、ビタミンC（風邪予防）、食物繊維（便秘解消）、カロテン（美肌効果）、メチオニン（二日酔いの改善）

オススメの食べ方：私はかたゆでが好みです。出身が秋田なので、ずんだ餅《もち》もよく食べます。

花

黒豆、茶豆、エダマメ

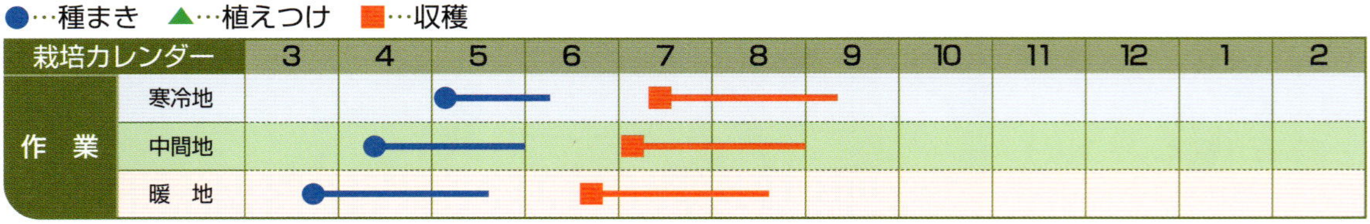

収穫適期が１週間程度なので気をつける

エダマメは、ダイズの未熟な若いさやを利用するものです。タンパク質や、ダイズにはないビタミンC・カロテンを豊富に含む、栄養価の高い野菜です。

収穫直後がもっともおいしいので、ぜひ栽培に挑戦し、とれたて・ゆでたてのエダマメを、ビールのおつまみとして、夏の味覚として楽しみましょう。

ダイズは中国東北部が原産ですが、生育適温は20～30℃と高温を好み、また、昼夜の温度差があるほど味がよくなります。やせ地でも栽培できますが、乾燥が続くと、空《から》のさやができます。

収穫の適期は、５日～１週間程度と短いので、摘期を逃さないように注意しましょう。

おすすめの品種は、上記のほかに「天ヶ峰《てんがみね》」「夕涼《ゆうすず》み」などがあります。また、味のよい茶豆《ちゃまめ》や黒豆《くろまめ》が人気です。茶豆では「夏の調べ」「福成《ふくなり》」など、黒豆では「怪豆黒頭巾《かいとうくろずきん》」「夏の装い」などがおすすめです。

1. 土づくり

2週間前に石灰を散布する

種まきの2週間前に、石灰100g/m^{2}を散布してよく耕します。

種まきの1週間前には、畝幅を60cmとしてひもを張り、その中央に深さ15cmの溝を掘って堆肥2kg/m^{2}と化成肥料50g/m^{2}を施し、埋め戻して高さ10cmの畝を立てます。

畝幅60cmとしてひもを張り、深さ15cmの溝を掘る。そこに堆肥と化成肥料を施して埋め戻し、高さ10cmの畝を立てる

2. 種まき

1カ所に3粒ずつ種をまく

種まきは、害虫の被害を軽減するため、まだ発生していない4月中旬頃に行います。

畝に株間を20cmとってくぼみをつけ、1カ所に3粒ずつ種をまきます。

種をまいたらたっぷりと水をやり、以降、乾燥が続くときに水を与えます（ただし、水をやりすぎると腐るので注意が必要）。

ポットまきの場合は4月上旬頃に種をまき、本葉が2枚出た頃に植えつけます。

1カ所に3粒ずつ種をまく。軟らかい土をかぶせて手で軽く押さえ、たっぷりと水を与える

3. べたがけ

鳥害を防ぐためにかける

発芽直後の双葉は、よく鳥に狙われます。そのままにしておくと食べられてしまうので、本葉が展開し始めるまではべたがけをするか、寒冷紗《かんれいしゃ》をトンネルがけして保護しましょう。

マルチングと同じ要領でべたがけをして、鳥による食害から双葉を守る（❶❷）。寒冷紗をトンネルがけしてもよい（❸❹）

4. 間引き・土寄せ

生育のよい苗を残して2本立ちにする

本葉が開き始めたら、べたがけまたは寒冷紗を外します。

生育のよい苗を残して１本間引き、２本立ちにします。間引いたら、双葉がついている高さまで、株元に土を寄せます。

生育のよい２本を残す。間引いたら、株元に土を寄せる

5. 追肥・土寄せ

窒《ちっ》素《そ》分を控えめにする

花が咲いたら追《つい》肥《ひ》します。化成肥料20g/m^{2}を株元に施して、土寄せをします。

ただし、窒素分が多いと、葉ばかりが茂って実のつきが悪くなるので、肥料の施しすぎには注意しましょう。または、窒素分の少ない肥料を使う方法もあります。

畝の肩に追肥し、土寄せをする

6. 収穫（種まきから約80～85日）

収穫の適期を逃さない

さやがふくらみ、実が充実したときが収穫の適期です。株ごと抜き取るか、必要な分だけ摘み取って収穫します。

適期は５日～１週間と短く、遅れると風味が損なわれるので、早めの収穫を心がけましょう。

中の豆の形がはっきりとわかり、押したら飛び出そうなぐらいにさやがふくらんだら、収穫の適期。よく観察し、適期を逃さないようにしたい

病害虫の防除

生長するにしたがって、虫害が多くなります。とくに、開花直後にカメムシ（写真）やマメシンクイガの被害を受けると、さやが大きくなっても中の実が充実しません。

見つけしだい捕殺するか、スミチオン®乳剤1000倍を散布して防除しましょう。

写真：（株）サカタのタネ

マメ科　　難易度★★★★☆

ソラマメ

ほくほくの食感と甘みが醍醐味の初夏の味覚は、花も楽しめる

こんな場合はどうする？

・なかなか発芽しない→ポットまきで育苗するのが確実

・枝が混んでいるがＯＫ？→６～７本に整理する

育てやすい品種：打越一寸《うちこしいっすん》（写真）、河内一寸《かわちいっすん》など

連作障害の有無：あり（４～５年は避ける）

コンテナ栽培のポイント：深さ30㎝以上の大型コンテナに、株間30㎝で本葉４～５枚の苗を植えつけ、たっぷりと水をやる。以降は、土が乾き始めたら与える。30～40㎝に生長したら１株６～７枝に整理。株周りに化成肥料10gを施し、新しい土を混ぜておく。60㎝程度の支柱を周りに立ててひもを張り、株の倒伏《とうふく》を防ぐ。草丈60～70㎝ほどで摘心《てきしん》。さやが垂れてきたら収穫する。

特徴的な栄養素：タンパク質、ビタミンＣ（風邪予防）、ビタミンＢ群（代謝の促進、疲労回復）カリウム（ナトリウムの排泄）、マグネシウム、リン、鉄

オススメの食べ方：塩ゆでのほか、てんぷらもオススメ。

●…種まき　▲…植えつけ　■…収穫

栽培カレンダー		3	4	5	6	7	8	9	10	11	12	1	2
作業	寒冷地	●▲			■	—							●
	中間地			■	—				●	▲	—		
	暖地		■	—					●	▲	—		

幼苗は低温に強いが、実がつくと弱くなる

中央アジア～地中海沿岸が原産。さやが空《そら》に向かうので、この名がついたといわれます。

生育適温は16～20℃と冷涼な気温を好みます。ただし、幼苗《ようびょう》の頃は低温に強いのですが、実がつく頃には低温に弱くなり、さやが落ちるなどの障害が起こります。

そこで、10月中旬～11月上旬頃に種をまいて幼苗の状態で冬を越させ、翌年の５～６月頃に収穫します。また、連作障害を起こすので、４～５年は栽培をしていない場所を選びましょう。

種をまく時期などに気をつければ、それほど手はかかりませんが、アブラムシが媒介するウイルス病が発生しやすいので、アブラムシの駆除をしっかりと行うことが大切です。

晩生《おくて》品種と早生《わせ》品種がありますが、家庭菜園でおすすめの品種は、晩生品種で大粒の「打越一寸」「河内一寸」「仁徳《にんとく》一寸」などです。

ソラマメは、栄養価の高い野菜ですが、薄紫の花も美しく、観賞のためにコンテナで栽培している人もいます。

1. 土づくり

連作と酸性土壌を嫌う

ソラマメを4～5年栽培していない場所を選び、石灰で土壌の調整をします。

種まきの1～2週間前に、幅60～70cmの畝を想定して石灰150～200g/m^2を散布し、よく耕します。次いで堆肥2kg/m^2と化成肥料50g/m^2を散布して、ていねいに耕しておきます。

畝を立てる場所に石灰を散布し、よく耕す。次いで堆肥と化成肥料を散布し、よく耕す

2. 種まき

種の向きに気をつけてまく

じかまきもポットまきもできますが、家庭菜園では、確実に発芽させるため、ポットにまきます。9cm径のポットに培養土を入れ、2粒ずつまきますが、その際、種の向きに注意しましょう。「お歯《は》黒《ぐろ》」の部分を斜め下にして土に差し込むのがポイントです。

芽が出たら、生育のよい苗を残して間引きます。植えつけは、本葉が3～4枚出た頃に行います。

じかまきの場合は、株間を30～40cmとり、1カ所に2粒の点まきにします。芽が出たら、生育のよい苗を残して1本間引きます。

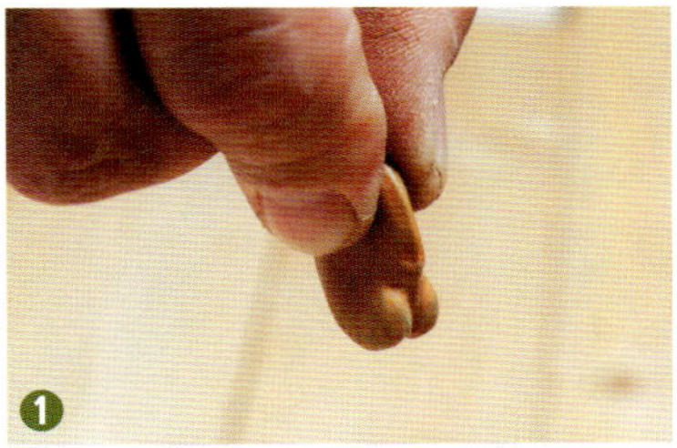

1～3「お歯黒」を斜め下に向け、浅めに差し込む。芽が出たら、生育のよいほうを残して1本間引く

ソラマメの種

まくときに種の向きを間違うと、右のように芽が横に伸びてしまう

3. 植えつけ・防寒対策

本葉が3～4枚出たら植えつける

幅60～70cm、高さ10cmの畝を立て、株間を30cmとって苗を植えつけます。

植えつけたら、たっぷりと水をやり、以降は、土が乾いてきたら与えるようにします。

寒さが厳しくなる12月下旬から２月にかけては、霜除《しもよ》けと防寒のため、畝の北側か西側にササ竹を立てておきます。株元に敷きわらをしてもよいでしょう。２月頃、ササ竹が枯れたら取り除きます。また、べたがけやトンネル状の寒冷紗《かんれいしゃ》でも防寒できます。

❶株間を30cmとって植え穴を掘り、水をたっぷりと注ぐ
❷水が引いたら、苗を植えつける
❸植えつけたら、再びたっぷりと水をやる
❹12月頃、防寒用のササ竹を、畝の北側か西側に立てる

4. 剪定・追肥

1株6～7枝に整理する

草丈40～50cmに生長したら、生育のよい枝６～７本を残し、ほかの枝を株元から切り取ります。

追肥《ついひ》は２～３月頃、化成肥料30g/m^2を株の周りに施します。

追肥後は、根がしっかりと張るように、枝分かれをしている株元が隠れるほど土を入れて、株を安定させます。

❶生育のよい枝を６～７本残し、ほかを株元から切り取る
❷混んでいた株がすっきりする
❸株の周りに追肥を施す
❹株の中心に土入れし、しっかりと根を張らせる

5. 支柱立て・摘心

株の倒伏を防ぐために立てる

ある程度大きくなってきたら、畝の周りに支柱を立て、横にひもを張ります。

生長に合わせて、20㎝ぐらいの間隔で何段かひもを張り、株が倒れるのを防ぎます。

また、実を生長させるため、草丈が60〜70㎝ぐらいになったら摘心します。

1
2
3
4

畝の周りに支柱を立て、横にひもを張る。生長に合わせてひもを何段か張り、株の倒伏を防ぐ

6. 収穫（種まきから約200〜210日）

さやが垂れてきたら収穫する

空を向いていたさやが、ふくらんで下に垂れてきたら収穫の適期です。

ソラマメは鮮度が落ちやすいので、とり遅れないように気をつけましょう。

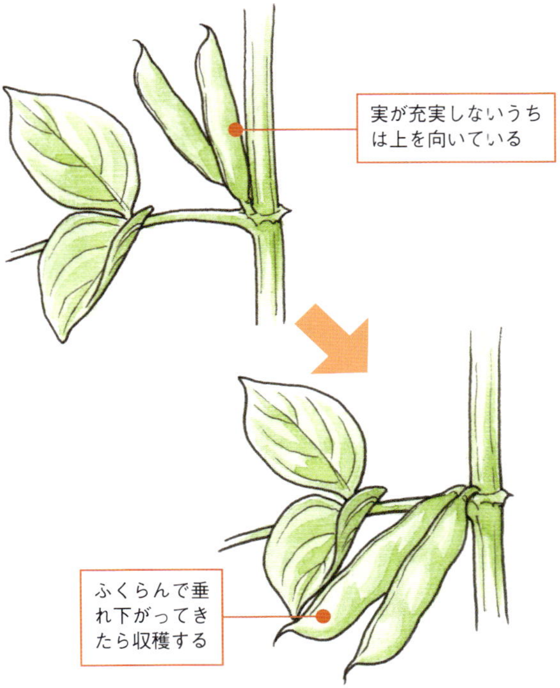
実が充実しないうちは上を向いている
ふくらんで垂れ下がってきたら収穫する

病害虫の防除

アブラムシが媒介するウイルス病への注意が必要です。

アブラムシは秋からつきますが、気温が上がり始める3月以降、株が大きくなってくると、たくさん発生します。こまめにチェックして、見つけしだい手で取り除くか、オレート®液剤100倍を散布して駆除します。

また、連作をすると立《た》ち枯《が》れ病にかかるので、その場合は株ごと引き抜いて処分します。

栽培のようす

花

マメ科　　難易度★★★★☆

ラッカセイ

開花・受粉後に花のつけ根が伸び、土の中で実を結ぶ

こんな場合はどうする？

- さやに豆が入っていない→窒素《ちっそ》肥料を控える
- 収穫時、土中にさやが残る→適期に収穫する

育てやすい品種： ナカテユタカなど

連作障害の有無： あり（２～３年は避ける）

コンテナ栽培のポイント： コンテナ栽培は難しい

特徴的な栄養素： 脂質（エネルギー源、細胞膜やホルモンの成分）、タンパク質（血液や筋肉・酵素の成分、エネルギー源）、カリウム（ナトリウムの排泄《はいせつ》）、リン（骨・歯の成分）、銅（貧血予防）、ビタミンE（抗酸化作用）、ビタミンB_1（疲労回復）、ナイアシン（血行の促進）、パントテン酸（皮膚・粘膜の健康維持）

オススメの食べ方： とれたてを味わえるのは、家庭菜園ならではの醍醐味ですね。炒《い》ってもゆでてもおいしいものです。

●…種まき　▲…植えつけ　■…収穫

栽培カレンダー		3	4	5	6	7	8	9	10	11	12	1	2
作業	寒冷地			●―	―				■―	―			
	中間地			●―	―				■―	―			
	暖地		●―	―				■―	―	―			

窒素肥料を少なめにし、石灰で土壌調整する

南アメリカが原産。高温と日当たりのよい場所を好み、寒冷地などでは栽培が難しくなります。「落花生」の名は、その一風変わった性質に由来します。一般的なマメ科の植物は、地上にさやをつけますが、ラッカセイの場合は花が咲いて受粉すると、花のつけ根（子房柄《しぼうへい》）が伸びて土の中に潜り、土中でさやをつけるのです。

せっかく家庭菜園でつくるのですから、とれたてを味わいましょう。さやのまま塩ゆでするか炒り豆にすると、ビールのおつまみにぴったりです。

マメ科の植物なので、連作を避け、窒素肥料を施す量は少なめにしましょう。また、石灰で土壌の調整をしておきます。種をまいた後は、あまり手がかからないので、初心者でも栽培できます。

草姿によって這《は》い性《せい》、半立《はんた》ち性、立ち性に、実が熟す時期によって早生《わせ》～晩生《おくて》に、豆の大きさによって大、中、小粒の品種に分けられます。家庭菜園でおすすめの品種は、よく生長して収穫量も多い「ナカテユタカ（立ち性）」「千葉半立《ちばはんたち》（半立ち性）」などです。

1. 土づくり・種まき

5月中旬〜6月上旬にじかまきする

種まきの２週間前に石灰100〜150g/m^2を、１週間前に堆肥２kg/m^2と化成肥料50g/m^2を散布して耕し、幅80㎝、高さ10㎝の畝を立てます。マルチをかけると、生育が早まるうえに雑草も防除できるのでおすすめです。

株間30㎝、条間40㎝で、１カ所に２〜３粒ずつの２条まきにして、たっぷりと水をやります。

深さ３〜５㎝のくぼみをつけ、２〜３粒ずつまいて土をかぶせる。種は横向きに置く

2. 間引き・追肥・土寄せ

本葉が出たら「1本立ち」にする

発芽し、本葉が出たら生育のよい苗を１本残して間引きます。本葉が５〜６枚出たら化成肥料30g/m^2を追肥《ついひ》して土寄せします。また、土が硬いと子房柄が潜りにくいので、花が咲いたら株周りの土の表面を耕して土寄せします。子房柄が多く土中に潜るようになったら、再び土寄せします。

夏場に乾燥が続く場合は水をやりましょう。

生育のよい苗を１本残し、ほかの苗を間引く

3. 収穫（種まきから約150〜160日）

葉や茎が黄ばんできたら収穫する

10月に入り、葉や茎が黄ばんできたら、株ごと引き抜いて収穫します。

実を保存する場合は、さやを水洗いしてザルなどに広げ、２〜３日乾燥させます。乾燥が不十分だとカビが生えるので注意しましょう。乾燥後にさやをとり、袋などに入れて保存します。

茎の下部を持って引き抜く。保存する場合は、水洗いしてザルなどに広げ、よく乾燥させる

病害虫の防除

実がなり始めた頃に害虫が発生することがあります。とくにコガネムシの幼虫が、せっかく実った土中のさやを食害するので注意が必要です。また、地上部にアブラムシやカメムシなどがつくので、いずれも捕殺するか薬剤を散布して駆除しましょう（アブラムシやカメムシにはスミチオン®乳剤1000倍、コガネムシの幼虫にはダイアジノン®粒剤3）。

スプラウト ―手軽につくれて栄養豊富

スプラウト（Sprout）とは、日本語でいえば「芽もの野菜」。種まきから収穫まで1週間程度と、手軽につくることができるうえ、生長するための栄養がぎゅっと詰まっています。また、きれいな器で育てれば、眺めて楽しむこともできます。手軽につくれて栄養豊富、観賞することもできるスプラウト栽培を始めてみませんか。

アブラナ科　難易度★☆☆☆☆

カイワレダイコン

爽やかな香りと辛みで
おなじみの芽もの野菜

栽培に必要なもの

①カイワレダイコンの種
②広口の容器（コップやコーヒーの空き瓶《びん》、ボウルなど）
③スポンジ（ティッシュやペーパータオルでもＯＫ）
④霧吹き
⑤②の容器を遮光《しゃこう》できるもの

1日目 種まき

種をよく水で洗ってゴミを取り除き、一晩水に浸しておきます。

広口の容器の底にスポンジなどを敷き、水をきった種を底が隠れる程度に入れて、光が当たらないように容器を覆います。

透明な容器の場合は全体を遮光する必要がありますが、陶器などの場合はアルミホイルをかぶせておけばよいでしょう。

①種を一晩水に浸して吸水させる

②水をきった種を広口の容器に入れ、4日目までは遮光して管理する

2～4日目 水やり

１日に１～２回、換気を兼ね、覆いを外して霧吹きで種が湿る程度に水をやります。

３日目、発芽したカイワレダイコン

5日目 緑化

５～７日ほどで草丈が４～５㎝に伸びるので、覆いを外し、光に当てて緑化させます。

５日目の状態。この頃から覆いを外して光に当てる

7日目 収穫

種をまいてから約１週間、葉が緑色になったら、はさみなどで胚軸《はいじく》（茎）を切って収穫します。

７日目の状態。はさみで茎を切って収穫する

スプラウトの種類

おなじみのカイワレダイコンのほかに、ブロッコリー、紫キャベツ、マスタード、ランドクレス、アルファルファ、芽ソバ、芽ネギなど、さまざまな種類があり、とくにブロッコリースプラウトは、がんの予防効果があるとされるスルフォラファンを含むので人気があります。

サラダやサンドイッチで生食したり、スープやみそ汁に散らしたりと、さまざまに利用できるのも魅力です。

Ⓐがんの予防作用があるとされるブロッコリー
Ⓑ赤紫色が美しく、栄養も豊富な紫キャベツ
Ⓒピリッとした辛みがあるマスタード

マメ科など　難易度★☆☆☆☆

モヤシ

ビタミンCやミネラルが豊富な定番の健康野菜

栽培に必要なもの

①モヤシの種
②広口の容器（コップやコーヒーの空き瓶《びん》、ボウルなど）
③ガーゼ
④輪ゴム
⑤②の容器を遮光《しゃこう》できるもの

1日目 種まき

種を水で洗ってくずマメやゴミを取り除きます。種が大きいものはそのままで水を流しながら洗い、小さいものはガーゼで包んで洗います。

容器に種の4～5倍の水を入れ、一晩浸します。ただし、ダイズの場合は6時間以上水に浸すと発芽不良となるので気をつけましょう。

モヤシは、一晩吸水させただけで種が約2倍にふくらみ、収穫時には20倍程度に生長します。必ず広口の容器で育てましょう。

種を4～5倍の水に浸す（写真はフィルムケース1杯分）

一晩吸水させた後は、収穫するまで、このように遮光した状態で管理する

モヤシのマメ知識

モヤシは、マメや穀類の種を遮光した状態で発芽させた、いわば「生命の芽生《めば》え」を食べる野菜です。

硬いマメを上手に食べるよう工夫したもので、ビタミンCやミネラルを豊富に含み、栄養的にも優れています。

ほかのスプラウトと同様、1週間程度の短期間で、土を使わずに栽培できるのが魅力です。また、温度管理さえすれば一年中つくれるので、冬に新鮮な野菜がなくなる雪国などでは、古くから利用されてきました。

2日目 すすぎ

一晩吸水させたら、種がこぼれないように、容器の口をガーゼで覆って輪ゴムで止め、水を捨てます。新しい水を注いでよくすすぎ、水をしっかりときります。すすぎ終えたら、再び遮光します。

以降、収穫するまで1日に2回、水でよくすすぎましょう。

2日目の種（左）と1日目の種（右）

3〜6日目 発芽・生長

種は吸水させてから約3日で発芽します。発芽が始まると、呼吸熱によって容器内の温度が上がったり、酸素不足になったりすることがあります。容器の底に水が残っていると腐敗の原因となり、悪臭が発生するので、すすいだ後は必ず、しっかりと水をきりましょう。

3日目

4日目

5日目

7日目 収穫

種をまいてから約7〜10日で収穫できるまでに生長します。たっぷりと水を張った器にモヤシを入れ、ゆっくりと揺らしながら種皮をはがします。

また、根は食べたときに繊維質が残ります。気になる人は調理前に取り除きましょう。

胚軸（茎）が伸びたら収穫する

モヤシの種類

よく見かけるリョクトウやブラックマッペのほかに、アズキ・インゲン・エンドウ・ササゲ・ソラマメ・ダイズ・レンズマメなどのマメ類、クローバー、トウガラシ、トウモロコシなどがモヤシとして栽培されています。

同じマメ類でも、発芽時に子葉《しよう》が地上に出る種類（ササゲ、ダイズ、リョクトウなど）と子葉が地下に留まる種類（アズキ、エンドウなど）があり、子葉が地下に留まる種類は伸びが悪いので、収穫の適期を逃さないようにしましょう。

Aつくりやすく、風味がよいササゲ
B炒めたりゆでたりするとおいしいレンズマメ
C 2〜3㎝が食べごろのエンドウ

セリ科　　難易度★★★☆☆

ニンジン

発芽までの管理が難しい 中級者向きの野菜

こんな場合はどうする？

・発芽しない①→覆土《ふくど》を薄くする（種が隠れる程度）

・発芽しない②→土を乾燥させないように気をつける

育てやすい品種：向陽《こうよう》二号、ベーターリッチなど

連作障害の有無：なし

コンテナ栽培のポイント：ミニニンジンが適している。深さ20cmぐらいのコンテナに条間10～15cm、1cm間隔で種をすじまきにする。ごく薄く土をかけ、手で軽く押さえてたっぷりと水をやる。本葉1～2枚で3cm間隔に、3～4枚で5～6cm間隔に間引く。間引き後は化成肥料10gを追肥《ついひ》し、土寄せ。根が直径2cmほどに生長したら順次収穫する。

特徴的な栄養素：カロテン（西洋種：美肌効果）、リコピン（東洋種：抗酸化作用）、カリウム（ナトリウムの排泄《はいせつ》）、食物繊維（便秘の改善）

オススメの食べ方：カレーやシチューには欠かせません。

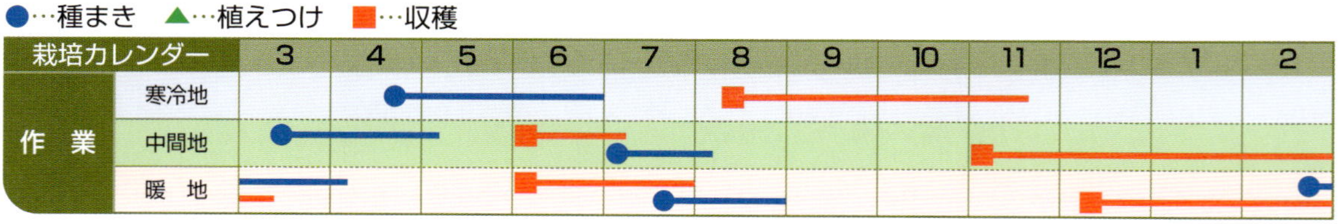

春まきか夏まきで栽培するとよい

中央アジアが原産で、生育適温が15～20℃と冷涼な気候を好みます。幼苗《ようびょう》のうちは暑さ寒さともに強いのですが、生長につれて暑さに弱くなり、夏は病害虫が発生しやすくなります。

そのため、春にまいて初夏に収穫するか、夏にまいて冬に収穫するのがよいでしょう。

また、ニンジンのような直根性《ちょっこんせい》の根菜は、石や堆肥のかたまりが下にあると又根《またね》になるので、堆肥を早めに施し、深く耕しておきましょう。

主な品種は、根の短い西洋種と根の長い東洋種に分けられますが、西洋種のほうが栽培しやすいのでおすすめです。また、一般的な栽培期間は110～120日とやや長くかかりますが、ミニニンジンなら70日ぐらいで収穫できます。

主な品種と根の長さ

西洋種（短根種）	向陽二号（15～18cm）、ベーターリッチ（15～20cm）
東洋種（長根種）	国分鮮紅大長《こくぶせんこうおおなが》（60～70cm）
ミニニンジン	ピッコロ、ベビーキャロット（10～12cm）

1. 土づくり・種まき

「又根」を防ぐために深くよく耕す

種まきの2週間前に、石灰150g/m^2を散布して耕します。1週間前までに、堆肥2kg/m^2と化成肥料100g/m^2を散布して深くていねいに耕し、幅60cm、高さ10cmの畝を立てます。

水をまいてから、種を条間20～30cmの2条まきにして、薄く土をかけます。発芽に多くの水分が必要なため、芽が出るまでは土を乾燥させないようにしましょう（土の表面が乾いたら水をやる）。

❶畝に2列（条）の溝をつけ、種をすじまきにする
❷指でつまむように薄く土をかけ、手で軽く押さえる
❸もみがらをまいておくと乾燥を防げる

2. 間引き・追肥・土寄せ

2回目の間引き以降は追肥する

発芽後、本葉1～2枚で3cm間隔に、3～4枚で5～6cm間隔に、6～7枚で10～12cm間隔に間引きます。間引きによって大きく生長するので、時期を遅らせないようにしましょう。2回目以降は、化成肥料30g/m^2を株元に施して軽く土寄せします。また、雑草はこまめに抜き取りましょう。

❶❷2回目の間引き以降は、追肥・土寄せをする
❸3回目で10～12cm間隔にして、根を肥大させる

3. 収穫（種まきから約110～120日）

根元を持って引き抜く

地面近くの根の直径が4～5cmになったら、収穫できます。根元を持って、まっすぐに引き抜きましょう。

また、ミニニンジンは、親指ぐらいの太さになったら収穫できます。

株元を持って引き抜く

ミニニンジンは、親指ぐらいの太さで収穫する

病害虫の防除

ニンジンは、病気よりも虫による被害の多い野菜です。アブラムシやキアゲハの幼虫などがつくので、幼苗の頃から気をつけておきましょう。

見つけしだい捕殺するかマラソン®乳剤2000倍を散布して、しっかりと駆除します。

ナス科　難易度★☆☆☆☆

ジャガイモ

手間がかからずに多収穫が見込める「入門」野菜

こんな場合はどうする？

- 大きなイモができない→芽かきの作業をしっかり行う
- イモの表面が緑色になる→しっかりと土寄せを行う

育てやすい品種：キタアカリ、男爵《だんしゃく》など

連作障害の有無：あり（３～４年は避ける）

コンテナ栽培のポイント：深さ30cm以上の大型コンテナに20cm間隔で種イモを植えつけ、たっぷりと水をやる。芽が10～15cmに伸びたら生育のよい芽を１～２本残し、ほかを根元から切り取る。１ℓ当たり１gの化成肥料を混ぜた土を株元に盛って水をやる。つぼみがついた頃に再び盛り土と水やり。全体が枯れてきたら掘り起こして収穫する。

特徴的な栄養素：デンプン（エネルギー源）、カリウム（ナトリウムの排泄《はいせつ》）、ビタミンC（風邪予防）、ビタミンB_1（疲労回復）、食物繊維（便秘の改善）

オススメの食べ方：肉ジャガとカレーがいいですね。

●…種まき　▲…植えつけ　■…収穫

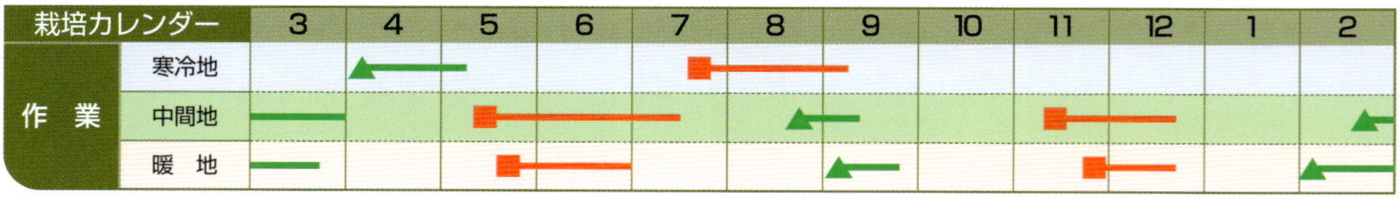

病害の少ない春植えでの栽培がおすすめ

南米アンデスの高原地帯が原産。植えつけから３カ月程度の短期間で種イモの15倍もの収穫ができることや、土壌を選ばずに育つこと、ビタミンCなどの栄養を豊富に含むことから、世界中で栽培されるようになりました。

栽培適温は15～20℃と、冷涼な気候を好み、昼夜の温度差があるほうがよく育ちます。植えつけは２月下旬～３月中旬頃（春植え）か８月頃（秋植え）に行いますが、秋植えは暑さで種イモが腐ることも多いので、春植えがおすすめです。

主な品種には、おなじみの「男爵」「メークイン」のほか、「キタアカリ」や二期作《にきさく》用の「デジマ」、皮の赤い「アンデス赤《あか》」などがあります。

男爵（左）と
メークイン（右）

1. 種イモの準備

必ず無病のイモを購入する

植えつけの適期は、2月下旬～3月中旬頃。種イモは、必ず病気にかかっていないものを購入しましょう（種苗店で買えば安心）。

種イモを、1片が30～40gになるように切り分けます。その際、各片に2～4個程度の芽が残るように切りましょう。

切り口を3～4日ほど乾かしてから、畑に植えつけます。

1片に2～4個程度の芽が残るように切り分ける。芽を切らないように注意する

2. 土づくり

植えつけの1～2週間前に行う

植えつけの1～2週間前に、石灰50～100g/m^2を畑全面に散布し、よく耕しておきます（ただし、土壌の酸度を測って、pHが6.0以上なら石灰の散布は不要。測定のしかたはP. 9参照）。

植えつけの直前に、幅60～70cmの畝を立て、まっすぐ植えつけられるよう、畝の中央にひもを張ります。

❶畑全面に石灰を散布する
❷よく耕しておく
❸畝幅を60～70cmとして、その中央にひもを張る

3. 植えつけ

30cm間隔で種イモを並べる

張ったひもに沿って、くわで深さ15cmぐらいの溝を掘り、その中に30cm間隔で種イモを並べます。

種イモと種イモの間に、移植ゴテ1杯程度の堆肥とひと握りの化成肥料を施します。

イモの上に土を7～8cmかけ、くわで軽く押さえます。

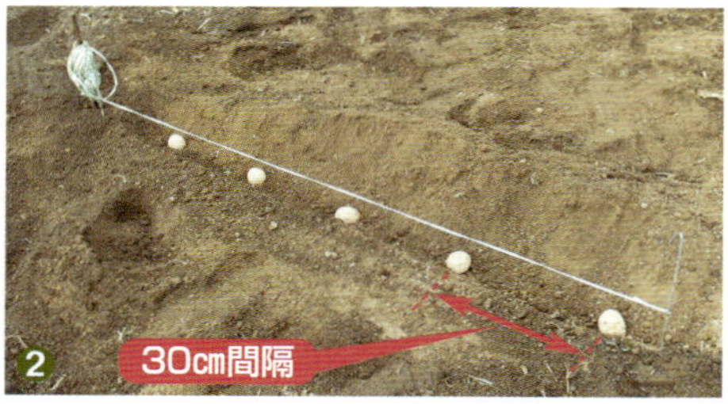

❶畝の中央に深さ15cm程度の溝を掘る
❷切り口を下に向けて、種イモを30cm間隔で並べる
❸種イモと種イモの間に元肥を施す
❹イモの上に土を7～8cmかける

4. 芽かき

生育のよい芽1～2本を残す

1片の種イモから5～6本の芽が出ます。すべての芽を伸ばしておくと、できるイモの数が多くなってイモが大きく育たないので、芽が10～15cm程度に伸びたら、芽かきを行います。

生育のよい芽を1～2本残し、ほかはすべてかき取ります。

芽が10～15cmに伸びたら、株元を押さえて不要な芽をかき取り、生育のよい1～2本を残す

5. 追肥・土寄せ

最初の追《つい》肥《ひ》は芽かき後に

芽かきの作業後、株間に化成肥料30g/m^2を追肥し、くわで軽く土寄せをします。

その2～3週間後、同量の化成肥料を追肥して、株元にたっぷりと土を寄せます。土寄せが足りないとイモが大きくならないので注意しましょう。

また、イモが土から出てしまうと、表皮が緑色になって品質が悪くなります。土寄せはしっかりと行いましょう。

株間に化成肥料を施し、くわで株元に軽く土を寄せる

2回目の追肥後は、株元にたっぷりと土を寄せる

6. 収穫（植えつけから約90日）

収穫は、晴れた日に行う

春植えでは6月の上旬頃、葉や茎が黄ばんで枯れ始めたら収穫します。

収穫は、晴天が2～3日続いたときに行うのが最適です。雨が続いているときに収穫するとイモが腐りやすいので、晴れるまで待ちましょう（6月中旬には梅雨に入ってしまう）。

天候しだいで多少は収穫を遅らせてもかまいませんが、イモが土から出ないように、土寄せはしっかりとしておきます。

株元の周りにスコップを入れて、掘り起こす

病害虫の防除

比較的病害虫は少ないほうですが、葉が茂ってくると、アブラムシやテントウムシダマシ類などの害虫が発生します。見つけしだい捕殺しましょう。

また、種イモは病気にかかっていない無菌のものを使わないと、植えつけても収穫量が少なくなるので注意しましょう。

ヒルガオ科　　難易度★★☆☆☆

サツマイモ

気候の変化や病気に強く、収穫量も多い「入門」野菜

こんな場合はどうする？

・つるぼけになる、イモが太らない→窒素《ちっそ》肥料を控え、カリ肥料を増やす（サツマイモ専用の肥料を使う）

育てやすい品種：高系《こうけい》14号、ベニアズマなど

連作障害の有無：なし

コンテナ栽培のポイント：深さ50㎝ぐらいの大型コンテナに、苗を株間30㎝で斜めに植えつけ、たっぷりと水をやる。葉の色つやを観察し、元気がなさそうなら化成肥料10gをコンテナの縁あたりに施す。つるは、這《は》わせても支柱などにからませてもよい。葉が枯れてきたら掘り起こして収穫する。

特徴的な栄養素：デンプン（エネルギー源）、カリウム（ナトリウムの排泄《はいせつ》）、ビタミンC（風邪予防）、ビタミンE（抗酸化作用）、ビタミンB_1（疲労回復）、鉄（赤血球の成分）、食物繊維（便秘の改善）

オススメの食べ方：大学イモがオススメです。

●…種まき　▲…植えつけ　■…収穫

栽培カレンダー		3	4	5	6	7	8	9	10	11	12	1	2
作業	寒冷地				▲				■				
	中間地			▲	—				■	—			
	暖地			▲	—			■	—	—			

窒素肥料を施しすぎないように注意する

中央アメリカが原産。酸性土壌やかなりのやせ地でも育つ、いわゆる「救荒《きゅうこう》作物」で、暑さや寒さ、乾燥に強く、肥料も控えめでよいうえに病害虫も少ないため、初心者でも十分に栽培できます。

肥料（とくに窒素肥料）が多すぎると、つるばかり茂って根に栄養が回らない「つるぼけ」になります。前に同じ畑で多肥を好む野菜を育てていた場合は、肥料を与えないようにしましょう。

栽培は、５月中旬～６月中旬に植えつけ、10～11月上旬に収穫します。

おすすめの品種は、イモの太りが早く味もよい「ベニアズマ」をはじめ、「高系14号」「ベニコマチ」などです。最近は、橙色の「ベニハヤト」、紫色の「アヤムラサキ」なども人気があります。

ベニアズマ

1. 土づくり

肥料の効かせすぎに注意する

植えつけの２週間前に、石灰100g/m^2を散布してよく耕します。

植えつけの１週間前には、堆肥２kg/m^2と化成肥料20g/m^2を施してよく耕し、幅60～80cm、高さ30cmの高畝を立てます。

窒素肥料を効かせすぎるとつるぼけになるので、窒素の少ないサツマイモ専用の化成肥料を使うとよいでしょう。

❶植えつけの２週間前、石灰を散布して耕す

❷植えつけの１週間前、元肥（もとごえ）を散布してよく耕す

❸幅60～80cm、高さ30cmの高畝を立てる

2. 植えつけ

株間を30cmとって植えつける

苗は、植えつけの前日に種苗店で購入します。

サツマイモは節から出る根が肥大したものなので、株間を30cmとり、５cm程度の深さの溝を掘り、苗の３～４節のところまで土に埋めます。植えつけ直後は倒れたままですが、根が張ってくるとしっかりと起き上がります。

植えつけから約１週間で根づいてきますが、乾燥が続く場合は水やりをして、活着《かっちゃく》を助けます。

❶株間を30cmとり、苗を並べる
❷❸苗の３～４節のところまで土に埋める
❹根が張ってくると、元気に起き上がる

3. 除草

初期は、こまめに除草する

つるが伸びてくるとともに、雑草が生えてきます。サツマイモのつるが畑一面を覆うようになるまでは、こまめに除草しましょう。

とくに、生長し始める時期は梅雨と重なるので、放っておくと雑草の勢いに負けてしまうので気をつけましょう。

つるが伸びてくると、雑草も生えてくる。つるが畑を覆うまではこまめに抜き取る

4. 追肥

生育が順調なら追《つい》肥《ひ》はしない

葉の色つやを見て、追肥が必要かを判断します。ほとんど追肥の必要はないのですが、葉色が淡い場合は、化成肥料20g/m^2を畝の肩に施して、土寄せをしておきます。

葉色が淡い場合は、追肥を施す

しっかりと土寄せをする

葉色が濃く元気なら、追肥はしない

5. 収穫（植えつけから約150日）

霜が降りないうちに収穫する

収穫は、葉やつるが黄ばみ始めた10～11月上旬、霜が降りないうちに行います。

伸びたつるを刈り取ってから、スコップで株周りの土を掘り起こします。つるをたどって根元を持ち、引き上げます。イモを傷つけないよう、なるべく離れたところから掘り起こしましょう。

掘り上げたイモは、泥を落とした後、３～４日ほど日に当てると甘みが増しておいしくなります。

また、マルチをかけて栽培すると、９月上旬～中旬頃から収穫（早掘り）することができます。

1 かまなどでつるを刈り取る

2 株の周囲からスコップで掘り起こす

3 つるをたどって根元を持ち､手で引き上げる

6. 貯蔵

畑に埋めて貯蔵できる

とれすぎた場合は、畑に埋めておけば、貯蔵することができます。

まず、霜が降りない場所を選んで深めに穴を掘ります。空気が通るようにわらなどで通気口をつくり、イモを穴に入れ、わらやもみがらで覆って埋めておきます。

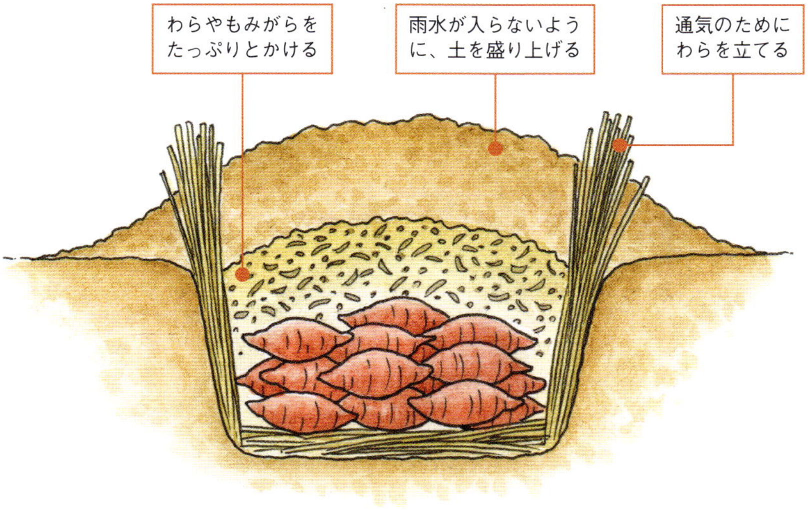
わらやもみがらをたっぷりとかける
雨水が入らないように、土を盛り上げる
通気のためにわらを立てる

病害虫の防除

病害虫の心配がほとんどない、丈夫な野菜です。虫に葉を食べられることはありますが、虫食いの跡を見かける程度なら、生育にはそれほど影響は与えません。

しかし、一枚の葉がほとんど食べられているような場合には、被害が大きくなることがあります。よく観察して、害虫を見つけたらすぐに捕殺し、それ以上の被害を防ぐことを心がけましょう。

栽培のようす

サトイモ科　難易度★★☆☆☆

サトイモ

たくさん収穫できるので家庭菜園なら１株でも十分

こんな場合はどうする？

- 芽が出ない→種イモの芽を上に向け、浅く植えつける
- できるイモが小さい→追肥・土寄せ・水やりをしっかりと行う

育てやすい品種：石川《いしかわ》早生《わせ》、土垂《どだれ》など

連作障害の有無：あり（３～４年は避ける）

コンテナ栽培のポイント：コンテナ栽培は難しい

特徴的な栄養素：デンプン（エネルギー源）、カリウム（ナトリウムの排泄《はいせつ》）、ムチン（糖タンパク：胃粘膜の保護）、ガラクタン（食物繊維：血圧降下作用、免疫増強）

オススメの食べ方：コロッケをつくる人もいますが、やはり煮ころがしがオススメです。ズイキもなかなかおいしいものです。

●…種まき　▲…植えつけ　■…収穫

栽培カレンダー		3	4	5	6	7	8	9	10	11	12	1	2
作業	寒冷地			▲—	—				■—	—			
	中間地		▲—	—					■—	—			
	暖地	▲—	—					■—	—	—			

子イモ用の品種が栽培しやすい

インド東部～インドシナ半島が原産。生育適温が25～30℃と高く、日当たりがよく雨の多い環境を好みます。逆に霜や乾燥には弱く、雨が少ないとイモの太りが悪くなります。

連作障害が出やすいので、３～４年は栽培していない場所を選びます。栽培は、４～５月中旬に植えつけ、10月下旬～11月上旬に収穫します。マルチをかけて栽培すると、地温が上がり、除草の手間も省けます。

品種は、子イモを食べるものと、親イモ・子イモの両方を食べるものに大きく分けられます。

子イモを食べる品種には「石川早生」「土垂」などがあり、親イモ・子イモの両方を食べる品種には「赤芽《あかめ》」「八《や》つ頭《がしら》」などがあります。選ぶときは、栽培する土地で売られている品種にするのがポイントです。

葉柄が赤い色素で色づいている「赤芽」「八つ頭」などはえぐみが少なく、収穫後の葉柄《ようへい》を「ズイキ」として酢の物や煮物などに利用することができます。

1. 土づくり・植えつけ

種イモは芽を上にして植えつける

植えつけの１週間前に、石灰100g/m^2を散布してよく耕します。

種イモは芽がしっかりしているものを選びます。畝幅を100cmとして、その中央に深さ15cmの溝を掘り、株間40cmで芽を上にして植えつけます。

種イモと種イモの間に堆肥を移植ゴテに１杯と化成肥料30g/m^2を施して、土をかけます。

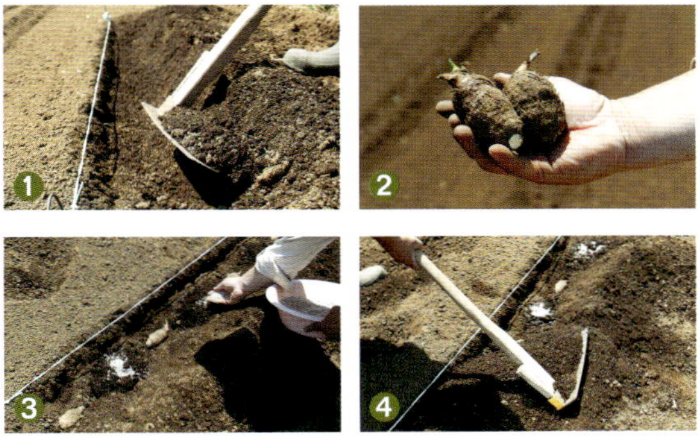

畝の中央に張ったひもに沿って、深さ15cmの溝を掘る。中に種イモを置き、元肥を施して５～６cmほど土をかける

2. 追肥・土寄せ

8月頃までは、月に1回行う

芽が出てきたら、８月頃までは１カ月に１回、化成肥料30g/m^2を株間に施し、土寄せをします。

一度に多く土を寄せると、できるイモの数が少なくなるので、１回目の高さは５cm程度、２回目以降は10cm程度ずつ行います。また、子イモから芽が出ると太る前に「孫イモ」ができるので、土寄せをして埋めてしまいましょう。

❶株間に追肥して、土寄せする
❷２回目以降は、高めに土を寄せる
❸最終の土寄せをした状態

肥料は葉にかからないように

3. 収穫（植えつけから約180日）

霜が降りる前に収穫する

10月上旬～11月中旬が収穫の適期です。遅くとも、霜が降りる前に収穫しましょう。

種イモを貯蔵する場合は、葉を切り、親イモから分けずに深さ50cm程度の穴の中に、逆さにして埋めておきます。

葉をカマなどで切り落としてから、スコップで掘り起こす。土を落とし、子イモを取り外す

病害虫の防除

目立った病害虫はないのですが、暑くなると、アブラムシがつくことがあります。たくさんついた場合は、オレート®液剤100倍を散布します。また、水やりのときに、葉の裏をシャワーするようによく洗い流せば、薬剤を使わなくてもアブラムシが減少して、効果的です。

アブラナ科　難易度★☆☆☆☆

ラディッシュ

場所をとらず、短期間で収穫できるお手軽な野菜

こんな場合はどうする？

- 根が肥大しない→間引いて、株間を４～５㎝確保する
- 根が割れる→直径２～３㎝になったら収穫する

育てやすい品種：コメット、レッドチャイムなど

連作障害の有無：少ないが１～２年は避ける

コンテナ栽培のポイント：深さ15㎝以上のコンテナに条間10～15㎝、深さ１㎝の溝をつけ、１㎝間隔で種をまく。薄く土をかけ、手で軽く押さえて水をやる。以降は、土が乾いたら与える。芽が出たら混んでいるところを、本葉２～３枚で夏は５～６㎝、春と秋は３～４㎝間隔になるよう間引く。間引き後に化成肥料10gを追肥《ついひ》し、土を寄せる。根が直径２～３㎝になったら収穫する。

特徴的な栄養素：カリウム（ナトリウムの排泄《はいせつ》）、ビタミンＢ群（代謝促進、疲労回復）、ビタミンＣ（風邪予防）、葉酸（貧血予防）、食物繊維（便秘の改善）

オススメの食べ方：サラダや酢漬けがオススメです。

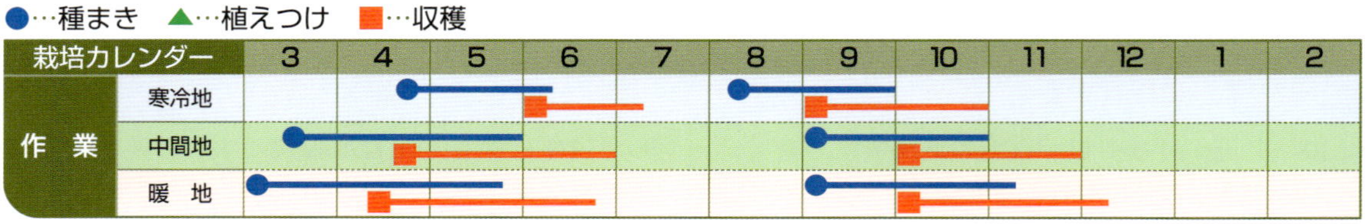

真夏と厳寒期以外は、ほぼ一年中栽培できる

ヨーロッパが原産。ハツカダイコン（二十日大根）とも呼ばれるとおり、種をまいてから20～30日という短期間で収穫できます。また、栽培スペースもとらないため、家庭菜園に向いています。

比較的冷涼な気候を好むので、栽培の適期は春（３月中旬～５月にまき、４月下旬～６月に収穫）と、秋（９～10月頃にまき、10～11月頃に収穫）になります。夏場は害虫が発生しやすく、厳寒期は低温で生育期間が２倍以上もかかるので、７～８月と12～２月の栽培には注意が必要です。

非常に多くの品種がありますが、どれも栽培しやすいので、好みのものを少しずつ何種類か育ててみるのもよいでしょう。根が赤くて丸い「コメット」「レッドチャイム」、白くて丸い「ホワイトチェリッシュ」、白くて長い「雪小町《ゆきこまち》」、紅白で紡《ぼう》錘《すい》形の「紅白《こうはく》」、赤・白・ピンク・紫などさまざまな色が混合している丸形の「カラフルファイブ」などがあります。

1. 土づくり・種まき

2条まきにすると管理しやすい

種まきの2週間前に、石灰100g/m^2を散布して耕します。1週間前には、堆肥2kg/m^2と化成肥料100g/m^2を散布して土に混ぜ、幅60cm、高さ10cmの畝を立てておきます。

種まきは、畝に15cm間隔で2本の溝をつけ、そこにすじまきして、指で土をかけて手で軽く押さえます。たっぷりと水をやり、以降は、土が乾いてきたら与えるようにします。

畝に15cm間隔で2本の溝をつけ、種をすじまきにする。指でつまむように土をかけ、手で軽く押さえてから水をやる

2. 間引き・追肥・土寄せ

本葉2～3枚で株間4～5cmに間引く

種をまいて3～4日で発芽します。双葉が開いたら、芽が混んでいるところを間引きます。

本葉が2～3枚出たら株間が4～5cmになるよう間引き、化成肥料30g/m^2を追肥して株元に土を寄せ、根の肥大を助けます。

本葉が2～3枚出たら、なるべく生育の悪い芽を選んで株間4～5cmになるよう間引き、追肥・土寄せをする

病害虫の防除

コナガがつきやすいので、トアロー®フロアブルCT（BT水和剤：生物農薬の一種）1000～2000倍を散布し、駆除を徹底します。アブラムシにはオレート®液剤100倍が有効です。

また、夏場は病気も発生しやすいので、風通しをよくし、日除けをするとよいでしょう。

3. 収穫（種まきから約30日）

根の頭が土から出たら収穫する

本葉が5～6枚になり、根が直径2～3cmに肥大して頭が土から出るようになったら、根元を持って引き抜き、収穫します。

生長が早く、育ちすぎると根がひび割れるので、なるべく早めに収穫しましょう。

根元を持ち、引き抜いて収穫する

アブラナ科　難易度★★☆☆☆

カブ

収穫までの期間が短く
家庭菜園でもつくりやすい

こんな場合はどうする？

・根が裂ける→育ちすぎによるので、適期に収穫する

・根が大きくならない→適期を逃さずに間引く

育てやすい品種：金町《かなまち》コカブ、たかねコカブなど

連作障害の有無：あり（１～２年は避ける）

コンテナ栽培のポイント：深さ30cm以上の大型コンテナに、条間10～15cmで溝をつけ、１cm間隔で種をまき、たっぷりと水をやる（以降、土が乾かないように管理）。双葉が開いたら株間３cmに間引き・土寄せ。以降は、本葉３～４枚で５～６cmに、本葉５～６枚で10～12cmに間引き、条間に化成肥料10gを追肥《ついひ》し、土を寄せる。根が５cmぐらいに肥大したら収穫する。

特徴的な栄養素：根はカリウム、ビタミンC、食物繊維、アミラーゼ（デンプン分解酵素）など。葉はビタミン類、カルシウム、鉄、食物繊維など

オススメの食べ方：漬け物なら根も葉も食べられます。

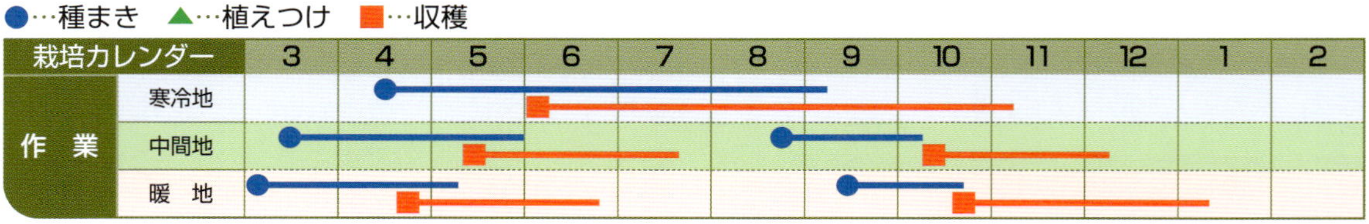

春まきか秋まきが栽培しやすい

地中海沿岸の原産ですが、日本でも古くから栽培され、色・大きさ・形などの異なる地方色豊かな品種が多くつくられています。大・中・小の３種類があり、家庭菜園でのおすすめは、栽培期間が短く、育てやすい小カブです。

生育適温が15～20℃と冷涼な気候を好むので、種をまくのは、３月中旬～５月（春まき）か、８月下旬～10月上旬頃（秋まき）が適しています。収穫までの期間は、45～50日程度です。

カブは「直根性《ちょっこんせい》」で主根が肥大するので、栽培はじかまきで行います。移植は又根《またね》になるので避けましょう。また、ほかのアブラナ科の野菜も同様ですが、連作すると、根に大小たくさんのコブができ、葉がしおれたり生育不良になったりする「根《ね》コブ病」が発生しやすくなります。アブラナ科野菜を１～２年は栽培していない場所を選ぶのはもちろん、根コブ病に強い「ＣＲ鷹丸《たかまる》」などの抵抗性品種を選ぶのもポイントです。

品種は「金町コカブ」「しろかもめ」「たかねコカブ」などが栽培しやすく、おすすめです。

1. 土づくり・種まき

条間20㎝ですじまきにする

種まきの2週間前に、石灰100g/m^2を散布して耕し、1週間前には、堆肥2kg/m^2と化成肥料100g/m^2を散布してよく耕し、幅60cm、高さ10cmの畝を立てておきます。

種まきは、条間を20cmとって2列の溝をつけ、すじまきにします。土をかけて軽く押さえ、たっぷりと水をやります。以降は、土が乾かないように与えましょう。

2条（列）の溝をつけ、すじまきにする。土をかけて軽く押さえ、たっぷりと水をやる

2. 間引き・追肥・土寄せ

間引きは適期を逃さないで行う

本葉1～2枚で株間2～3cmに、本葉3～4枚で株間5～6cmに、本葉5～6枚で株間10～12cmに間引きます。

2回目以降は、生育状況を見ながら、間引き後に化成肥料30g/m^2を施し、土寄せをします。

間引きは、カブの根を肥大させるための重要な作業なので、適期を逃さず、早めに行いましょう。

❶❷本葉が1～2枚出たら、1回目の間引きを行う
❸❹本葉が5～6枚出たら、3回目の間引きを行う

3. 収穫（種まきから約45～50日）

適期の収穫を心がける

カブは、乾燥させる・雨が続くなど、土壌の水分量が急激に変わると、表皮と内部の生長のバランスが崩れ、根が裂けてしまいます。また、収穫が遅れても内部が肥大して根が裂けるので、適期に収穫しましょう。小カブは直径5～6cmぐらいから、大カブは10cm以上を目安に、順次収穫します。

葉のつけ根を持ち、まっすぐ引き抜く

病害虫の防除

アブラムシやコナガが発生するので、トアロー®フロアブル（BT水和剤）100倍で駆除します。無農薬で栽培をしたい場合は、寒冷紗《かんれいしゃ》などで覆い、害虫の侵入を防ぐとよいでしょう。

また、アブラナ科野菜の後につくると、連作障害で根コブ病が発生することがあります。心配な場合は「CR鷹丸」などの抵抗性品種を選びましょう。

アブラナ科　難易度★★★☆☆

ダイコン

うまくつくるのは難しいが挑戦してみたい定番の野菜

こんな場合はどうする？
・「又根《またね》」になる→畑を深くていねいに耕しておく
・根の内部に穴があく→適期に収穫する

育てやすい品種：冬自慢《ふゆじまん》、ＹＲてんぐなど

連作障害の有無：少ないが１～２年は避ける

コンテナ栽培のポイント：ミニダイコンが適している。深さ30cm以上の大型コンテナに、なるべく粒ぞろいの軟らかい土を入れる。株間20cmでくぼみをつけ、４～５粒ずつ種をまき、土をかけて水をやる。本葉１～２枚で３本に、３～４枚で２本に、５～６枚で１本に間引き、土を寄せる。２・３回目の間引き後に、化成肥料10gを追肥《ついひ》。根が直径５cm以上に肥大し、土の上に頭を出したら収穫する。

特徴的な栄養素：根はカリウム、アミラーゼ（デンプンの消化促進）など。葉はビタミン類、鉄など

オススメの食べ方：おろしでソバの薬味が好きですね。

種

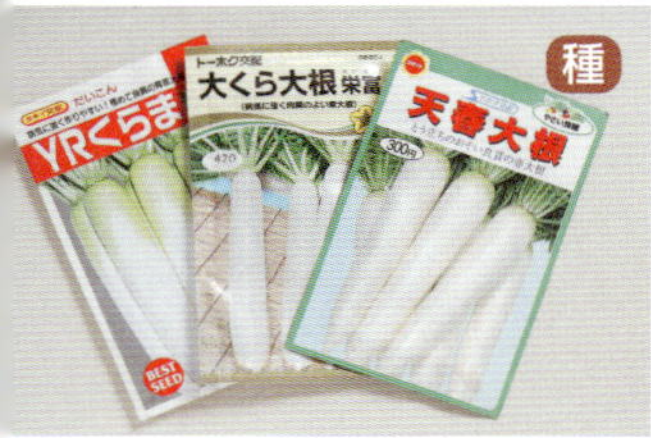

コンテナ栽培のようす

●…種まき　▲…植えつけ　■…収穫

栽培カレンダー		3	4	5	6	7	8	9	10	11	12	1	2
作業	寒冷地			●—		■— ●—	— —		■—	—			
	中間地	●—	—		■—			●—	■—	—	—		
	暖地	●—	—	■—	—			●—		■—	—		

秋まきなら上手に育てやすい

地中海沿岸が原産の根菜ですが、生産量・消費量ともに日本が世界一。古くからさまざまな地方品種もつくられ、親しまれています。

一般的に冷涼な気候を好み、暑さを嫌いますが、品種を選べば、ほぼ一年中栽培できます。

カブと同様、ダイコンも「直根性《ちょっこんせい》」なので、移植はできません。うまくつくるには、８月末～９月上旬に種をまき、11～12月に収穫する秋まきがもっとも適しています。また、ダイコンは根が地中深く伸びるので、畑をよく耕しておくことが、成功のポイントです。

数ｇの「ハツカダイコン（ラディッシュ）」（P.144参照）から20kgにもなる「桜島《さくらじま》ダイコン」まで、大きさで見ても多様ですが、代表種は青首《あおくび》ダイコンで「献夏《けんか》37号」「耐病総太り《たいびょうそうぶと》」「ＹＲくらま」などの品種があります。春まき種では「おしん」「おはる」「天宝《てんぽう》」などの品種が一般的です。ほかには、辛みダイコンや、内部が緑や赤に色づく中国ダイコンもあります。

1. 土づくり

石やゴミは取り除いておく

種まきの２週間前に、石灰100～150g/m^2を散布してよく耕します。

種まきの１週間前には、堆肥２kg/m^2と化成肥料100g/m^2を散布します。石やゴミなどを取り除きながら深くていねいに耕し、軟らかい土をつくります。

植えつけの直前に、幅60cm、高さ10cmの畝を立て、レーキなどで表面をならします。

❶植えつけの１週間前に元肥を全面に散布する
❷深くていねいに耕す。石やゴミは取り除く
❸植えつけ直前に畝を立て、表面をならす

2. 種まき

株間30cmで点まきにする

畝に株間を30cmとってくぼみをつけ、１カ所に４～５粒の点まきにします。種をまいたら、土をかけて軽く押さえ、その上にもみがらをのせます。たっぷりと水をやり、以降、芽が出るまでは、土を乾かさないように管理します。発芽後は、土が乾いてきたら与えるようにします。

畝に株間30cmでくぼみをつけ、１カ所に４～５粒ずつ種をまく。土をかけた後でもみがらをのせ、たっぷりと水をやる

3. 間引き・土寄せ

本葉1～2枚で「3本立ち」にする

種まきから7～8日、発芽して本葉が1～2枚出たら、1回目の間引きを行います。

生育の悪い苗を1本間引き、3本にします。間引いたら、手で軽く土を寄せておきます。

本葉が出たら苗を1本間引き、根元へ手で軽く土を寄せる

生育の悪い苗を選んで間引く

4. 間引き・追肥・土寄せ

本葉3～4枚で「2本立ち」にする

種まきから17～20日、本葉が3～4枚になったら、2回目の間引きを行います。

生育の悪い苗を1本間引き、2本にします。間引いたら、化成肥料30g/m^2を株間に施し、株元にしっかりと土を寄せます。

生育の悪い苗を1本間引き、株と株の間に追肥して、くわで株元に土を寄せる

5. 間引き・追肥・土寄せ

本葉6〜7枚で「1本立ち」にする

本葉が6〜7枚になったら、元気のよい株を残して間引きます。

間引いたら、化成肥料30g/m^2を株間に施します。根も肥大してくるので、しっかりと土寄せを行い、株を安定させます。

また、間引いたものも「間引き菜」として食べられるので、捨てずに利用しましょう。

生育のよいほうの株を残して間引く。追肥を施し、株元にしっかりと土を寄せる

抜いた株も「間引き菜」として、利用したい

6. 収穫（種まきから約55〜60日）

直径6〜7㎝になったら収穫する

青首ダイコンの場合は、根が直径6〜7㎝ぐらいに肥大したら、収穫の適期です。種まきから収穫までの日数の目安は、早生《わせ》品種で55〜60日、晩生《おくて》品種で90〜100日ぐらいです。

収穫が遅れると、根の内部に「す」が入ってしまうので、適期の収穫を心がけましょう。

病害虫の防除

虫による被害が多い野菜です。とくに夏場は、アブラムシが発生しやすいので気をつけます。ほかには、アオムシやコナガなどによる食害も受けます。

アブラムシにはマラソン®乳剤2000倍を、アオムシやコナガにはトアロー®フロアブルCT（BT水和剤）1000倍を散布します。

無農薬で育てたい場合は、寒冷紗《かんれいしゃ》によるトンネル栽培を行いましょう。

葉をそろえてつけ根を持ち、まっすぐ引き抜く

収穫直前の株

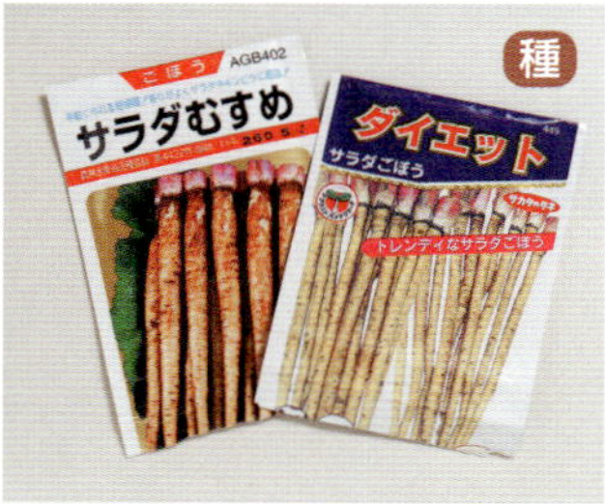

種

キク科　　難易度★★★☆☆

ミニゴボウ

家庭菜園では根の短い品種がつくりやすい

こんな場合はどうする？

・種をまいても芽が出ない→土を薄くかけるようにする
・「又根《またね》」になる→畑をよく耕しておく

育てやすい品種： サラダむすめなど

連作障害の有無： あり（４～５年は避ける）

コンテナ栽培のポイント： 深さ30㎝以上の大型コンテナに軟らかい土を入れる。中央に溝をつけて１㎝間隔で種をまき、薄く土をかけてたっぷりと水をやる。以降、発芽までは乾かさないように管理する。双葉が出たら３～４㎝に間引き、軽く土寄せ。本葉２～３枚で10㎝間隔に間引き、化成肥料10gを追肥《ついひ》して土寄せ。本葉８～９枚で同様に追肥・土寄せをする。根が直径1.5㎝以上になったら、掘り起こして収穫する。

特徴的な栄養素： 食物繊維（水溶性・不溶性）、カリウム、リン、マグネシウム、カルシウム、亜鉛

オススメの食べ方： きんぴらのほか、きりたんぽ鍋にも。

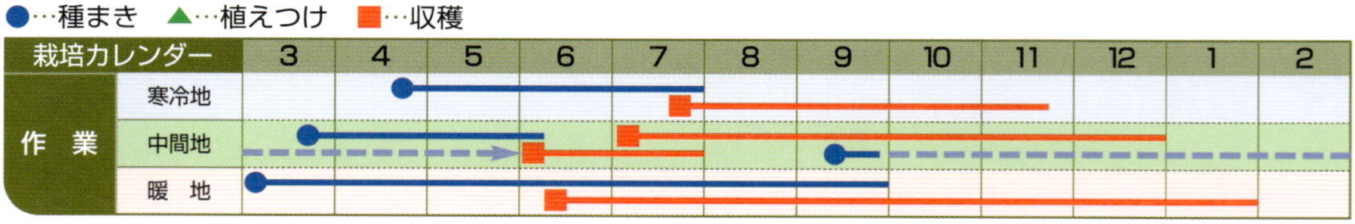

畑を深くていねいに耕すのがポイント

地中海沿岸や西アジアが原産といわれています。薬草として利用されていたものが中国から伝わり、日本で初めて野菜として栽培されるようになりました。

生育適温は20～25℃ですが、30℃以上の高温にも耐えられます。また、厳寒期でも、地上部は枯れても根が枯れることはありません。

栽培は、３月下旬～６月上旬頃に種をまいて、７月～12月に収穫する春まきが一般的です。秋まきもでき、その場合は９月中旬～下旬に種をまいて、６月～７月頃に収穫します。

ゴボウは、長いものでは根が75㎝以上に伸びるので、土づくりの際に50㎝以上の深さまで、石やゴミを取り除きながらていねいに耕しましょう。

初心者におすすめの品種は、長さが30～50㎝と短く、栽培期間も80～100日と（ゴボウとしては）短いミニ品種の「ダイエット」や、根が太くて短い「サラダむすめ」などです。また、春まき・秋まきができる「渡辺《わたなべ》早生《わせ》」や細長い「山田《やまだ》早生」などの早生品種もよく栽培されています。

1. 土づくり・種まき

すじまきにして薄く土をかける

種まきの２週間前に、石灰150～200g/m^2を散布して深く耕します。種まきの1週間前には、堆肥２kg/m^2と化成肥料100g/m^2を畑全面に施してよく耕し、幅60cm、高さ10cmの畝を立てます。

畝の中央にまき溝をつけて、１cm間隔で種をすじまきし、薄く土をかけてたっぷりと水をやります。以降、発芽まで乾かさないように管理します。

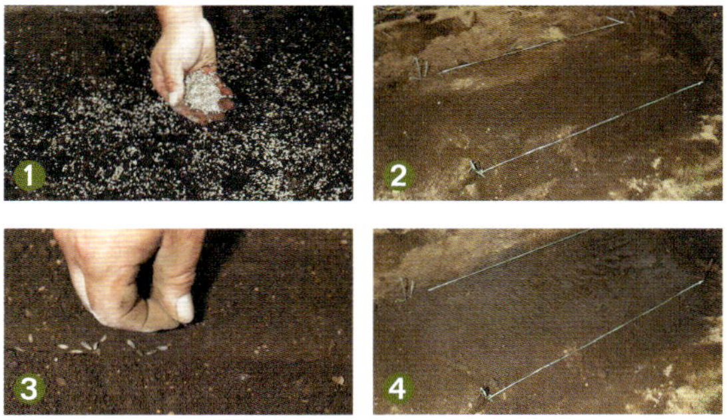

❶❷種まきの１週間前、元肥を施してよく耕し、畝を立てる
❸❹種が重ならないようにすじまきにして土を薄くかけ、水をやる

2. 間引き・追肥・土寄せ

本葉2～3枚で株間10cmに間引く

芽が出て双葉が開いたら株間３～４cmに間引き、倒れないよう、株元に軽く土寄せをします。本葉が２～３枚出たら株間10cmに間引き、化成肥料30g/m^2を施して土寄せをします。

本葉が８～９枚出た頃、同様に追肥と土寄せを行って、生長を助けます。

また、発芽後は、土が乾いたら水やりをします。

❶❷双葉が開いたら、株間３～４cmに間引き、土を寄せる
❸❹本葉２～３枚で株間10cmに間引き、追肥・土寄せをする

3. 収穫（種まきから約80～100日）

いきなり引き抜かず、土を掘って収穫する

ミニゴボウの場合は、種をまいてから約80～100日で太さ1.5cm程度、長さ30～50cm程度のゴボウが収穫できます。

太根《ふとね》を傷つけないよう、太根に沿って土を掘り、掘った穴へ倒すように引き抜いて収穫します。

根に沿って土を掘り、穴へ倒すように引き抜く

太根から出た細根が張っているので、いきなり引き抜くのは難しい

病害虫の防除

比較的病害虫の少ない野菜ですが、アブラムシやヨトウムシ、ネキリムシなどがつくことがあります。とくにアブラムシは病気を媒介するので、見つけしだい捕殺し、オレート®液剤100倍を散布して駆除を徹底します。

また、連作すると根の表皮が黒ずみ、品質や収穫量が著しく低下するので、栽培する際は4～5年あけた場所を選びましょう。

写真：（株）サカタのタネ

マメ科　難易度★★☆☆☆

アピオス

アメリカ先住民のスタミナ源

こんな場合はどうする？
- イモが太らない→花を摘み取る
- 収穫の適期は？→葉や茎が枯れてきた頃

育てやすい品種：とくになし

連作障害の有無：あり（３～４年は避ける）

コンテナ栽培のポイント：深さ30cm以上の大型コンテナに、株間を50cmとって苗を植えつけ、たっぷりと水をやる。新芽が伸びてきたら、支柱を立ててネットを張り、つるを誘引《ゆういん》する。花が咲いたら摘み取る。追肥《ついひ》は月に１回、化成肥料10gを株周りに施す。11月頃に収穫を開始する。

特徴的な栄養素：デンプン、タンパク質、ビタミンＥ（抗酸化作用）、カルシウム、リン（骨・歯の成分）、鉄（赤血球の成分）、食物繊維（便秘の改善）など

オススメの食べ方：素揚げに塩をふりかけると、ビールのおつまみにぴったり。煮物もオススメです。

●…種まき　▲…植えつけ　■…収穫

栽培カレンダー		3	4	5	6	7	8	9	10	11	12	1	2
作業	寒冷地			▲―	―				■―	―			
	中間地			▲―					■―	―			
	暖地		▲―							■―	―		

支柱を立て、ネットに誘引して栽培する

アメリカが原産。日本にも自生するホドイモの仲間で「アメリカホドイモ」とも呼ばれます。長い根の途中に数珠《じゅず》状にできるイモはとても栄養価が高く、カルシウムはジャガイモの30倍、鉄分はジャガイモの４倍、食物繊維はサツマイモの３倍もあり、デンプンやタンパク質も豊富に含みます。

栽培は、十分に暖かくなってから。苗か種イモを植えつけますが、発芽後しばらくは細く弱いので、苗からのほうが一般的です。植えつけの２週間前に石灰150g/m^{2}を、１週間前に堆肥２kg/m^{2}と化成肥料50g/m^{2}を散布してよく耕し、幅120cm、高さ10cmの畝を立てます。畝に株間50cm、条間60cmで深さ10cmほどの植え穴を２列掘って苗を植えつけ、土をかけてたっぷりと水をやります。

追肥は、１カ月に１回、化成肥料30g/m^{2}を畝の肩に施し、株元に土を寄せます。夏頃に香りの強い美しい花を房状につけますが、イモに栄養が回るように摘み取ります。寒くなると生育が止まり、収穫は、霜が降りる頃から始めます。病害虫の心配があまりないので、無農薬栽培も可能です。

キク科　難易度★★☆☆☆

ヤーコン

サツマイモのような姿、ナシに似た食味の健康野菜

こんな場合はどうする？

- 株が倒れる→周りに支柱を立てて、ひもで囲う。
- 塊根《かいこん》を植えたのに発芽しない→株元の塊茎《かいけい》か苗を植えつける（塊根では発芽しないので注意）

育てやすい品種： とくになし

連作障害の有無： あり（２～３年は避ける）

コンテナ栽培のポイント： かなり大きなコンテナが必要。草丈が１mぐらいになるので支柱を立てて倒伏を防ぐ。栽培中は水と肥料をきらさないようにすること。11月頃、霜が降りる前に掘り起こして収穫する。

特徴的な栄養素： オリゴ糖（整腸作用、便秘の改善、抗アレルギー作用）、ポリフェノール（抗酸化作用）、カリウム（ナトリウムの排泄《はいせつ》）、カルシウム、リン（骨・歯の成分）、食物繊維（便秘の改善）など

オススメの食べ方： 生のまま皮をむいて食べるとナシに似ています。炒め物や煮物もおいしいですよ。

●…種まき　▲…植えつけ　■…収穫

栽培カレンダー		3	4	5	6	7	8	9	10	11	12	1	2
作業	寒冷地			▲―	―				■―	―			
	中間地		▲―	―					■―	―			
	暖地		▲―	―						■―			

病害虫に強く、無農薬でも栽培できる

南米アンデスの高原地帯が原産。塊根《かいこん》の形はサツマイモに似ていますが、生で食べるとナシに似た食感です。生食のほか、炒め物や煮物にも適しています。甘さの元は豊富に含まれるオリゴ糖です。そのほかにも各種ミネラルや食物繊維、ポリフェノールなどを多く含みます。

栽培は簡単で、春に苗を購入して植えつけます。植えつけの２週間前に石灰100g/m²を散布して耕し、１週間前に畝幅を60cmとしてひもを張り、その中央に深さ20cmの溝を掘って堆肥２kg/m²と化成肥料100g/m²を施してよく耕し、高さ10cmの畝を立てます。畝に50cm間隔で植え穴を掘って苗を植えつけ、水をやります。追肥は１カ月に１回、化成肥料30g/m²を株元に施し、軽く土を寄せます。草丈が１m以上に伸びるので、生長してきたら支柱を立ててひもで囲い、株の倒伏《とうふく》を防ぎます。直径２cmほどの、黄色いキクに似た花を咲かせます。ヤーコンの花はイモの肥大に影響しないので、摘み取る必要はありません。多少の害虫はつきますが、無農薬でも十分に栽培できます。

赤タマネギは生食のサラダ向き

ユリ科　難易度★★★☆☆

タマネギ

難しく、栽培に長くかかるが レベルアップを図るには最適

こんな場合はどうする？

- 収穫前にネギ坊主が出る→太さ７～８㎜の苗を選ぶ
- 苗が育たずに枯れる→タネバエを駆除する

育てやすい品種：ＯＫ、ソニックなど

連作障害の有無：あり（２～３年は避ける）

コンテナ栽培のポイント：市販の苗を購入し、大型コンテナに条間15㎝、株間10㎝で２条植えにする。植えつけ後、たっぷりと水をやる。２カ月ほどしたら株間に化成肥料10gを施し、以降は月に１回のペースで同様に追肥する。葉が倒れたら、天気のよい日に収穫し、１～２日風に当てて乾かす。

特徴的な栄養素：カリウム（ナトリウムの排泄《はいせつ》）、食物繊維（便秘の改善）、硫化アリル、二硫化プロピル（免疫増強、抗酸化作用、血行促進）

オススメの食べ方：薄くスライスして水にさらし、サラダに。炒め物やカレーにも欠かせないですね。

●…種まき　▲…植えつけ　■…収穫

栽培カレンダー		3	4	5	6	7	8	9	10	11	12	1	2
作業	寒冷地					■―	●―	―	▲―				
	中間地			■―	―			●―		▲―	―		
	暖地			■―	―			●―		▲―	―		

作業の適期を守り、よい苗を選ぶ

中央アジアが原産。高温多湿の時期を避け、秋に種をまいて翌年の初夏に収穫します。冬を越すので栽培期間は長くなりますが、うまくつくれたときの感動はひとしおです。

利用するのは根ではなく、葉が養分を蓄えて肥大し、球形に重なりあった「鱗茎《りんけい》」です。

栽培成功のポイントは「植えつける苗の大きさ」です。草丈20～25㎝、太さ７～８㎜程度のものを選びましょう。太さ10～15㎜以上の大苗を植えつけると、収穫前に「ネギ坊主（花茎《かけい》）」が出やすく、逆に細すぎる苗では、凍害《とうがい》で枯れる場合が多くなります。

種をまく時期や植えつける時期を守り、植えつけに適した苗を選んで栽培しましょう。

日本では黄《き》タマネギが一般的ですが、ほかに白《しろ》タマネギや赤《あか》タマネギもあります。おすすめの品種は、早生《わせ》品種では「ソニック」、中生《なかて》品種では「ＯＫ」「湘南《しょうなん》レッド」などです。

1. 種まき

9月中旬〜下旬に種をまく

市販の苗を植えつけるほうが簡単ですが、苗づくりから栽培を始めるのもよいでしょう。種まきの適期は、早生品種で９月中旬、中晩生《なかおくて》品種で９月下旬です。

幅100cm、高さ10cmの畝を立て、10cm間隔で深さ１cmの溝をつけて種をすじまきにします。

種が隠れる程度に薄く土をかけ、たっぷりと水を与えたら、敷きわらかべたがけをして再度水をやり、乾燥を防ぎます。芽が出たらわらやべたがけを外します。

タマネギの種

❶畝に10cm間隔で溝をつける
❷約１cm間隔で種をまき、土を薄くかける
❸くわなどで軽く押さえる
❹べたがけをして、その上からたっぷりと水をやる

2. 間引き・追肥・土寄せ

生育状況を見ながら2回ほど間引く

芽が出たら、生長のようすを見ながら２回ほど、混み合っているところを間引きます。

間引いたら、化成肥料30g/m²を根元に追肥《ついひ》し、軽く土寄せをします。

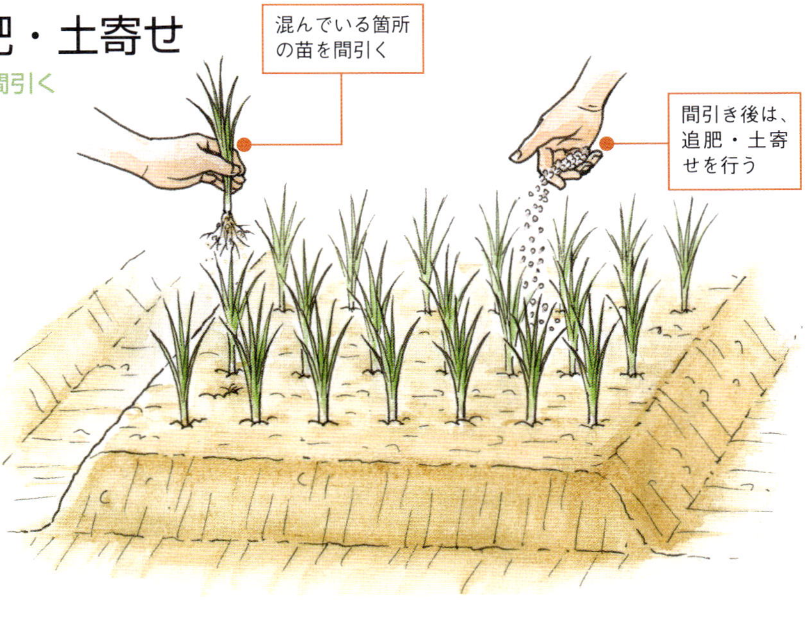
混んでいる箇所の苗を間引く
間引き後は、追肥・土寄せを行う

3. 土づくり

石灰をたっぷりと施す

植えつけの２週間前に、石灰150g/m^2を畑全面に散布してよく耕します。植えつけの１週間前には、堆肥２kg/m^2と化成肥料100g/m^2、ヨウリン50g/m^2を施して耕します。

植えつけの直前に、幅60㎝、高さ10㎝の畝を立てます。

植えつけの１週間前、元肥を散布する

よく耕して土に混ぜ込む

幅60㎝、高さ10㎝の畝を立てる

4. 植えつけ

よい苗を選ぶのが成功のポイント

植えつけは、早生品種で11月中旬～下旬に、中晩生品種で11月下旬～12月上旬に行います。植えつける苗は、草丈20～25㎝程度、根元の太さ７～８㎜のものを選びましょう。

畝の中央に深さ15㎝程度のＶ字形の溝を掘り、株間を10㎝とって立てかけるように並べます。

苗を並べたほうとは反対側の土を根元に浅くかけ、くわで根元の土をしっかりと押さえてから、水をたっぷりと与えます。

❶畝の中央にＶ字形の溝を掘る
❷細すぎず太すぎない、直径７～８㎜の苗（中央）を選ぶ
❸株間10㎝で立てかけるように苗を並べ、土を浅くかける
❹❺くわで根元の土をしっかりと押さえ、たっぷりと水をやる

5. 追肥・土寄せ

2月と3月の計2回行う

追肥は、２月上旬と３月下旬に行います。株元に化成肥料30g/m^2を施し、軽く土を寄せます。

化成肥料を株元に施し、くわなどで土寄せをする

6. 収穫（種まきから約8カ月）

葉が倒れたら収穫する

タマネギは、収穫の適期になると葉が枯れて倒れます。収穫は、５～６月頃、全体の７～８割程度の株が倒伏《とうふく》したら行いましょう。

天気のよい日を選び、葉の根元を持って、引き抜きます。１～２日風に当てて乾かすと保存できるようになります。

葉が枯れて倒れたら、収穫の適期。根元を持って引き抜く。１～２日風に当てて乾かすと保存できるようになる

病害虫の防除

春先～初夏に病害虫が発生することがあります。

主な病気は、葉が溶けるベト病です。過湿にならないように注意して栽培し、発病したらダコニール®1000の1000倍などを散布します。

害虫は少ないほうですが、タネバエがつくことがあります。被害が激しい場合は、株元にダイアジノン®粒剤3を施して駆除しましょう。

ただし、タマネギは無農薬栽培が可能な野菜です。挑戦してみるのもよいでしょう。

ユリ科　難易度★★★☆☆

ネギ

関東では根深ネギが、関西では葉ネギが多いが、品種はさまざま

こんな場合はどうする？

・まっすぐ育たない→なるべく垂直に植えつける

・白い部分が長くならない→土寄せの時期と量を守る

育てやすい品種：石倉《いしくら》、深谷《ふかや》など

連作障害の有無：あり（1～2年は避ける）

コンテナ栽培のポイント：根深ネギは、軟白させるために高く土寄せをするので、コンテナでの栽培は難しい。葉ネギはコンテナ栽培できる。栽培のポイントはワケギ（P.162）参照。

特徴的な栄養素：食物繊維（便秘の改善）、カルシウム（骨・歯の成分）、鉄（赤血球の成分）、硫化アリル（免疫増強、抗酸化作用、血行促進）、葉の部分にビタミンA（美肌効果）

オススメの食べ方：さまざまな料理の薬味として重宝します。すき焼きではメインの具材のひとつですね。

●…種まき　▲…植えつけ　■…収穫

栽培カレンダー		3	4	5	6	7	8	9	10	11	12	1	2
作業	寒冷地				▲	▲			■	■	■		
	中間地					▲	▲				■	■	■
	暖地				▲	▲			■	■	■		

栽培期間の短い春まきが家庭菜園向き

中央アジアが原産。高温と低温のどちらにも強く、年間を通して栽培することができます。ただし、冬の厳冬期を過ぎると、寒さに感応《かんのう》して花が咲いてしまい、品質が落ちる（芯ができて硬くなる）ので、注意が必要です。

栽培は、3月下旬～4月上旬に種をまいて12月～2月頃に収穫する春まきと、9月中旬に種をまいて翌年の秋に収穫する秋まきになります。家庭菜園では、栽培期間の短い春まきがよいでしょう。また、市販の苗を購入して夏場に植えつければ、冬には収穫を始められます。春まきも秋まきも栽培に長くかかりますが、あまり手間はかからず、生育中の除草と軟白《なんぱく》させるための土寄せをしっかりと行うことがポイントになります。

ネギは、緑色の「葉身《ようしん》部」と白い「葉鞘《ようしょう》部」に分かれます。関東では主に葉鞘部を長くした「根《ね》深《ぶか》ネギ（白《しろ》ネギ、長《なが》ネギ）」が多くつくられ、関西では主に葉身部を利用する「葉《は》ネギ」が多くつくられています。ほかにも、地方によってさまざまな特産品種がつくられています。

1. 土づくり

深めの溝を掘っておく

植えつけの前に、畑の雑草をきれいに抜き取って整地します。ネギの場合は、ていねいに耕す必要はありません。畝幅を90～100cmとして、その中央に幅15cm、深さ30cm程度の溝を掘ります。

2条植えにする場合は、溝と溝の間（畝間）を90～100cmぐらいとります。

植えつける場所をきれいに整え、中央に幅15cm、深さ30cmの溝を掘る

2. 植えつけ

溝にたっぷりとわらを敷く

ここでは「市販の苗を夏に植えつけて、冬に収穫する」手順を紹介します。

7月頃、草丈50cm程度の苗を用意します。溝の壁に沿って3～5cm間隔で垂直に立てて並べ、根元が少し隠れる程度に土をかけて植えつけます。

植えつけたら、溝が埋まるぐらいにたっぷりとわらを敷きます。

❶❷3～5cm間隔で苗を垂直に立て、根元に土をかけて安定させる

❸❹溝にたっぷりとわらを敷く

3. 追肥・土寄せ

植えつけ1カ月後に最初の追肥《ついひ》をする

植えつけから30日ほど経った頃に、最初の追肥・土寄せをします。

化成肥料30g/m²を溝の外側に散布し、土と混ぜながら、わらを敷いた溝を埋めるように両側から土寄せします。

最初の追肥から30日ほど経ったら、2回目の追肥を施し、葉鞘部の白い部分が隠れるぐらいに土を寄せます。

溝の外側に化成肥料を散布する

土と肥料を混ぜながら、株元に寄せる

葉鞘部が隠れるぐらい土寄せをする

4. 追肥・土寄せ

2回目の1カ月後に行う

2回目の追肥から30日ほど経ったら、3回目の追肥・土寄せをします。前回と同量の化成肥料を株の周りに施し、株元に土寄せをします。

葉鞘部がすっかり隠れるぐらいにたっぷりと土を寄せ、葉鞘部を長く育てます。

❶株の周りに追肥を施す
❷くわで株元に土を寄せる
❸株の左右からたっぷりと土を寄せ、葉鞘部を隠す

5. 追肥・土寄せ

さらに土を寄せる

3回目の追肥からさらに30日後、最終の追肥・土寄せをします。

同量の化成肥料を株の周りに施し、葉身部のつけ根が少し隠れるぐらいまで、たっぷりと土を盛ります。

❶株の周りに追肥を施す
❷土と肥料を混ぜながら、土寄せをする
❸葉身部のつけ根が少し隠れるぐらいに土を盛る

病害虫の防除

7〜10月頃には黒斑《こくはん》病やベト病が、10〜12月頃にはサビ病が発生しやすいので注意しましょう。黒斑病やベト病にはダコニール®1000の1000倍を散布して防除します。葉に橙色の小《しょう》斑紋《はんもん》や赤い粉状のものがついていたらサビ病です。すぐに殺菌剤（サプロール®乳剤800〜1000倍など）を散布します。

アブラムシやアザミウマ類などの害虫がつくこともあります。見つけたら、早めにスミチオン®乳剤1000倍を散布して防除しましょう。また、ネギは表面が「ろう物質」に覆われていて薬剤がつきにくいので、展着《てんちゃく》剤を加えて散布します。

6. 収穫（植えつけから約150日）

最後の追肥から30〜40日後に収穫する

4回目の追肥から30〜40日ほど経った頃が、収穫の適期です。

葉鞘部を傷つけないように注意しながら、株のわきを深く掘り起こし、葉身部がつけ根まで見えたら、手で引き抜きます。

株のわきを深く掘り起こし、手で引き抜いて収穫する

ユリ科　難易度★☆☆☆☆

ワケギ

小さなスペースで栽培できて何度も収穫できる香味野菜

こんな場合はどうする？

- 発芽しない①→種球《たねきゅう》を浅く植えつける
- 発芽しない②→適期に植えつける

育てやすい品種： とくになし

連作障害の有無： あり（1～2年は避ける）

コンテナ栽培のポイント： 深さ15cm以上のコンテナに10～15cm間隔で植え穴を掘る。1カ所に2つずつ種球を入れ、浅く植えつけてたっぷりと水をやる。1カ月ほどしたら、化成肥料10gを施す。以降は、半月に1回程度、同様に追肥《ついひ》する。20～30cmに生長したら、根元から3～4cm残して収穫。追肥をして新たに葉が伸びるのを促す。

特徴的な栄養素： ネギとほぼ同じ

オススメの食べ方： ネギと同じく薬味として。ぬたにしてもおいしいです。

●…種まき　▲…植えつけ　■…収穫

栽培カレンダー		3	4	5	6	7	8	9	10	11	12	1	2
作業	寒冷地												
	中間地	→■—	—	—			▲—	—	■—	—	— - -	- -	- -
	暖地	→■—	—	—			▲—	—		■—	—	- -	- -

関東以西の温暖な地方での栽培に向いている

ワケギはタマネギやネギと違い、とう立ちや開花をせずに球根（鱗茎《りんけい》）でふえます。

ネギより葉が短くて細く、香りもおだやかです。分蘖《ぶんけつ》（枝元から葉がたくさん生長する）の多いのが特徴でワケギ（分け葱）の名もこの特徴からついたといわれています。

栽培は、8月下旬～9月上旬が植えつけの適期です。初めて栽培する場合は、種苗店などで種球を購入しましょう。根深《ねぶか》ネギに比べると高温や低温に弱いため、関東以北の冬の寒さが厳しい地域では、栽培が難しいでしょう。秋から春にかけて盛んに生長し、複数回、収穫することができます。

6月頃には球根を掘り出し、風通しのよい場所で保管します。7～8月頃に再び芽が出始めるので、枯れた外皮を取り、球根を分けて種球とし、植えつけます。

特別な品種はありません。秋～冬どりの早生《わせ》品種と春どりの晩生《おくて》品種とに分けられますが、主に「ワケギ」の名で市販されています。

1. 土づくり・植えつけ

8月下旬～9月上旬に植えつける

植えつけの２週間前に、畝幅を60cmとして石灰100g/m^2を散布して耕し、１週間前には畝の中央に深さ20cmほどの溝を掘って、堆肥２kg/m^2と化成肥料100g/m^2を散布して埋め戻し、高さ10cmの畝を立てます。

畝の表面を平らにした後、株間を15～20cmとって浅めの植え穴を掘り、２つずつ種球を植えつけます。葉先が少し出る程度に土をかけ、たっぷりと水をやります。

1 畝に溝を掘り、元肥を施して埋める

2 畝を立て、株間15～20cmで植え穴を掘る

3 種球を２つずつ入れる

4 軽く土をかけ、たっぷりと水をやる

2. 追肥・土寄せ

1カ月に2回行う

植えつけから約１カ月、草丈が伸びてきたら、株と株の間に化成肥料30g/m^2を施し、軽く土を寄せます。以降は、１カ月に２回程度、同量の追肥を施して、軽く土寄せをします。

株間に追肥を施し、株元に軽く土を寄せる

病害虫の防除

ベト病が代表的で、15℃前後の気温で雨が多いときに発生しやすくなります。ダコニール®1000の1000倍を散布して防除します。

害虫では、ネギハモグリバエやネギアザミウマがつきます。防除には、植えつけ時にモスピラン®粒剤を散布するとよいでしょう。

3. 収穫（植えつけから約60日）

収穫後に追肥して、再び収穫する

20～30cmほどに生長したら、根元から３～４cmを残して切り取り、収穫します。

収穫後は、化成肥料を軽く施して新しい葉が出てくるのを助け、新葉が伸びたら再び収穫します。

根元を３～４cm残して収穫。収穫後は追肥・土寄せをする

ユリ科　難易度★☆☆☆☆

ニ　ラ

強健で、収穫後すぐに再収穫できる

こんな場合はどうする？

- 葉の色が薄い→しっかりと追肥《ついひ》する
- 花が咲いた→花茎《かけい》を摘み取る

育てやすい品種：グリーンベルトなど

連作障害の有無：あり（２～３年は避ける）

コンテナ栽培のポイント：深さ15cm以上のコンテナに、15～20cm間隔で苗を深めに植えつけ、水をやる。葉が10枚になった頃とその20日後に化成肥料10gを施す。20cmほどに生長したら、根元を３cmほど残して切り取る。収穫後は必ず、株元に化成肥料10gを追肥し、土を寄せておく。

特徴的な栄養素：カロテン・ビタミンC・E（抗酸化作用、美肌効果、疲労回復、血行促進）、硫化アリル（免疫増強、抗酸化作用、血行促進）

オススメの食べ方：ゆでておひたしに。また、もつ鍋にも欠かせません。

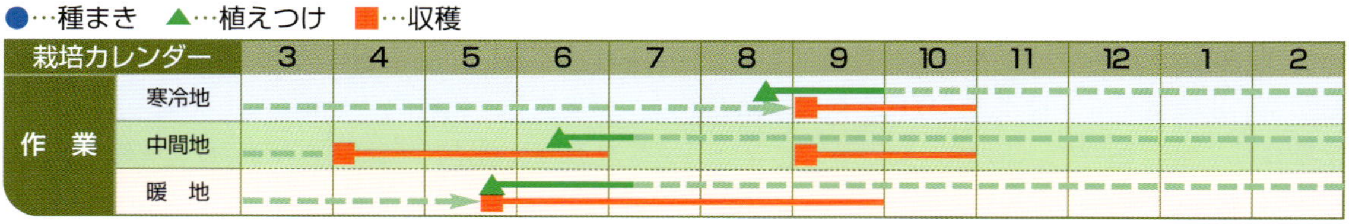

3年ぐらいで掘り起こして株分けする

中国が原産。冷涼な気候を好み、休眠して冬を越すので非常に耐寒性があります。また、土壌を選ばずに栽培でき、収穫後すぐに再生してくるほど強健な野菜です。

ちょっとしたスペースがあれば十分に栽培できるので、家庭菜園に向いています。

一度植えつければ何度も収穫できますが、古株になると品質が低下するので、３年ぐらいで掘り起こし、株分けする必要があります。

緑色の葉を食べる「葉《は》ニラ」が一般的ですが、光を当てずに軟化栽培した高級野菜の「黄《き》ニラ」や、とう立ちさせてつぼみと茎を利用する「花《はな》ニラ」などもあります。

主な品種は、葉の幅が広い大葉《おおば》ニラと、幅が狭い在来《ざいらい》ニラに大別されます。家庭菜園では、大葉種の「グリーンベルト」系の品種が育てやすくて人気です。ほかには「たいりょう」「広幅《ひろはば》ニラ」「ワイドグリーン」なども栽培しやすい品種です。

1. 植えつけ・追肥・土寄せ

6月中旬～7月上旬に植えつける

植えつけの2週間前に、石灰100g/m²を散布して耕します。1週間前には、畝幅60cmとして、中央に深さ15cmの溝を掘り、堆肥2kg/m²と化成肥料100g/m²を施して埋め戻します。高さ10cmの畝を立てて、株間20cmで苗を植えつけ、水をやります。生長して本葉が10枚になった頃に1回目の、その20日後に2回目の追肥を行います。化成肥料30g/m²を株周りに施し、土を寄せます。

❶❷畝に植え穴を掘って水を注ぐ。水が引いたら植えつけ、たっぷりと水をやる

❸❹追肥は、化成肥料を株の周りに施し、土を寄せる

2. 収穫（植えつけから約9～10か月）

翌年の4月から収穫する

1年目は収穫せずに株を育てましょう。霜が降りたら敷きわらなどをして、越冬させます。

植えつけの翌年、4月以降に収穫を始めます。20cm程度に生長した新葉を、根元を3cmほど残して切り取ります。

根元を3cmほど残して収穫する

3. 追肥・土寄せ

収穫後に追肥して、再び収穫する

収穫したら、化成肥料30g/m²を追肥し、土を寄せて、新芽の再生を促します。また、夏にはとう立ちします。放置すると株が弱るので、茎を5～6cm残して早めに摘み取りましょう。

収穫後、株の周りに追肥し、株元に土を寄せる

病害虫の防除

比較的病害虫の心配がない野菜ですが、アブラムシがついた場合は捕殺するか、オレート®液剤100倍を散布して駆除します。

病気では、過湿になるとベト病（葉に黄褐色《おうかっしょく》の小斑紋《しょうはんもん》ができる）やサビ病（葉に黄色い粉状の病斑《びょうはん》ができる）が発生することがあるので、長雨に注意し、また、水をやりすぎないようにしましょう。

ユリ科　難易度★★☆☆☆

ラッキョウ

甘酢漬が定番だが、若どりの「エシャレット」も人気

こんな場合はどうする？

- 発芽しない→種球《たねきゅう》の芽を上にして植えつける
- 分球が少ない→５～６cmの深さに植えつける

育てやすい品種：とくになし

連作障害の有無：あり（２～３年は避ける）

コンテナ栽培のポイント：深さ15cm以上のコンテナに20cm間隔で深さ５～６cmの穴を掘り、１カ所に２つずつ、種球の芽を上に向けて植えつけ、軽く土をかけて水をやる。植えつけの１カ月後から月に１回、化成肥料10gを施し、球が隠れる程度に土寄せをする。植えつけ翌年の６月中旬頃、地上部が枯れたら、収穫する。エシャレットとして若どりする場合は３月中旬～４月に収穫する。

特徴的な栄養素：ビタミンB_1（疲労回復）、カリウム（ナトリウムの排泄《はいせつ》）、硫化アリル（免疫増強、抗酸化作用、血行促進、ビタミンB_1の吸収促進）

オススメの食べ方：若どりのエシャレットもオススメ。

収穫直前のようす

●…種まき　▲…植えつけ　■…収穫

栽培カレンダー		3	4	5	6	7	8	9	10	11	12	1	2
作業	寒冷地					■—	▲—						
	中間地				■—	—	▲—	—					
	暖地			■—	—			▲—					

栽培は長くかかるが、やせた土地でもよく育つ

中国が原産。歯触りと香りを活かした漬け物に利用され、とくに甘酢漬はカレーライスの定番のつけ合わせです。６月下旬頃の収穫期だけ出回る季節の野菜でしたが、最近では若どりした「エシャレット」が生食用として通年市販されています。

草勢《そうせい》が強く、乾燥した土や日陰地、やせた土地でもよく育ち、あまり手をかけずに栽培できます。ただし、水はけが悪いと球（鱗茎《りんけい》）が腐りやすいので、水はけをよくして育てましょう。

栽培は、種ではなく、鱗茎（種球）を植えつけて行います。７月下旬頃から園芸店などに種球が出回るので、大球で病気がなく、首（上部）がよく締まっているものを選びましょう。８月下旬～９月中旬に種球を植えつけて翌年に「２年子《ご》」を収穫する方法と、２回冬越しをして「３年子（小球が多数できる）」を収穫する方法があります。

主な品種には、大球の「らくだ」、台湾から導入された小球で色白の「玉《たま》ラッキョウ」、中球で収量の少ない「八房《やつぶさ》」などがあります。

1. 土づくり・植えつけ

種球を1カ所に2つずつ植えつける

植えつけの２週間前に、畝幅を50cmとして石灰100g/m^{2}を、１週間前に堆肥２kg/m^{2}と化成肥料100g/m^{2}を畑全面に散布し、それぞれよく耕します。株間20cmで深さ５～６cmの植え穴を掘り、種球を１カ所に２つずつ、芽を上に向けて植えつけ、軽く土をかけて水をやります。

大球を収穫したいときは１つずつ、小球を収穫したいときは３～４つずつ植えつけましょう。

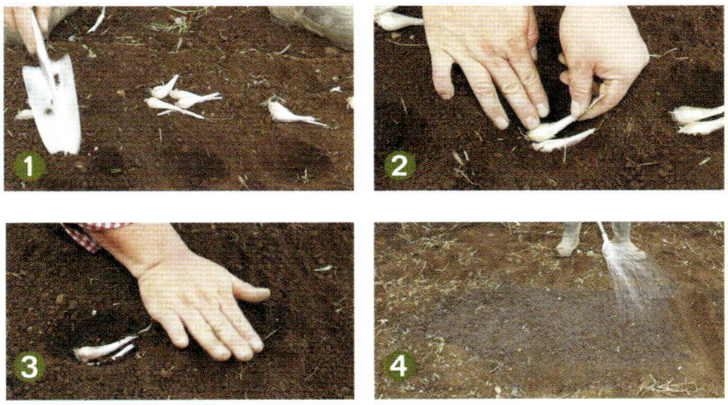

20cm間隔で深さ５～６cmの穴を掘り、芽を上に向けて２つずつ入れる。軽く土をかけて手で押さえ、水をやる

2. 追肥・土寄せ

分球や球の肥大を促進する

植えつけ約１カ月後からは、月に１回のペースで化成肥料30g/m^{2}を畝間に施して土を寄せ、分球や球の肥大を促します。春先までの生長が遅いので、雑草が茂る時期はきれいに除草します。球に日光が当たると、緑化して品質が低下するので、土寄せは球が隠れるようにしっかりと行います。

畝と畝の間に追肥を施し、球が隠れるように、くわで株元へ土を寄せる

3. 収穫（植えつけから約10カ月）

葉元が枯れ始めたら収穫する

植えつけから約10カ月後の６月下旬頃から葉が枯れ始めます。葉先が枯れ始めたら収穫しましょう。晴天の日に株ごと引き抜き、風通しのよい場所で乾燥させます。

病害虫の防除

病害虫の少ない野菜ですが、灰色《はいいろ》カビ病や白《はく》色疫《しょくえき》病などの病気、アブラムシやネダニなどの害虫が発生することがあります。

病気は早期に薬剤（灰色カビ病にはダコニール®1000の1000倍、白色疫病にはビスダイセン™水和剤150倍）を散布して被害を抑え、害虫は見つけしだい捕殺するか、薬剤（アブラムシにはオレート®液剤100倍、ネダニにはボルテージ®粒剤6）を散布して駆除しましょう。

茎を束ねて持ち、引き抜く

アカザ科　難易度★☆☆☆☆

ホウレンソウ

育てやすくて栄養が豊富 品種を選べば一年中栽培できる

こんな場合はどうする？

- 芽が出ない→石灰を散布し、酸性土壌を中和する
- とうが立つ→とう立ちが遅い品種を選ぶ

育てやすい品種：アクティブ、リードなど

連作障害の有無：あり（1～2年は避ける）

コンテナ栽培のポイント：深さ15cm以上のコンテナに条間10～15cmでまき溝をつける。1cm間隔で種をまき、薄く土をかけて軽く押さえ、たっぷりと水をやる。本葉2～3枚で株間3cmに間引き、株間に化成肥料10gを施し、軽く土寄せ。8cm程度に生長したら、同様に追肥《ついひ》・土寄せを行う。20cm程度に生長したら、必要なだけ、根元から切って収穫する。

特徴的な栄養素：カリウム（ナトリウムの排泄《はいせつ》）、カルシウム、リン、マグネシウム（骨・歯の成分）、鉄（赤血球の成分）、カロテン、ビタミンC、E、葉酸

オススメの食べ方：おひたしやごま和《あ》えがオススメです。

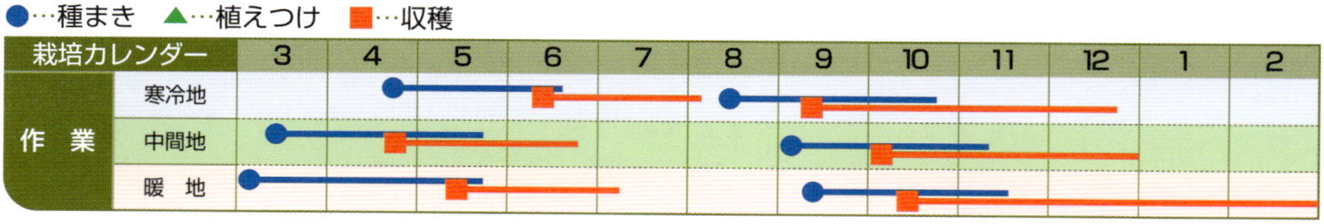

種まきの時期で品種を選ぶ

中央アジアが原産。発芽・生育適温は15～20℃と冷涼な気候を好みます。耐寒性が極めて強く、－10℃の低温にもよく耐えます。逆に、耐暑性は弱く、25℃以上になると急激に生育が悪くなり、ベト病などの病気も多発します。

また、長日《ちょうじつ》条件（日中の時間が長い）ではとう立ちしやすいので、夏期の栽培はより難しくなります。したがって種まきの適期は、3月中旬～5月中旬（春まき）か、9月～11月上旬（秋まき）になります。

春～夏は日が長くなるので、春まきの場合はとう立ちが遅い品種を選びます。秋～冬はいちばん栽培しやすい季節なので、味がよいとされる在来品種を選ぶのもよいでしょう。

ホウレンソウの主な品種

春まき種	アクティブ、おかめ、サマーライダー、サンパワーなど（とう立ちが遅い品種）
秋まき種	アトランタ、オーライ、サンピア、リード、在来品種の禹城《うじょう》、次郎丸《じろうまる》、新日本《しんにっぽん》、豊葉《ほうよう》など

1. 土づくり

石灰をまいて酸性土壌を中和する

種まきの10日～1週間ほど前に、土づくりをしておきます。ホウレンソウは酸性土壌に弱いので、石灰150～200g/m^2を畑全面に散布してよく耕します。次に堆肥2kg/m^2と化成肥料100g/m^2を散布してよく耕し、幅60cm、高さ10cmの畝を立てます。

石灰150～200g/m^2を散布してよく耕す（酸性土壌に弱いので、多めに散布する）

元肥を施してよく耕す

幅60cm、高さ10cmの畝を立てる

2. 種まき

1cm間隔ですじまきにする

畝の表面をレーキなどでならし、支柱などを押し当てて、深さ1cm程度のまき溝をつけます（2条植えにする場合は、条間15～20cm）。

種を1cm間隔でまき、溝の両側から、指でつまむようにして土を薄くかけます。手で軽く押さえ、たっぷりと水をやります。

乾燥を防ぐために、もみがらをのせておいてもよいでしょう。

❶❷畝に太めの支柱などを押し当てて溝をつけ、種を1cm間隔ですじまきにする

❸❹溝の両側から指でつまむように薄く土をかけ、手で軽く押さえて水をやる

3. 間引き・土寄せ

株間3〜4㎝に間引く

種をまいて３〜４日で発芽します。双葉が開いて本葉が１〜２枚見え始める頃（10日目ぐらい）に、株間が３〜４㎝になるように間引きます。

なるべく、生育のよくない小さめの苗や、色つやの悪い苗を間引きましょう。

間引いたら、苗がぐらつかないよう、根元に軽く土を寄せておきます。

本葉が出たら、１回目の間引きを行う。株間が３〜４㎝になるよう、生育の悪い苗を選んで間引き、軽く土を寄せておく

4. 間引き・追肥・土寄せ

株間5〜6㎝に間引く

１回目の間引きで十分に収穫できますが、一株ひと株を大きくしたいときは、もう一度間引き、株間を５〜６㎝にします。間引いた苗は、みそ汁の具やサラダなどに利用しましょう。

また、追肥は、種まきから約17〜20日、草丈８〜10㎝程度まで生長した頃に、中耕《ちゅうこう》・土寄せを兼ねて行います。

大きくしたい場合は、２回目の間引きを行う。株間が５〜６㎝になるように苗を間引き、株のわきに化成肥料30g/m²を施す。間引き後はホーなどで中耕してから、軽く土を寄せる

5. 厳寒期の保温

保温して軟らかい葉に育てる

12～２月頃になると、霜や寒風による凍害《とうがい》、葉の傷み、黄化《おうか》などを起こすことがあります。品質のよい葉を収穫するためには、不織布《ふしょくふ》や寒冷紗《かんれいしゃ》などの「べたがけ資材」を利用して、保温するとよいでしょう。

❶マルチングと同じ要領で、べたがけ資材を広げる
❷端を折り返して足で押さえ、土をかぶせる。反対側も同様に
❸横も同様に土をかぶせる

風で飛ばされないよう、アーチ状の支柱で止めておくとよい

6. 収穫（種まきから約30～40日）

20～25㎝に生長したら収穫する

草丈が20～25cmに生長したら、順次収穫します。種をまいてから収穫するまでの期間の目安は、春まきで30～40日、秋まきで30～50日程度です。

収穫は、株の根元を切るか、株ごと引き抜いてもよいでしょう。

根元から切って収穫する

収穫したら、根をなるべく短く切る

病害虫の防除

ホウレンソウは、栽培の適期を守れば、無農薬でも十分に育てられる野菜です。ただし、乾燥すると、害虫が発生しやすくなります。アブラムシにはオレート®液剤100倍を、ヨトウムシの被害が気になる場合は、エルサン®乳剤1000倍を散布して駆除します。病気では、双葉がしおれたり黄色く枯れるベト病にかかることが多いのですが、抵抗性の強い「アクティブ」などの品種を育てればよいでしょう。

アブラナ科　　難易度★☆☆☆☆

コマツナ

種をまけば必ず生えてくる 栽培しやすい「入門」野菜

こんな場合はどうする？
- 食害される→薬剤を散布して駆除する／秋まきにする
- 夕方に葉がしおれる→根《ね》コブ病が原因。連作をやめる

育てやすい品種：みすぎ、よかった菜《な》、楽天《らくてん》など

連作障害の有無：あり（1～2年は避ける）

コンテナ栽培のポイント：深さ15cm以上のコンテナに10～15cm間隔の溝を2列つけ、1cm間隔のすじまきにする。まいたら薄く土をかけて手で押さえ、水をやる。芽が出たら3cm間隔に間引き、1週間後、化成肥料10gを施して土寄せする。3週間後、同様に追肥《ついひ》・土寄せ。20cmぐらいに生長したら収穫する。

特徴的な栄養素：カロテン・ビタミンC・E（抗酸化作用、美肌効果、疲労回復、血行促進）、カルシウム（骨・歯の成分）、鉄（赤血球の成分）、食物繊維（便秘の改善）

オススメの食べ方：おひたしにしたり、お雑煮《ぞうに》に入れたりするのが好きです。

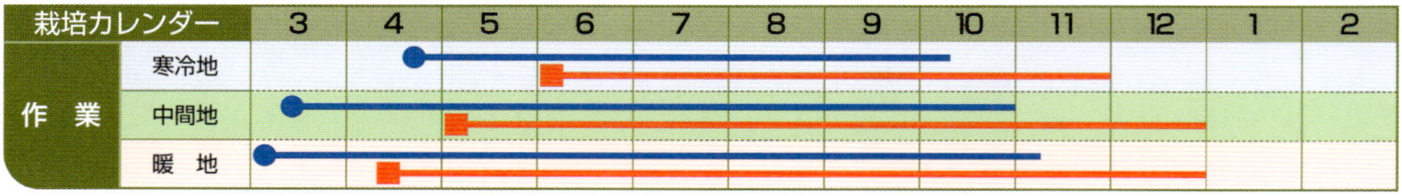

季節を問わず、いつでも栽培できる

地中海沿岸が原産。江戸時代から小松川（現・東京都江戸川区内）で栽培されていたことから「小松菜」と名づけられたといわれる、日本人にはなじみの深い野菜です。生育適温は20℃前後と、比較的冷涼な気候を好みますが、高温にも低温にも強いので、真夏と真冬を除くほぼ通年、栽培できます。

種をまけば必ず生えてくるほど栽培しやすいので、家庭菜園の「入門」に最適で、そのうえ、ビタミンやミネラルを豊富に含んでいます。

栽培は、ふつう、春まき・秋まきなら種をまいてから30～40日、夏まきなら25～30日で収穫できます。10日おきにまいておけば重宝します。

比較的連作障害が出にくいので、多少の連作は可能です。また、生育期間が短いので、ほかの野菜をつくっている畝と畝の間や、列と列の間を利用して栽培することも可能です。

品種には、丸葉《まるば》と長葉《ながば》があり、近年は丸葉で葉色の濃い品種が好まれます。おすすめは「みすぎ」「裕次郎《ゆうじろう》」「よかった菜」「楽天」などです。

1. 土づくり

元《もと》肥《こえ》はしっかりと施す

種まきの２週間前に、石灰100～150g/m^2を畑全面に散布してよく耕します。

種まきの１週間前には、堆肥２kg/m^2と化成肥料100g/m^2を散布して土によく混ぜ込み、レーキなどで表面を平らにならしておきます。

❶石灰を全面に散布し、よく耕す
❷❸元肥を施す（畝幅の目安にひもを張っているが、次の畝づくりのときでもよい）
❹元肥を土によく混ぜ込み、表面をならしておく

2. 畝づくり

畝の高さは10㎝にする

畝幅60㎝、条間20㎝の２条まきにします。畑の大きさに合わせて60㎝でひもを２本張り、外側の土をひもの内側に盛ります。

10㎝ぐらいの高さに盛ったら、表面をレーキなどでならし、ひもを外します。

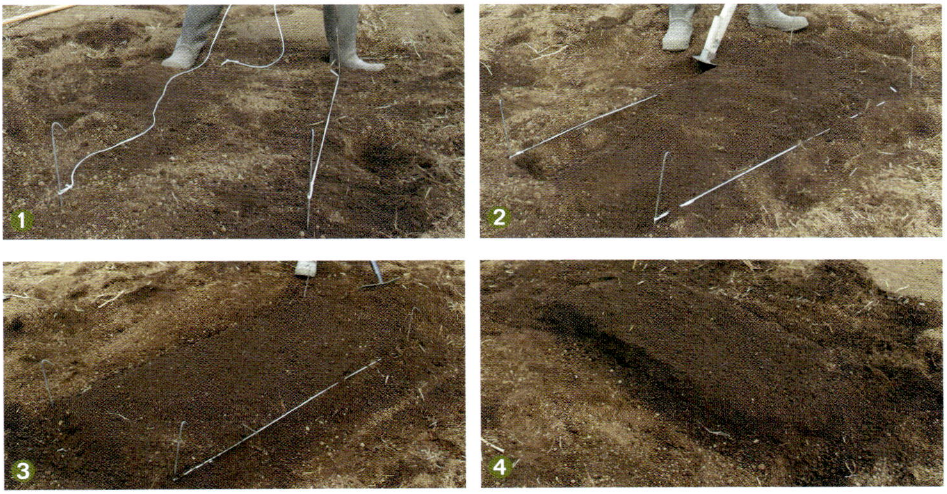

❶畑の長さに合わせ、ひもを畝幅で２本張る
❷ひもの外側の土を、内側に盛る
❸❹10㎝ほどの高さに盛ったら、表面をならして、ひもを外す

3. 種まき

すじまきが管理しやすい

3月中旬～10月下旬ならいつでも種をまけますが、暑くなってくると害虫が発生しやすいので、つくりやすい時期を選んでまくようにしましょう。

畝に条間を20cmとって2列の溝をつけ、種が重ならないように気をつけながら、すじまきにします。土をかけて手で軽く押さえ、たっぷりと水を与えます。

以降、発芽するまでは乾かさないように管理し、発芽後は乾いてきたらたっぷりと水をやります。

畝に条間20cmで2列の溝をつけ、種を重ならないようにまく。指でつまむように土をかけて軽く押さえ、たっぷりと水をやる。発芽するまでは乾かさないように注意すること

4. べたがけ

低温期は種まき後にべたがけをする

晩秋～冬に栽培する場合、畝の上に寒冷紗《かんれいしゃ》などでべたがけをしておくと、発芽が早まります。発芽したら、べたがけを外します。

❶畝より少し広い面積のべたがけ資材（寒冷紗など）を広げる
❷周囲に土を盛って固定する
❸べたがけの上から水をやる

5. 間引き・追肥

間引き菜も捨てずに利用する

種をまいて３～４日で発芽します。本葉が１～２枚出たら、３～４cm間隔に間引きます。その後、草丈７～８cmに生長したら、５～６cm間隔に間引きます。

間引いたら、それぞれ化成肥料$30g/m^2$を施し、軽く土を寄せて、苗を安定させます。

間引いた苗は捨てずに、サラダやみそ汁の具などに利用しましょう。

❶❷本葉１～２枚になったら、育ちの悪い苗を間引く。追肥を施して苗の根元に軽く土を寄せる

❸❹草丈７～８cmになったら、株間５～６cmに間引いて、追肥・土寄せをする

6. 収穫（種まきから約30～40日）

20cmぐらいになったら収穫する

コマツナは、比較的生長が早い野菜です。草丈が20～25cm程度に生長したものから、どんどん収穫していきましょう。大きくしすぎると、品質が落ちてしまいます。

株の根元を切って収穫する

病害虫の防除

夏場にはアブラムシがつくほかに、コナガやアオムシの被害がよく見られます。これらの害虫が発生すると葉が食べられて、すぐに穴だらけになるので、畝を寒冷紗や不《ふ》織《しょく》布《ふ》でトンネル状に覆い、防除します。こうすれば、薬剤の散布回数を減らせるだけでなく、無農薬栽培も可能です。

また、冬場は害虫が発生しないので、ほとんど無農薬で栽培することができます。

キク科　難易度★☆☆☆☆

シュンギク

春と秋の栽培がおすすめ
家庭菜園の「入門」野菜

こんな場合はどうする？

- 発芽がそろわない→畝をならし、覆土を薄くする
- 生育が悪い→石灰で酸性土壌を中和する

育てやすい品種：さとあきら、きわめ中《ちゅう》葉《ば》春菊《しゅんぎく》など

連作障害の有無：あり（２～３年は避ける）

コンテナ栽培のポイント：深さ15㎝以上のコンテナに10～15㎝間隔の溝を２列つけ、１㎝間隔のすじまきにする。ごく薄く土をかけて手で押さえ、水をやる。以降は、土が乾かないように管理する。本葉１～２枚で３㎝間隔に、３～４枚で６㎝間隔に、草丈８㎝ぐらいで10㎝間隔に間引く。２回目以降は、間引き後に化成肥料10gを追肥《ついひ》。20㎝ぐらいに生長したら収穫する。

特徴的な栄養素：カロテン（美肌効果）、ビタミンK・カルシウム（骨《こつ》粗《そ》鬆症《しょうしょう》予防）、鉄（赤血球の成分）

オススメの食べ方：鍋物には欠かせません。おひたしもおいしいですね。

●…種まき　▲…植えつけ　■…収穫

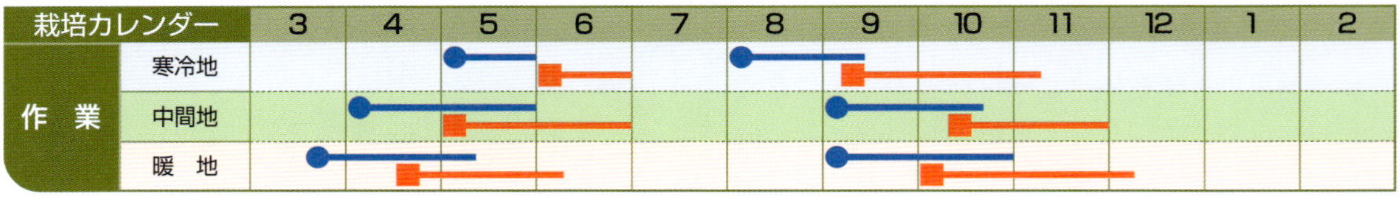

中葉の品種が栽培しやすいのでおすすめ

地中海沿岸が原産。生育適温は15～20℃と冷涼な気候を好み、高温や長日《ちょうじつ》条件（日中の時間が長いこと）では「とう立ち」してしまいます。したがって、夏場の栽培は難しいのですが、春と秋は失敗が少なく、多くの収穫が見込めます。

キクに似た、独特の香りと風味が特徴の野菜ですが、春先に咲く黄色の花もやはりキクに似て美しく、花を観賞することもできます。

葉の形によって大葉種《おおばしゅ》、中葉《ちゅうば》種、小葉《しょうば》種に分けられ、一般的に、中葉種が栽培しやすいのでおすすめです。主な品種は上記のほか、「さとゆたか」「菊次郎《きくじろう》」などがあります。

1. 土づくり

石灰で酸性土壌を中和する

種まきの２週間前に、石灰150～200g/m^2を畑全面に散布して、20cmぐらいの深さに耕します。

種まきの１週間前には、畝幅を60cmとしてひもを張り、その中央に深さ15cmの溝を掘り、堆肥２kg/m^2と化成肥料100g/m^2を施します。埋め戻して高さ10cmの畝を立て、表面をならします。

❶畝幅にひもを張り、中央に溝を掘る
❷溝に元肥を施す
❸溝を埋めて、畝を立てる
❹表面を平らにならす

2. 種まき

春まき・秋まきが栽培しやすい

４～５月の春まきや、９月～10月中旬の秋まきでの栽培なら、楽につくれます。６～８月の夏まきは、高温のために生育が悪く、病害も発生しやすいので栽培は難しいでしょう。

畝に条間を20～30cmとって２列の溝をつけ、種をすじまきにします。シュンギクの種は発芽に光を必要とするので、種が見えるか見えないか程度にごく薄く土をかけます。まいた後は、たっぷりと水をやります。

❶畝に太めの支柱などを押しつけて、２列の溝をつける
❷種をすじまきにする
❸土をごく薄くかけ、くわなどで軽く押さえる
❹たっぷりと水をやる

もみがらをかぶせると、乾燥が防げる

3. 間引き・土寄せ

本葉1〜2枚で3㎝間隔に間引く

種をまいて約1週間で芽が出てきます。本葉が1〜2枚になったら、生育のよい苗を残して3㎝間隔に間引きます。

間引いたら、指で軽く土を寄せておきます。

本葉1〜2枚になったら、生育のよい苗を残して3㎝間隔に間引き、指で土を寄せる

4. 間引き・追肥・土寄せ

本葉4〜5枚で5〜6㎝間隔に間引く

本葉が4〜5枚になったら、なるべく育ちのよい苗を残して5〜6㎝間隔に間引きます。

間引いたら、化成肥料$30g/m^2$を施して、土を寄せます。

なるべく生育のよい苗を残して5〜6㎝間隔に間引く。条間に化成肥料を施し、土を寄せる

間引かないと密集しすぎ、一株ひと株が大きく育たない

5. 間引き・追肥・土寄せ

草丈15㎝で15～20㎝間隔に間引く

草丈15cm程度に生長したら、15～20cm間隔になるよう間引きます。

間引いたら、化成肥料30g/m^{2}を株元に施し、軽く土寄せをします。

株間15～20㎝に間引き、追肥・土寄せを行う

6. 収穫（種まきから約30～40日）

株元を残せば、長く収穫できる

草丈が20cm程度になれば、収穫します。

収穫には、株を丸ごと引き抜く方法と、若い芽を摘んでいく方法があります。長く楽しむには、株元を残し、中心の若芽を摘み取りましょう。次々にわき芽が伸びてくるので、順次収穫します。

中心部の若芽を手で摘み取る

わき芽も手で折って収穫できる

病害虫の防除

比較的病害虫に強いので、あまり神経質になる必要はありませんが、収穫期の頃にアブラムシがつくことがあるので、葉の裏をチェックして、見つけしだい駆除します。

また、ハモグリバエ類が発生することもあります。被害が著しい場合は、ベストガード®粒剤などで防除しましょう。

アブラナ科　難易度★☆☆☆☆

キョウナ（ミズナ）

こまめに水分と養分を与えることが栽培成功のポイント

こんな場合はどうする？

・元気がない→土を乾かさないように水やりをする
・冬に葉が黄ばむ→寒冷紗《かんれいしゃ》などで霜除《しもよ》けをする

育てやすい品種： 千筋京《せんすじきょう》菜《な》、シャキさらなど

連作障害の有無： あり（１～２年は避ける）

コンテナ栽培のポイント： 小株どり種を選び、深さ15cm以上のコンテナに種をすじまきにする（２条植えの場合は条間10～15cm）。芽が出たら３cm間隔に間引き、８～10cmに生長したら化成肥料10gを追肥《ついひ》し、土寄せ。20cmまで伸びたら、間引きを兼ねて収穫・追肥する。草丈25cmぐらいで、すべて収穫する。

特徴的な栄養素： カロテン・ビタミンC・E（抗酸化作用）、葉酸（貧血予防）、カルシウム（骨・歯の成分）、鉄（赤血球の成分）、食物繊維（便秘の改善）

オススメの食べ方： ハリハリ鍋はキョウナがなくては始まりません。生のサラダもおいしいですね。

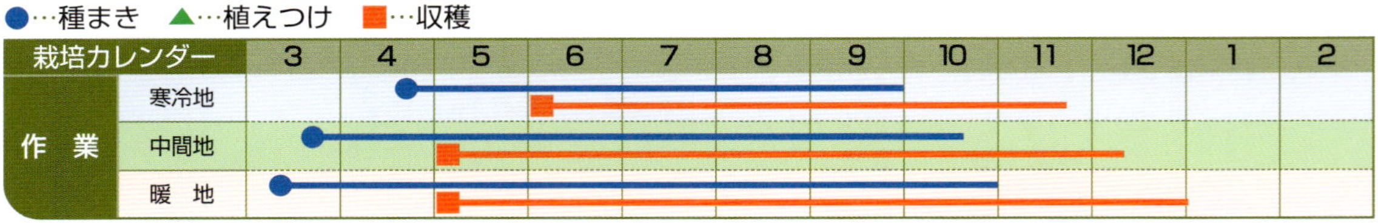

保水性のよい肥沃な土で栽培する

キョウナは、京都で品種改良され、古くから栽培されてきた、伝統的な京野菜。関西では「水菜」と呼ばれ、関東では多く「京菜」と呼ばれます。

株のつけ根からたくさん分蘖《ぶんけつ》し（株元のわき芽がたくさん生長し）、多量の水を必要とするので、栽培には保水性のよい肥沃《ひよく》な畑が適しています。生長するととても多くの葉をつけ、品種によっては４～５kgにもなるので、肥切《ひぎ》れをさせないように気をつけましょう。

キョウナは先端がとがり、深い切れ込みのある葉が特徴です。食感と香りを活かした浅漬けや鍋物に利用するのが一般的ですが、最近はサラダで生食するのも人気です。また、ミブナ（壬生菜）は、葉に切れ込みがないキョウナの変異種です。

主な品種は、大株に育てるものでは「千筋京菜」「緑扇《りょくせん》２号《ごう》京菜」などがあり、小株どり種では「サラダ京水《きょうみず》菜《な》」「シャキさら」「のってる菜《な》」などがあります。

1. 土づくり・種まき

土を乾かさないように管理する

ここでは秋まきの手順を説明します。

種まきの2週間前に、石灰150g/m^{2}を散布してよく耕し、1週間前には、堆肥2kg/m^{2}と化成肥料100g/m^{2}を散布して耕し、幅60cm、高さ10cmの畝を立てます。

小株どり種は条間20〜30cmで2列のすじまきにし、大株どり種は株間30cmで1カ所7〜8粒の点まきにします。軽く土をかけてたっぷりと水をやり、以降は、土を乾かさないように管理します。

畝に溝をつけ、種をまく（大株どり種は点まき）。軽く土をかけ、たっぷりと水をやる

2. 間引き・追肥・土寄せ

厳寒期は寒冷紗などで霜除けをする

すじまきにした小株どり種は、本葉が3〜4枚になるまでに5〜6cm間隔に間引いて、化成肥料30g/m^{2}を施し、軽く土を寄せます。

点まきにした大株どり種は、本葉1〜2枚で3本に、3〜4枚で2本に、6〜7枚で1本に間引き、追肥は2〜3回、化成肥料30g/m^{2}を株間に施し、軽く土寄せをします。寒さが厳しくなると葉が黄ばむので、寒冷紗などで霜除けをしておきましょう。

小株どり種は、5〜6cm間隔に間引き、追肥を施して軽く土寄せをしておく

3. 収穫（種まきから約30〜40日）

株の根元を切って収穫する

小株どり種は草丈が25cm程度に生長したら、大株どり種は12月〜1月にかけて大きく張り出してきた株から、株の根元を切って収穫します。

根元をはさみで切って収穫する

病害虫の防除

アブラムシやヨトウムシなどの虫による被害が多く見られます。薬剤を散布するなどして、駆除を徹底します。とくにアブラムシは、ウイルス病を媒介することがあるので注意しましょう。

また、連作は根《ね》コブ病や軟腐《なんぷ》病、立《た》ち枯《が》れ病の原因となるので、避けましょう。

アブラナ科　難易度★☆☆☆☆

カラシナ

カラシの辛みと香りがある
漬け物やおひたしに最適な野菜

こんな場合はどうする？

・うまく生育しない→適期に種をまく

・大きくならない→株間を広くとる

育てやすい品種：黄《き》カラシナ、葉《は》カラシナなど

連作障害の有無：あり（２～３年は避ける）

コンテナ栽培のポイント：大型コンテナに、10㎝間隔でくぼみをつけ、５～6粒ずつ種をまく。軽く土をかけて水をやり、発芽したら３本に、本葉２～３枚で２本に、本葉５～６枚で１本に間引く。追肥《ついひ》は月に２回、化成肥料10gを施す。草丈が20㎝ぐらいになったら、株元から茎を折って収穫できる。

特徴的な栄養素：カロテン（美肌効果）、ビタミンC（風邪予防）、葉酸（貧血予防）、ビタミンK・カルシウム（骨粗鬆症《こつそしょうしょう》予防）、カリウム（ナトリウムの排泄《はいせつ》）

オススメの食べ方：漬け物やサラダで。ピリッとした辛みが食欲をそそります。

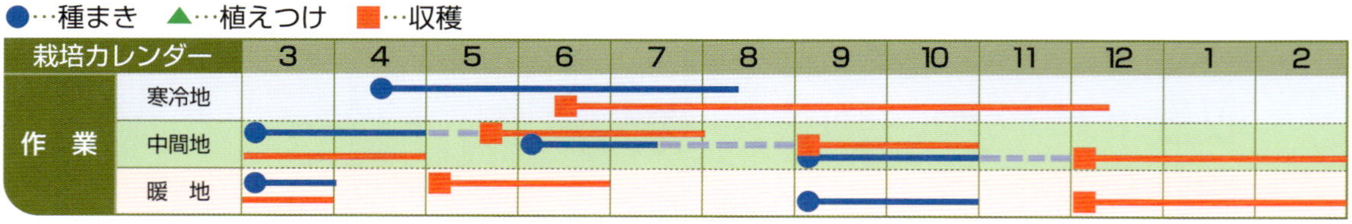

暑さ寒さに強く、栽培期間が幅広い

カラシナは、西日本で漬け菜として広く栽培される「タカナ」の仲間。葉にたくさんの切れ込みがあり、毛茸《もうじょう》（細かい毛）が生えているのが特徴です。

比較的高温や低温に強く、短期間で収穫できるので、３月～４月に種をまいて５月下旬～７月に収穫する春まき、６月～７月上旬にまいて９月～10月に収穫する夏まき、９月～10月にまいて12月～４月中旬に収穫する秋まきと幅広く栽培できますが、一般的には、寒冷地では春まき、暖地では秋まきでの栽培がおすすめです。また、小株どりする場合は株間を狭めに、大株どりする場合は広くとって育てましょう。

代表的な品種は「黄カラシナ」「葉カラシナ」です。「ピリピリ菜《な》」や葉に赤みのある「三池《みいけ》タカナ」、中国から伝わった「セリホン」なども同種の野菜です。

1. 土づくり・種まき

1カ所5～6粒の点まきにする

種まきの２週間前に、石灰100g/m^2を散布して耕し、１週間前には、堆肥２～３kg/m^2と化成肥料100g/m^2を散布して土とよく混ぜ、幅60cm、高さ10cmの畝を立てます。

種は、畝に条間30cmの２列で10cm間隔にくぼみをつけ、１カ所５～６粒の点まきにします。まいたら土ともみがらをかぶせ、たっぷりと水をやります。

畝に10cm間隔でくぼみをつけ、５～６粒ずつ種をまく。土ともみがらをかぶせ、たっぷりと水をやる

2. 間引き・追肥

芽が出たら3本に間引く

発芽したら３本に、本葉２～３枚で２本に、本葉５～６枚で１本に間引きます。大きく育てる場合は、最終的に株間を20cmぐらいにします。

追肥は、２回目の間引き後と、草丈が10～12cmに生長した頃に行います。それぞれ、化成肥料30g/m^2を条間に施し、軽く土寄せをします。

発芽したら生育のよい３本を残して間引き、指で軽く土を寄せておく

病害虫の防除

辛みがあるので虫も嫌うと思いがちですが、意外と多くの害虫が発生します。

主な害虫は、アオムシ、アブラムシ、コナガ、ヨトウムシなどです。見つけしだい捕殺するか、薬剤を散布して駆除しましょう。

また、寒冷紗《かんれいしゃ》などを使い、トンネル栽培をするのもよいでしょう。

3. 収穫（種まきから約60～100日）

20cmぐらいから収穫できる

草丈が20cmぐらいに生長したら収穫を始められます。秋まきで春先に収穫する場合は、30～40cmぐらいに生長したものから収穫します。また、春まきの場合、とうが立ったら、株ごと引き抜いて収穫します。

葉を収穫する場合は、株元から茎を折る

アブラナ科　難易度★☆☆☆☆

ロケット（ルッコラ）

ゴマの香りとピリッとした辛さが特徴の野菜

こんな場合はどうする？

・食害される→しっかりと防虫対策をとる

・生育が悪い→種まきの時期を変える

育てやすい品種：オデッセイ、ロケットサラダなど

連作障害の有無：あり（２～３年は避ける）

コンテナ栽培のポイント：深さ15cm以上のコンテナに条間10～15cmで２列の溝をつけ、種をすじまきにする。種が小さいので、薄く土をかける程度にし、手で軽く押さえて水をやる。本葉１～２枚で３～４cm間隔に間引き、本葉３～４枚の頃に化成肥料10gを追肥《ついひ》し、土寄せ。草丈15cmぐらいに生長したら収穫する。

特徴的な栄養素：カロテン・ビタミンＣ・Ｅ（抗酸化作用）、ビタミンＫ（骨《こつ》粗《そ》鬆《しょう》症《しょう》予防）、カリウム（ナトリウムの排泄《はいせつ》）、カルシウム・マグネシウム・リン（骨・歯の成分）

オススメの食べ方：サラダがオススメです。

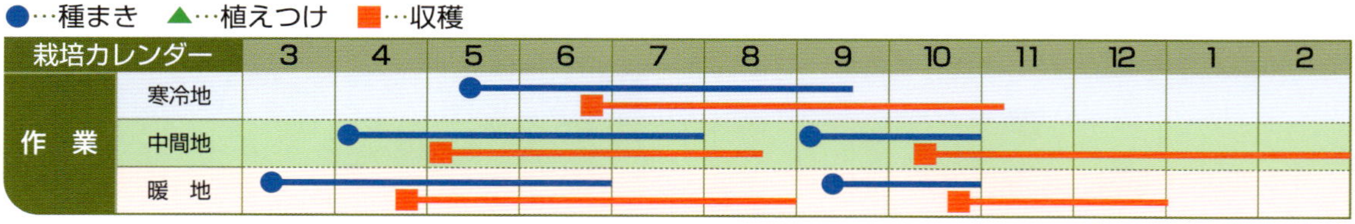

通年つくれるが、栽培しやすいのは春と秋

地中海沿岸が原産。ゴマのような香りと辛さ、ほろ苦さを活かしてサラダや肉料理のつけ合わせ、炒め物などに利用されます。日本には明治時代に紹介されましたが（和名：キバナスズシロ）、あまり普及せず、近年再び紹介されて広く知られるようになりました。

生育適温は16～20℃と冷涼な気候を好みます。低温には強いのですが、高温・過湿・乾燥に弱いので、夏場や長雨の時期には、遮光《しゃこう》や雨除《あめよ》けなどの対策をしましょう。それ以外の栽培管理はほとんどいらず、生長が早いので、初心者でも比較的簡単につくることができます。

年間を通して栽培できますが、栽培しやすいのは春と秋で、春～初夏なら30日前後、秋なら35～40日ぐらいで収穫できます。

主な品種は「オデッセイ」「コモンルコラ」「ロケットサラダ」などです。

1. 土づくり・種まき

種をすじまきにする

種まきの2週間前に、石灰100g/m^2を畑全面に散布して耕し、1週間前には、堆肥2～3kg/m^2と化成肥料100g/m^2を散布して土とよく混ぜ合わせ、幅60cm、高さ10cmの畝を立てます。

畝に条間15cmで3列の溝をつけ、1cm間隔で種をすじまきにします。種が小さいので薄く土をかけ、手で軽く押さえて水をやります。以降は、土が乾いてきたら与えるようにします。

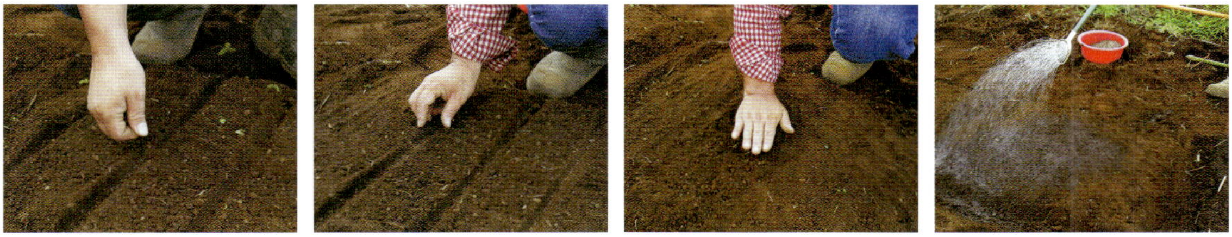

畝に溝をつけて種をまき、指でつまむように土をかけて、手で押さえる

2. 間引き・追肥

株間4～5cmに間引く

本葉が1～2枚出たら、株間が4～5cmになるよう、間引きます。追肥は、本葉が3～4枚出た頃に、化成肥料30g/m^2を条間に施し、株元に軽く土を寄せます。

夏場は害虫がつきやすいので、防虫ネットや寒《かん》冷紗《れいしゃ》などをかけて防ぐとよいでしょう。

本葉が出たら、株間4～5cmに間引く

病害虫の防除

ほかのアブラナ科野菜と同様、虫による被害の多い野菜です。とくに春～夏は、コナガやアブラムシが発生しやすいので、見つけしだい捕殺するか、薬剤を散布して駆除しましょう。

また、防虫ネットや寒冷紗をかければ、無農薬栽培も可能です。

3. 収穫(種まきから約40日)

15cmぐらいになったら収穫できる

草丈が15cmぐらいに生長したら収穫できます。根元から切って株ごと収穫してもよいのですが、必要な分だけ摘み取るようにすれば、次々に葉が出てくるので、長く利用できます。

根元から切ってもよいが、下の写真のように必要な分だけ摘み取るようにすれば、長く収穫できる

キク科　　難易度★★☆☆☆

レタス〈リーフレタス〉

家庭菜園では、リーフレタスがつくりやすいのでおすすめ

こんな場合はどうする？

- 結球《けっきゅう》せずにとう立ちする→種を春まきか秋まきにする
- 葉が大きくならない→株間を正しくとる

育てやすい品種： シスコ、晩抽《ばんちゅう》レッドファイアーなど

連作障害の有無： あり（１～２年は避ける）

コンテナ栽培のポイント： 深さ20cm程度のコンテナに、本葉４～５枚の苗を株間20～25cmで植えて、たっぷりと水をやる。以降は、土を乾かさないように管理し、結球してきたら、化成肥料10gを株元に施す。結球部分を手で押してみて、締まっていたら収穫する。切り口からにじむ乳液は新鮮な証拠。病気ではない。

特徴的な栄養素： カロテン（美肌効果）、カリウム（ナトリウムの排泄《はいせつ》）、食物繊維（便秘の改善）

オススメの食べ方： サラダの定番です。レタスチャーハンもおいしいものです。

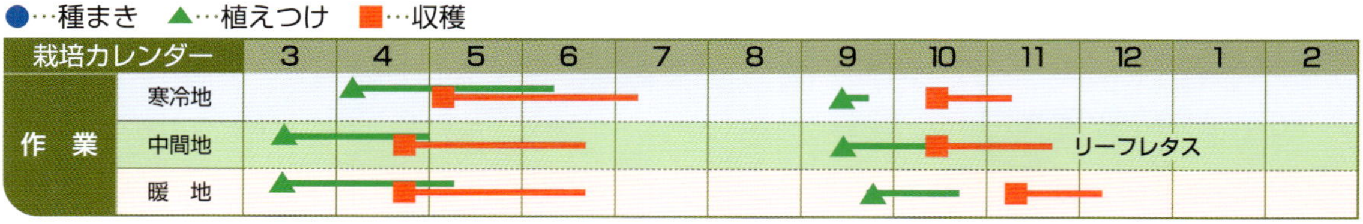

とう立ちしやすいので、夜の明かりを避ける

レタス類は、地中海沿岸が原産。生育適温は15～20℃と冷涼な気候を好み、春と秋にはよく育ちますが、一般的に25℃を超えるとうまく結球しなかったり、株が腐ったりするので、夏場の栽培は難しいでしょう。

また、長日《ちょうじつ》条件（日中の時間が長い）でとう立ちしやすい性質があるので、街灯やベランダの外灯に近い側での栽培は避けましょう。

家庭菜園では、市販の苗を植えつけるのが一般的です。植えつけの適期は、春（３月中旬～４月）か秋（９月中旬～10月上旬）です。

レタス類には、結球性の玉レタス、半結球性のサラダナ、結球しないリーフレタス、立《た》ち性《せい》のコスレタス、茎を利用するステムレタスなどがあります。中でもリーフレタスは、植えつけから収穫までの期間が30日と短く、比較的高温にも強いので、家庭菜園におすすめです。

コンテナ栽培のリーフレタス類

1. 土づくり・植えつけ

株間を30㎝とって植えつける

植えつけの2週間前に、石灰100g/m^2を散布してよく耕し、1週間前には、堆肥2kg/m^2と化成肥料100g/m^2を散布して土とよく混ぜておきます。植えつけの直前に幅60cm、高さ10cmの畝を立て、マルチをかけます。

植えつけは、3月中旬～4月か、9月中旬～10月上旬に行います。本葉4～5枚のよく締まった苗を購入し、株間を30cmとって植えつけ、たっぷりと水をやります。

30㎝間隔でマルチの上から植え穴を掘り、たっぷりと水を注ぐ（❶❷）。水が引いたら、ポットから抜いた苗を浅めに植えつけ、根元を軽く押さえる（❸❹）

2. 追肥

マルチのすき間から株元に施す

結球レタスは結球し始めた頃に、リーフレタスは草丈が7～8cmに生長した頃に、追肥します。化成肥料30g/m^2をマルチのすき間から株元に施します。

外側の葉を押さえて、株元に施す

レタスは結球し始めた頃に追肥

病害虫の防除

病害虫を見つけた場合は、薬剤を散布して駆除する必要がありますが、主に生食する野菜なので、適期に植えつけと適切な管理を行い、病害虫を減らすことで、薬剤の使用を抑えたいものです。

寒冷紗《かんれいしゃ》で害虫を防除したり、病気が発生した株はすぐに抜き取るなど、早めの対策を心がけましょう。

3. 収穫（植えつけから約50日）

とり遅れないように気をつける

結球レタスは植えつけから約50日で、リーフレタスは約30日で収穫します。結球レタスは玉を押してみて固く締まったものから収穫していきます。リーフレタスは葉が25cmになったら根元から切り取るか、外側の葉から順次摘み取って利用します。

外側に開いている葉を除け、結球部分を根元から切り取る

アブラナ科　難易度★★★☆☆

ハクサイ

冬野菜としてなじみ深いが栽培は中級者向き

こんな場合はどうする？

・結球《けっきゅう》の締まりが弱い→種まきの時期を守る

・結球が小さい→肥切《ひぎ》れさせないよう適期に追肥《ついひ》する

育てやすい品種：黄《き》ごころ65、富風《とみかぜ》、ＣＲ郷風《さとかぜ》など

連作障害の有無：あり（２～３年は避ける）

コンテナ栽培のポイント：ミニ品種なら可能。深さ30cm以上の大型コンテナに、本葉５～６枚の苗を株間30～35cmで植えつけ、水をやる。本葉10～15枚の頃に、化成肥料10gを株元に施し、土を寄せる。結球し始めたら、株元に追肥、土寄せをする。手で押さえてみて、結球が締まってきたら、株元を切って収穫する。

特徴的な栄養素：ビタミンＣ（風邪予防）、カリウム（ナトリウムの排泄《はいせつ》）、カルシウム（骨・歯の成分）、食物繊維（便秘の改善）

オススメの食べ方：鍋物や漬け物が好きですね。

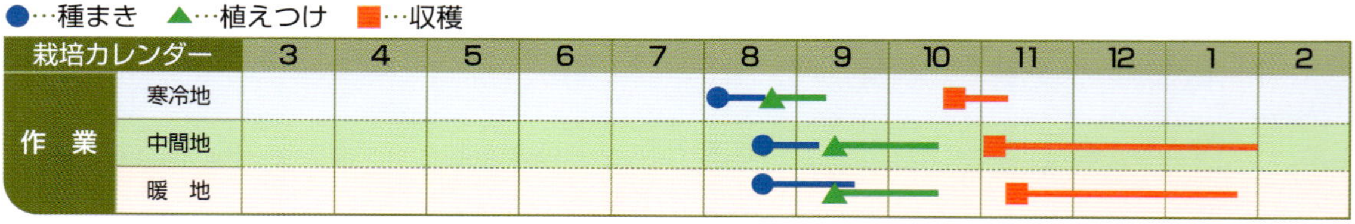

種まきの時期が栽培成功のポイント

地中海沿岸が原産。生育適温は15～20℃と冷涼な気候を好みます。冬野菜として、日本人の食生活に深くなじんでいますが、意外と歴史は浅く、日本に伝わったのは明治に入ってからのことです。

栽培は、種まきの時期を守ることが大切です。適期は８月下旬～９月上旬で、それより早いと暑さにやられ、ウイルス病などの病気が多発しますし、逆に遅すぎると葉の生長が間に合わずに結球しなくなります。また、アブラナ科野菜との連作を避け、害虫対策をとることも欠かせません。

結球の形から、結球種と半結球種に分けられ、結球種はさらに、葉の先端が重なり合う抱被《ほうひ》型と重ならず向かい合うように生長する抱合《ほうごう》型に分けられます。一般的には、抱被型の品種のほうが多く栽培されています。主な品種は、早生《わせ》品種では「かすみ」「黄ごころ65」「富風」など、中生《なかて》品種や晩生《おくて》品種では「オレンジクイーン」「彩明《さいめい》」「舞風《まいかぜ》」「雪風《ゆきかぜ》」などです。ほかには、半結球種の「栗原山《くりはらさん》東《とう》」「花心《はなごころ》」、ミニ品種の「サラダ」などもあります。

1. 種まき

ポットで育苗する

8月下旬～9月上旬に種をまき、苗を育てます。

9cm径ポットに培養土を入れ、くぼみを4～5カ所つけて、1粒ずつ種をまきます。

芽が出たら、生育や葉形のよい苗を3本残して間引きます。その後（20日ぐらい）、本葉が3～4枚になったら、植えつけられます。

指でくぼみをつけて種をまき、土をかけてたっぷりと水をやる。発芽したら3本を残して間引く

2. 土づくり

溝を掘って元《もと》肥《こえ》を施す

植えつけの2週間前に、石灰150g/m^2を散布してよく耕します。

植えつけの1週間前には、畝幅を60～70cmとしてひもを張り、中央に深さ15cmほどの溝を掘って堆肥2kg/m^2と化成肥料100g/m^2を施し、埋め戻して高さ10cmの畝を立て、表面をならします。

畝幅にひもを張り、その中央に溝を掘って元肥を施す。埋め戻して畝を立て、表面を平らにならす

3. 植えつけ

株間40～45cmで植えつける

畝に40～45cm間隔で植え穴を掘り、たっぷりと水を注ぎます。水が引いたら、苗をポットから抜いて植えつけ、たっぷりと水をやります。

ちょうど植えつけの時期は、コナガやアオムシなどの害虫が発生します。寒冷紗《かんれいしゃ》などをトンネルがけして、害虫の侵入を防ぐとよいでしょう。

苗を植え穴に入れ、軽く土寄せをして、根元を手で押さえる。植えつけたら、たっぷりと水をやる

4. 間引き・追肥・土寄せ

約15日おきに追肥する

本葉が5～6枚になったら、生育のよい苗を残して2本立ちにし、8～10枚になったら、生育のよいほうを残して1本立ちにします。

また、植えつけ後は、約15日おきに化成肥料30g/m^{2}の追肥と土寄せをして、生育を促します。

2回目の作業

本葉5～6枚になったら2回目の間引き。生育の悪い苗を引き抜き、株間に追肥を施して、くわなどで株元に土を寄せる

3回目の作業

本葉8～10枚になったら3回目の間引き。生育の悪い苗を引き抜いて1本立ちにする

15日おきに追肥・土寄せを行い、生育を促す

5. 防寒作業

必ず初霜が降りてから行う

初霜が降りたら、寒害を防ぐために、外葉を束ねてひもで結びます。外葉を結束することで結球した部分が保護され、寒さに強くなります。

ただし、この作業を早めに行うと、内部が害虫のすみかとなってしまうので、必ず初霜が降りてから行いましょう。

外葉を束ねて、ひもで株の中心のあたりを結び、さらに、上部を結ぶ

病害虫の防除

病害虫に弱い野菜で、高温や長雨が続くと病気が発生しやすくなります。また、根《ね》コブ病が発生するので、連作は避けましょう。あるいは「CR郷風」などの、病気に強い抵抗性品種を選んで栽培するのも効果的です。

害虫も多いので、見つけしだい薬剤（アブラムシにはオレート®液剤100倍、アオムシやコナガにはトアロー®フロアブルCT（BT水和剤）1000倍など）を散布して、駆除を心がけましょう。

害虫除けに、トンネル栽培をしてもよい

6. 収穫（種まきから約65～70日）

固く締まっているものから収穫する

結球の部分を手で押さえてみて、固く締まっているものから、順次収穫していきます。

種をまいて収穫するまでの期間は、早生品種で65～70日、中・晩生品種で80～100日程度です。

外葉を手で押さえ、株元をナイフで切る

セリ科　難易度★★★☆☆

セロリ

独特な香りと歯触りが持ち味の香味野菜

こんな場合はどうする？

・葉柄《ようへい》が緑色→軟白《なんぱく》させるには株を覆って遮光《しゃこう》する

・生育が悪い→マルチをかけ、こまめに水をやる

育てやすい品種：コーネル619号、トップセラーなど

連作障害の有無：あり（３～４年は避ける）

コンテナ栽培のポイント：ミニセロリやスープセロリが向いている。深さ20cm以上のコンテナに、本葉６～７枚の苗を25～30cm間隔で植えつけ、たっぷりと水をやる。以降は、土を乾かさないように管理する。約20日後に化成肥料10gを追肥《ついひ》。20～30日おきに株元か株間へ同量の追肥を施す。ミニセロリは草丈20～30cmに生長した頃から収穫する。

特徴的な栄養素：カリウム（ナトリウムの排泄《はいせつ》）、食物繊維（便秘の改善）、葉：カロテン（美肌効果）、セダノリッド・セネリン（食欲増進、精神安定）

オススメの食べ方：生でみそをつけて。漬け物にも。

●…種まき　▲…植えつけ　■…収穫

栽培カレンダー		3	4	5	6	7	8	9	10	11	12	1	2
作業	寒冷地					▲―	―	■	―	―			
	中間地					▲―	―		■―	―			
	暖地					▲	―		■―	―	―		

ミニセロリやスープセロリが栽培しやすい

地中海沿岸が原産といわれています。独特な香りと歯触りがあり、生食や炒め物、煮込みなど、幅広く利用されています。

生育適温は15～20℃と冷涼な気候を好み、25℃以上の高温下では生育不良になり、病気が発生しやすくなります。また、乾燥を嫌い、有機質に富んだ適度な湿り気のある土壌を好みます。

種から育てる場合は、５月～６月頃にまいて10月下旬以降に収穫する「初夏まき・秋冬どり」が基本ですが、市販の苗を植えつけたほうが簡単なのでおすすめです。

主な品種には「コーネル619号」「トップセラー」などがあります。青果店に並んでいるセロリは軟白栽培されたものがほとんどですが、家庭菜園では軟白させずに早どりする「ミニセロリ」が育てやすいでしょう。キンサイ（芹菜、スープセロリ）も栽培しやすい品種です。また、セルリアック（根《ね》セロリ）という、肥大した根を食用にする品種もあります。

1. 土づくり

元《もと》肥《こえ》をたっぷりと施す

植えつけの２週間前に、石灰150～200g/m^2を畑全面に散布してよく耕します。１週間前には、堆肥４～５kg/m^2と化成肥料150g/m^2を散布してよく耕しておき、幅60cm（２条植えの場合は80～100cm）、高さ10cmの畝を立てます。

石灰を散布して耕しておいた畑に、元肥をたっぷりと施して耕し、幅60cm（２条植えの場合は80～100cm）、高さ10cmの畝を立てる

2. 植えつけ

7月頃に植えつける

市販の苗を植えつける場合は、７月頃に行います。苗は、本葉が６～７枚出て、葉や茎にハリのあるものを選びましょう。

株間25～30cm、条間45cmで植え穴を掘り、たっぷりと水を注ぎます。水が引いたら苗を植えつけ、根元を手で軽く押さえます。再びたっぷりと水をやり、以降は土を乾かさないよう、こまめに水を与えます。

❶本葉６～７枚で茎や葉にハリのある元気な苗を選ぶ
❷株間25～30cmで植え穴を掘る
❸植え穴にたっぷりと水を注ぐ
❹水が引いたら、苗を植えつけて根元を軽く押さえ、再び水をやる

3. 敷きわら

乾燥と土の跳ね返りを防ぐ

乾燥と土の跳ね返りによる汚れや病気を防ぐために、わらを敷きます。

とくに雑草が多い場合は黒マルチをかけると防除できますが、その場合も、地温が高くなりすぎるのを防ぐため、マルチの上からさらにわらを敷いておくとよいでしょう。

1 条間にたっぷりとわらを敷く

2 両側にも同じようにわらを敷く

4. 追肥

3回に分けて行う

追肥は、3回行います。1回目は植えつけの20日後に、2～3回目は30日おきに行います。

株元か株間に、敷きわらのすき間から化成肥料30g/m^{2}を施します。

1 敷きわらのすき間から、化成肥料を施す

2 土寄せはしない

病害虫の防除

夏場の高温期に、石灰欠乏によって黒色《こくしょく》芯腐《しんぐさ》れという生理障害が出やすいので、塩化カルシウム200倍を1週間おきに散布します。

その他の病害虫も、6～7月の梅雨時期と8月頃の高温期に発生しやすくなります。主な病害虫は葉枯《はが》れ病やアブラムシで、葉枯れ病にはオーソサイド®水和剤80の600倍を、アブラムシにはオレート®液剤100倍を散布して防除します。

5. 軟白作業

遮光すると軟らかく育つ

青果店などに並ぶセロリのように、茎を白くしたい場合は、軟白させます。光を当てないことで、軟らかく、まっすぐに育ちます。

草丈が20～30cmぐらいになったら、株全体を水濡れに強い厚手の紙やボール紙などで覆い、収穫までそのまま栽培します。

株全体を厚手の紙などで覆って、上下2カ所ぐらいをひもで軽く結束し、収穫まで外さずに栽培する

6. 収穫（植えつけから約80～90日）

程よく生長したら株ごと収穫する

植えつけから約80～90日で収穫期を迎えます。一般的には、第一節の長さが20cm以上になったものが収穫の適期ですが、草丈が30～40cmぐらいの小ぶりなものも、軟らかくておいしく食べられます。

収穫の適期を過ぎると「す」が入って食味が悪くなるので注意しましょう。

軟白栽培しているものは覆いを外し、葉と茎を押さえて、株元をナイフで切る

軟白させると白くまっすぐに育ち（左）、させないと緑色で横に広がって育つ（右）

栽培のようす

セリ科　難易度★☆☆☆☆

ミツバ

日陰でもよく育つ 便利な香味野菜

こんな場合はどうする？

・枯れてしまう→連作を避ける

・発芽がそろわない→覆土《ふくど》を薄くし、土を乾燥させない

育てやすい品種： 大阪白茎《おおさかしろくき》ミツバなど

連作障害の有無： あり（３～４年は避ける）

コンテナ栽培のポイント： 深さ20cm程度のコンテナに浅い溝を10～15cm間隔で２列つけ、種をまいて薄く土をかける。土を乾燥させないこと。本葉２～３枚で株間３cm程度に間引く。本葉４～５枚で化成肥料10gを施し、土寄せをする。草丈10～15cmぐらいになったら２回目の追肥《ついひ》・土寄せを行う。15～20cmになったら根元を４～５cm残して収穫する。

特徴的な栄養素： カロテン（美肌効果）、ビタミンC（風邪予防）、カリウム（ナトリウムの排泄《はいせつ》）、食物繊維（便秘の改善）

オススメの食べ方： 吸い物にちらして香りを楽しみます。

●…種まき　▲…植えつけ　■…収穫

栽培カレンダー		3	4	5	6	7	8	9	10	11	12	1	2
作業	寒冷地			●━	━ ■━	━	━	━	━				
	中間地		●━	━	━ ■━	━	━	●━	━	━			
	暖地	●━	━	━ ■━	━	━	━	━	━				

土を乾かさないように気をつける

日本など東アジアが原産。山地などの湿った半《はん》日陰《ひかげ》地に自生し、50～60cmに生長します。日陰でもよく育ちますが霜には弱く、強く日が当たる場所や高温下では生育が悪くなります。

発芽適温が20℃前後なので、種まきは４月～６月か９月～10月に行います。また、発芽に光が必要なので、覆土はごく薄くします。ただし、土が乾くと発芽不良や生育不良を起こすので、土壌の乾燥には注意が必要です。株が枯れるなどの障害が起こるので、連作は避けましょう。「大阪白茎ミツバ」や「関西白茎ミツバ」などの品種がありますが、栽培法により、根株《ねかぶ》を遮光《しゃこう》して育て、収穫前に光を当てる切《きり》ミツバ、土を寄せて軟白《なんぱく》させる根《ね》ミツバ、軟白させずに短期間で栽培する青《あお》ミツバ（糸《いと》ミツバ）などに分けられます。以前は、東日本では軟白させたミツバが、西日本では青ミツバが多く栽培されていましたが、近年は、青ミツバの栽培が全国的に広まっています。つくりやすいのは青ミツバですが、香りの強い根ミツバに挑戦してもよいでしょう。

1. 土づくり・種まき

覆土をごく薄くする

種まきの2週間前に、石灰100g/m^2を散布して耕し、1週間前には、堆肥2kg/m^2と化成肥料100g/m^2を散布して耕します。種をまく直前に、幅45～50cm、高さ10cmの畝を立てます。

畝に深さ1cm弱の溝を15cm間隔で2列つけ、種をまいたらごく薄く土をかけて、水をやります。以降は、土を乾かさないように管理します。

畝に浅い溝を2列つけ、種をまく

ごく薄く土をかけて、手で軽く押さえ、たっぷりと水をやる

2. 間引き・追肥・土寄せ

追肥は2回行う

本葉が2～3枚になったら、生育のよい苗を残し、株間3cm程度に間引きます。本葉が4～5枚になったら、化成肥料30g/m^2を追肥して土寄せをします。草丈が10cmほどに生長したら、同様に追肥・土寄せを行います。

本葉が2～3枚出たら、生育の悪い苗を間引き、株間を3cm程度にする

3. 収穫（種まきから約50日）

収穫後に追肥して再生させる

草丈が15～20cmになったら、根元から4～5cm程度を残して切り取り、収穫します。

収穫後、追肥・土寄せをすれば、新芽が伸びてきます。1株で3回は収穫できるでしょう。

根元を4～5cm残して収穫し、再生を促すために、追肥・土寄せをして水をやる

病害虫の防除

病気は、ベト病や立《た》ち枯《が》れ病、根腐《ねぐさ》れ病などが一般的です。薬剤散布や、病気の株をすぐに抜き取るなどの処置をとり、防除しましょう。

害虫のアブラムシは病気を媒介するので、見つけしだい捕殺するか、オレート®液剤100倍を散布して、駆除を徹底しましょう。

セリ科　難易度★☆☆☆☆

パセリ

庭先などの狭い場所でも簡単に栽培できる

こんな場合はどうする？

- 生育が悪くなった→葉を10枚以上残して収穫する
- 葉が黄色くなった→施《せ》肥《ひ》と水やりをしっかりと行う

育てやすい品種： パラマウント系の品種など

連作障害の有無： あり（１～２年は避ける）

コンテナ栽培のポイント： 深さ20cm以上のコンテナに株間30cmで苗を植えつけ、たっぷりと水をやる。月に１～２回、化成肥料10gを株元に施して土寄せをする。本葉15枚以上に育ったら収穫できる。収穫後も月に１～２回、追《つい》肥《ひ》・土寄せを行い、生育を促す。

特徴的な栄養素： カロテン（美肌効果）、ビタミンC（風邪予防）、葉酸・鉄（貧血予防）、アピオール（香り成分：疲労回復、食欲増進）

オススメの食べ方： 刺身のつまなど、添え物として使うことが多いのですが、ピラフにしてもおいしいですよ。

コンテナ栽培のようす

種（平葉種）

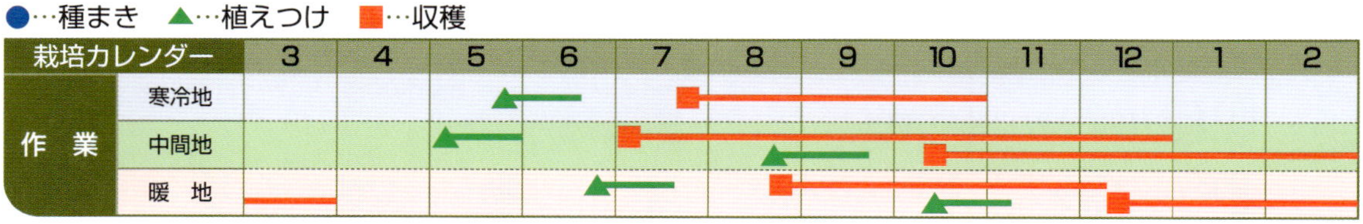

5月に植えつければ7月には収穫を始められる

地中海沿岸が原産。生育適温は15～20℃と冷涼な気候を好みます。古代ギリシャ・ローマ時代から薬や香辛料として利用されてきた香味野菜で、栄養価が高く、健康野菜としても人気があります。

栽培は簡単で、日がよく当たる場所で、排水性と通気性のよい土づくりをすれば、庭先の狭いスペースやコンテナでも十分に育てられます。

栽培時期は、（春に種をまいて）５月に苗を植えつけ、７月から収穫する春まき栽培と、（初夏にまいて）夏場を苗で越させ、９月に植えつけて10月頃から収穫する初夏まき栽培が一般的です。

主な品種は、縮《ちぢれ》葉《ば》種《しゅ》の「グランド」「中里《なかさと》パラマウント」「ＵＳパラマウント」などで、「イタリアンパセリ」などの平《ひら》葉《ば》種も人気です。

くぼみをつけて種を７～８粒まく。本葉１～２枚の頃と４～５枚の頃に間引き・追肥を行い、２本立ちにする。本葉が５～６枚になったら植えつける

1. 土づくり・植えつけ

排水性と通気性を高める

植えつけの２週間前に、石灰100g/m^2を散布して深めに耕します。１週間前には、堆肥２kg/m^2と化成肥料100g/m^2を散布して耕します。

幅30～40cm、高さ10cmの畝を立て、株間20cmで植え穴を掘り、水を注ぎます。水が引いたら苗を植えつけて根元を軽く押さえ、たっぷりと水をやります。種まきからでも育てられますが、市販の苗を植えつけるほうが簡単です。

畝に植え穴を掘り、水をたっぷりと注ぐ。水が引いたら苗を植えつけ、再びたっぷりと水をやる

2. 追肥・土寄せ

月に1～2回は追肥を施す

追肥は、１カ月に１～２回程度のペースで、化成肥料30g/m^2を株元に施し、軽く土を寄せます。

また、土が乾きやすい場合は、わらを敷くかマルチをかけます。土壌の乾燥が防げるうえに生育もよくなります。

株元に追肥を施し、くわなどで軽く土を寄せる

3. 収穫（植えつけから約60日）

外側の葉から収穫していく

本葉が15枚以上になったら収穫を始められます。１株当たり、２～３枚が目安です。縮れのよい外葉から摘んでいきます。肥切《ひぎ》れは生育不良の原因になるので、収穫を始めても、追肥・土寄せは同じペースで行いましょう。

株を手で押さえ、外葉から必要な分を摘み取る

病害虫の防除

アブラムシやキアゲハの幼虫がよく見られます。キアゲハの幼虫がつくと、2～3日で葉を食べ尽くされることもあるので、見つけしだい捕殺します。

ウドンコ病には、カリグリーン®800～1000倍を散布して防除します。

アブラナ科　難易度★★★☆☆

キャベツ

おなじみの健康野菜
初心者は夏まきがおすすめ

こんな場合はどうする？

- 生長につれて倒れてきた→しっかりと土寄せをする
- 冬を越してとう立ちした→種まきの時期を遅らせる

育てやすい品種：金系《きんけい》201号《ごう》、つまみどりなど

連作障害の有無：あり（２〜３年は避ける）

コンテナ栽培のポイント：ミニ品種が向いている。深さ30cm以上の大型コンテナに、本葉５〜６枚の苗を植えつける（２株の場合は株間を40cmほどとる）。たっぷりと水をやり、日当たりのよい場所で管理する。本葉が10〜15枚出たら化成肥料10gを施し、土を寄せる。結《けっ》球《きゅう》し始めたら追肥《ついひ》を施し、新しい土を株元に追加して寄せる。結球が直径15cmぐらいになったら収穫する。

特徴的な栄養素：ビタミンＣ（風邪予防）、葉酸（貧血予防）、ビタミンＵ（健胃《けんい》作用）、カリウム（ナトリウムの排泄《はいせつ》）、カルシウム（骨・歯の成分）

オススメの食べ方：ロールキャベツやサラダがオススメ。

●…種まき　▲…植えつけ　■…収穫

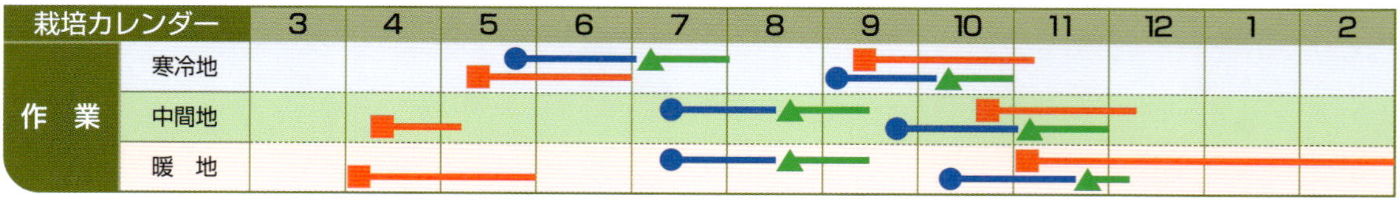

害虫がつきやすいのでしっかりと対策をとる

地中海沿岸が原産。生育適温は20℃前後と冷涼な気候を好みます。

サラダや炒め物、煮物、漬け物など幅広く利用でき、また、ビタミンＣが豊富で、胃腸障害に有効なビタミンＵを含むなど、栄養価の高い健康野菜としても人気があります。

栽培は、７月中旬〜８月中旬に種をまいて10月下旬〜12月上旬に収穫する夏まきと、９月下旬〜10月にまいて４月中旬〜５月上旬に収穫する秋まきができます。ただし、冬になる前に本葉10枚程度まで生長すると、低温によって花芽ができ、気温の上昇とともにとう立ちしてしまいます。秋に種をまく場合は、植えつけ時の苗の育ちぐあいがポイントになります。

品種は、夏まき種では「金系201号」「つまみどり」など、秋まき種では「迎春《げいしゅん》」「涼嶺《りょうれい》41号」などがおすすめです。また、葉が紫色のものや、ちりめん状に縮れている品種もあります。

1. 種まき

ポットで育苗する

9㎝径のポットに培養土を入れ、くぼみを5～6カ所つけて、そこに1粒ずつ種をまきます。

芽が出たら3本に、本葉2枚で2本に、本葉3～4枚で1本に間引きます。本葉が5～6枚になったら、植えつけられます。

指で軽くくぼみをつけて種をまき、土をかけてたっぷりと水をやる

2. 土づくり

アブラナ科野菜との連作を避ける

アブラナ科野菜を1～2年栽培していない場所を選びます。

植えつけの2週間前に、石灰100g/m^2を散布してよく耕します。

植えつけの1週間前には、堆肥2kg/m^2と化成肥料100g/m^2を散布して土とよく混ぜ合わせます。幅60㎝、高さ10㎝の畝を立て、表面を平らにならしておきます。

❶石灰を畑全面に散布し、よく耕す
❷❸元肥を散布し、土とよく混ぜ合わせる
❹幅60㎝、高さ10㎝の畝を立て、平らにならす

3. 植えつけ

株間40㎝で深めに植えつける

畝に40㎝間隔で苗の根鉢《ねばち》より深めの植え穴を掘り、たっぷりと水を注ぎます。水が引いたらポットから抜いた苗を穴に入れ、根元を手で軽く押さえます。たっぷりと水をやり、以降は、乾いたらたっぷりと与えるようにします。

畝に深めの植え穴を掘り、水を注ぐ

苗を植えつけ、根元を軽く押さえる

再びたっぷりと水をやる

4. 追肥・土寄せ

株の安定のためにしっかりと土を寄せる

1回目の追肥は、夏まきの場合は本葉が10枚ぐらいになったら、秋まきの場合は2月下旬～3月上旬に行います。

株間や畝と畝の間に化成肥料30g/m²を施し、下の葉に土がかぶらない程度に、しっかりと土を寄せて株を安定させます。

❶❷株間や畝間に追肥を施し、くわで株元に土を寄せる
❸下葉にかぶらない程度にしっかりと土を寄せること

5. 追肥・土寄せ

酸素供給のためにしっかりと土を寄せる

2回目の追肥は、夏まきの場合は最初の追肥から約20日後に、秋まきの場合は結球し始めた頃（早めに与えて生育しすぎると、春にとう立ちしやすくなる）に行います。

化成肥料30g/m^{2}を畝間に施し、土を寄せます。土寄せは、根に酸素を供給するためにも、しっかりと行いましょう。

畝間に追肥を施し、くわでしっかりと株元に土を寄せる

秋まきの場合は、写真のように結球し始めた頃に追肥する

6. 収穫（種まきから約90〜100日）

結球が固く締まってきたら収穫する

結球した葉が肥大し、手で押してみて固く締まっていれば、収穫できます。

外葉を下に押さえつけ、結球の根元をナイフで切ります。

収穫後に残った外葉は、きれいに片づけておきましょう。

外葉を下に押さえつけ、結球の根元を切って収穫する

病害虫の防除

必ずといってよいほど、害虫が発生します。主な害虫はアオムシ、アブラムシ、コナガなどで、見つけしだい捕殺するか薬剤（アオムシやコナガにはトアロー®フロアブルCT（BT水和剤）1000倍、アブラムシにはオレート®液剤100倍など）を散布して駆除します。不織布《ふしょくふ》や寒冷紗《かんれいしゃ》でトンネル栽培をして、侵入を防ぐのもよいでしょう。

また、春先には菌核《きんかく》病も発生しやすいので、ベンレート®水和剤2000倍を散布して防除します。

アブラナ科　難易度★★★☆☆

ブロッコリー

花蕾（つぼみ）と茎を利用する おいしい健康野菜

こんな場合はどうする？

- 花蕾《からい》が大きくならない→適期に植えつける
- 食害される→しっかりと防虫対策をとる

育てやすい品種：グリエール、緑嶺《りょくれい》など

連作障害の有無：あり（２～３年は避ける）

コンテナ栽培のポイント：スティックセニョールが向いている。深さ30cm以上の大型コンテナに、本葉５～６枚の苗を植えつけ、たっぷりと水をやる。頂部《ちょうぶ》の花蕾が２cmになったら、その下の茎を斜めに切って摘心《てきしん》し、株元に化成肥料10gを施して土寄せをする。わき芽の花蕾が10円玉大になったら、茎を20cmほどつけて収穫し、追肥《ついひ》・土寄せをしておく。

特徴的な栄養素：カロテン・ビタミンC・E（抗酸化作用）、葉酸（貧血予防）、ビタミンU（健胃《けんい》作用）、鉄（赤血球の成分）、スルフォラファン（がん予防）

オススメの食べ方：ゆでてサラダかクリームシチューに。

●…種まき　▲…植えつけ　■…収穫

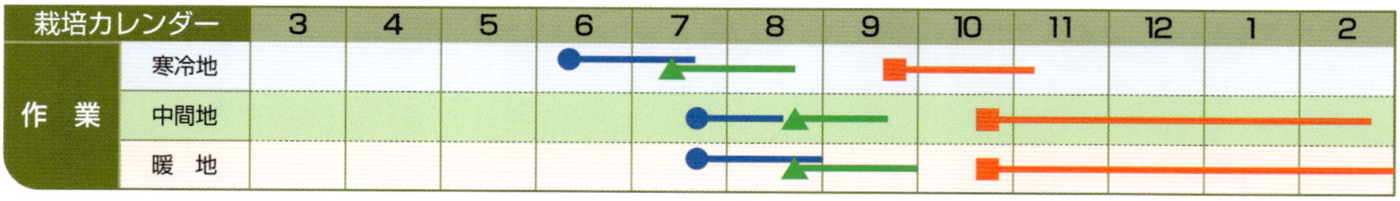

夏に種をまき、秋に収穫するのがおすすめ

地中海沿岸が原産。肥大した花蕾を利用するように品種改良されたキャベツの仲間です。栄養価の高い野菜で、カロテン・ビタミンC・Eを多く含み、がん予防作用があるといわれるスルフォラファンを含むことでも注目されています。

生育適温は20℃前後と比較的冷涼な気候を好みます。苗の頃は高温に強いのですが、花蕾が肥大する頃には弱くなるので、７月下旬～８月中旬に種をまいて苗を育て、10月下旬から収穫します。

種まきから75～80日で収穫できる早生《わせ》品種、90～95日で収穫できる中生《なかて》品種、大型になる晩生《おくて》品種に分けられます。主な品種は「グリエール」「ハイツ」「緑嶺」などです。最近は「スティックセニョール」という、小さな花蕾と長く軟らかい茎を利用する家庭菜園向きの品種も人気です。

スティックセニョール（左）とブロッコリー（右）

1. 種まき

7月下旬〜8月中旬に行う

9㎝径のポットに培養土を入れ、5〜6カ所のくぼみをつけて、1粒ずつ種をまきます。芽が出たら3本に、本葉2枚で2本に、3〜4枚で1本に間引き、5〜6枚になったら植えつけます。

❶5〜6カ所のくぼみをつけ、種をまいて、水をやる
❷❸発芽したら、3本に間引く

2. 土づくり・植えつけ・追肥

1回目の追肥は本葉10枚の頃に行う

植えつけの2週間前、石灰100g/m²を散布して耕します。1週間前、畝幅を60㎝として中央に深さ20㎝の溝を掘り、堆肥2kg/m²と化成肥料100g/m²を施して埋め戻し、高さ10㎝の畝を立てます。株間40㎝で植え穴を掘り、たっぷりと水を注ぎます。水が引いたらポットから抜いた苗を植えつけ、根元を軽く押さえて、水をやります。

1回目の追肥は本葉が10枚になった頃に、2回目はその20日後に行います。化成肥料30g/m²を株間に散布して土を寄せます。

畝に植え穴を掘り、たっぷりと水を注ぐ。水が引いたら苗を植えつけ、根元を軽く押さえて、たっぷりと水をやる

株間に化成肥料30g/m²を施し、土を寄せておく

3. 収穫（種まきから約90〜95日）

直径15㎝程度になったら収穫する

頂部の花蕾が肥大して、1つずつの小さなつぼみがはっきりと見え、固く締まってきた状態が収穫の適期です。茎の部分も皮をむいて、アスパラガスのように利用することができます。

花蕾の10〜15㎝ほど下の茎をナイフで切って収穫する

病害虫の防除

葉がまだ軟らかい頃に、害虫が多く発生します。見つけしだい捕殺するか、アオムシやコナガにはトアロー®フロアブルCT（BT水和剤）1000倍、アブラムシにはオレート®液剤100倍やマラソン®乳剤2000倍を散布して駆除します。べたがけ資材（不織布《ふしょくふ》、寒冷紗《かんれいしゃ》）や防虫ネットをかけて、防ぐのもよいでしょう。

アブラナ科　難易度★★★☆☆

カリフラワー

花蕾（つぼみ）が白くなったブロッコリーの変異種

こんな場合はどうする？

・生育が悪い→過湿に弱いので、水を与えすぎない
・花蕾《からい》が真っ白にならない→葉で覆い、軟白《なんぱく》させる

育てやすい品種：スノークラウン、バロックなど

連作障害の有無：あり（２～３年は避ける）

コンテナ栽培のポイント：大型コンテナに、本葉５～６枚の苗を植えつけ、たっぷりと水をやる。以降は、土が乾いたらたっぷりと与える。本葉10枚の頃に化成肥料10gを株元へ施し、土を寄せる。その20日後に２回目の追肥《ついひ》を施す。花蕾が見えたら外葉を束ねて覆う。花蕾が15㎝ぐらいに生長したら収穫する。

特徴的な栄養素：ビタミンＣ（風邪予防）、葉酸（貧血予防）、カリウム（ナトリウムの排泄《はいせつ》）、食物繊維（便秘の改善）

オススメの食べ方：炒め物やスープにしますが、ピクルスもおいしいですよ。

●…種まき　▲…植えつけ　■…収穫

栽培カレンダー		3	4	5	6	7	8	9	10	11	12	1	2
作業	寒冷地			●―	―▲―	―	―	■―	―	―			
	中間地					●―	―▲―	―		■―	―	―	
	暖地					●―	―▲―	―		■―	―	―	

栽培方法はブロッコリーとほぼ同じ

カリフラワーは、花蕾が白くなったブロッコリーの変種。栽培方法もブロッコリーとほとんど同じですが、生育適温は15～20℃前後と、ブロッコリーよりも若干冷涼な気候を好み、高温や過湿に弱いので、注意が必要です。栽培は、７月中旬～８月上旬に種をまき、８月中旬～９月上旬に植えつけて、11月上旬～１月中旬頃に収穫します。

おすすめの品種は、上記のほかにミニ品種の「美星《みせい》」がつくりやすいでしょう。珍しいものでは花蕾がオレンジ色の「オレンジブーケ」や紫色の「バイオレットクイーン」などがあります。また、カリフラワーは品種によって早晩性《そうばんせい》が大きく異なるので、栽培する時期に合わせて選びましょう。

花蕾が紫色の品種

花蕾が黄緑色の品種

1. 種まき・土づくり・植えつけ

水を与えすぎないようにする

種まきと土づくりは、ブロッコリーと同じ要領で行います。植えつけは、本葉が５～６枚になった頃に行います。畝に株間を40cmとって植え穴を掘り、水をたっぷりと注ぎます。水が引いたら苗を浅めに植えつけ、水を与えます。過湿に弱いので、以降は土が乾いたら与える程度にしましょう。

ポットに種をまいて育苗し、本葉５～６枚の頃に植えつける。植えつけ時にたっぷりと水をやり、以降は控えめにする

2. 追肥・土寄せ

倒れそうな場合はしっかりと土を寄せる

本葉が10枚ぐらいになったら、株間に化成肥料30g/m^2を施して軽く土寄せをします。２回目はその20日後に行います。株が倒れそうな場合には、しっかりと土寄せをして安定させましょう。

また、花蕾を真っ白に育てるには、外葉を内側に折り、花蕾を覆うように束ねてひもで固定し、日焼けを防ぎます。

株間に追肥を施して、くわなどで株元に土を寄せる

花蕾を真っ白に育てたい場合は、外葉を束ねて花蕾を覆う

3. 収穫（種まきから約110日）

花蕾が15～20㎝になったら収穫する

花蕾の直径が15～20cmぐらいになったら収穫します。遅れるとつぼみの間にすき間ができたり、表面がざらついたりして質が落ちるので、適期の収穫を心がけましょう。

病害虫の防除

発生する病害虫やその対策法は、ブロッコリーとほとんど同じです。

葉の裏側や中心部をよく観察し、虫食いの穴があいていたら、見つけしだい捕殺するか、薬剤を散布して、駆除を徹底しましょう。

花蕾の根元の茎をナイフで切って収穫する

アブラナ科　難易度★★★☆☆

メキャベツ

長い茎にミニチュアのキャベツがびっしり

こんな場合はどうする？

・株が倒れる→しっかりと土寄せをする
・うまく結球《けっきゅう》しない→しっかりと摘葉《てきよう》をする

育てやすい品種：増田子持《ますだこもち》、早生子持《わせこもち》など

連作障害の有無：あり（1～2年は避ける）

コンテナ栽培のポイント：深さ30㎝以上の大型コンテナに、本葉5～6枚の苗を植えつけて水をやり、日当たりのよい場所で管理する。植えつけの3週間後に化成肥料10gを株間へ施し、以降、2～3週間おきに追肥《ついひ》する。茎にわき芽がつき始めたら、葉を下から順次摘み取っていく（上の葉10枚ぐらいを残す）。わき芽が下から大きくなってくるので、直径2～3㎝になったものから収穫していく。

特徴的な栄養素：キャベツとほぼ同じ

オススメの食べ方：クリームシチューなど、煮込むとおいしいですね。

(株)増田採種場

●…種まき　▲…植えつけ　■…収穫

栽培カレンダー		3	4	5	6	7	8	9	10	11	12	1	2
作業	寒冷地			●──	▲──		■──	────	────	────			
	中間地					●──	▲──	──		■──	────	────	────
	暖地					●──	▲──	──		■──	────	────	────

わき芽がつく前にしっかりとした茎に育てる

メキャベツは、ミニチュアのキャベツのようなわき芽が、長く伸びた茎にびっしりとつく、キャベツの変種です。

生育適温は13～15℃とキャベツよりも冷涼な気候を好み、暑さに弱いので、高温下ではわき芽がうまく結球しません。そのため、7月中旬～下旬に種をまいて11月中旬～2月頃に収穫します。栽培方法はふつうの夏まきキャベツとほとんど同じですが、茎が長いために風害を受けやすく、キャベツよりも生長が遅いなど、注意しなければならない点があります。たくさん収穫するためには、茎が4～5㎝以上の太さになっていることが望ましいので、わき芽がつく前に、しっかりとした茎に育てましょう。

品種は少ないのですが「増田子持」「早生子持」「ファミリーセブン」などがよく栽培されています。

メキャベツの種

1. 植えつけ・追肥・土寄せ

植えつけの20日後に最初の追肥を施す

種まきから土づくり、植えつけまでは、キャベツと同様に行います。

植えつけの20日後に１回目の追肥・土寄せをして、以降は、２～３週間おきに計３回、行います。生長すると株が倒れやすくなるので、２回目以降はたっぷりと土寄せをして、株を安定させます。

植え穴を掘って水を注ぎ、水が引いたら苗を植えつける

株間や畝間に化成肥料30g/m²を施し、下葉に土がかぶらない程度に、たっぷりと土を寄せる

2. 摘葉

下のほうの葉を摘み取っていく

茎に小さな結球（わき芽）が出てきたら、結球への日当たりをよくするために、葉を下から順次摘み取っていきます。最終的には、上の葉10枚ぐらいを残して、すべて摘葉します。

❶❷茎にわき芽が出てきたら、下から葉を摘み取っていく

❸❹摘葉の後は、追肥を施し、土を寄せておく

3. 収穫（種まきから約110日）

直径2～3㎝ぐらいで収穫する

わき芽の結球した部分が直径２～３㎝ぐらいになったら、下から順次収穫していきます。葉が開いているような育ちの悪いわき芽は、いっしょに摘み取りましょう。結球しなかったわき芽も食べられます。

結球部分を根元からはさみで切り取る

病害虫の防除

発生する病害虫も、キャベツと同様です。アオムシやアブラムシ、コナガなど、見つけしだい捕殺するか、薬剤（アオムシやコナガにはトアロー®フロアブルCT（BT水和剤）1000～2000倍、アブラムシにはオレート®液剤100倍など）を散布して駆除します。

また、トンネル栽培をして害虫の侵入を防ぐのもよいでしょう。

㈱増田採種場

アブラナ科　難易度★★☆☆☆

ケール

キャベツの原種に近い 青汁でおなじみの健康野菜

こんな場合はどうする？

・生長につれて倒れてきた→しっかりと土寄せをする
・下葉が黄色く枯れてきた→追肥《ついひ》をしっかりと施す

育てやすい品種：ハイクロップ（コラード）など

連作障害の有無：あり（２～３年は避ける）

コンテナ栽培のポイント：深さ30㎝以上の大型コンテナに、本葉５～６枚の苗を植えつける（２株の場合は株間40㎝）。たっぷりと水をやり、日当たりのよい場所で管理する。本葉10～15枚の頃に化成肥料10gを施す。月に２回、追肥を施し、新しい土を株元に追加する。

特徴的な栄養素：ビタミンＣ（風邪予防）、カロテン（美肌効果）、ビタミンＢ群（疲労回復）、ビタミンＵ（健胃《けんい》作用）、ビタミンＫ・カルシウム（骨《こつ》粗《そ》鬆《しょう》症《しょう》予防）、カリウム（ナトリウムの排泄《はいせつ》）、食物繊維（便秘の改善）

オススメの食べ方：青汁が有名ですが、ゆでると苦みが薄れ、炒め物などにしておいしく食べられます。

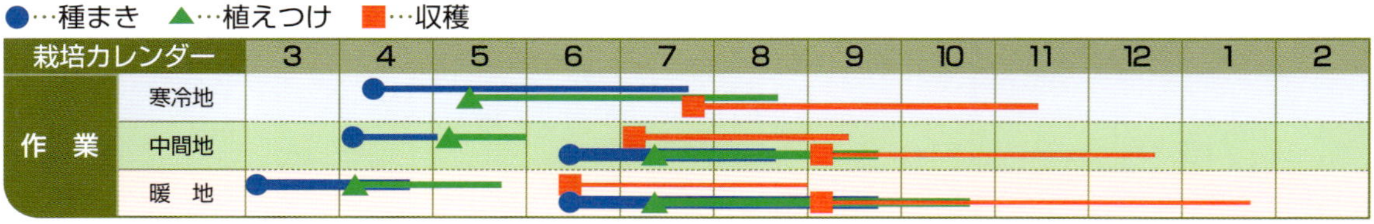

害虫がつきやすいので秋まきがおすすめ

地中海沿岸が原産。生育適温は20℃前後と冷涼な気候を好みます。キャベツやブロッコリーなどに共通の原種と近い野菜で、キャベツのように葉は巻かず、不結球《ふけっきゅう》キャベツともいいます。

各種のビタミンやミネラル、食物繊維、ポリフェノールを含むなど、栄養価の高い健康野菜として人気があり、おなじみの青汁にして飲むほか、炒め物などにも利用できます。ゆでてから調理すると苦みが薄れ、食べやすくなります。

栽培は、４月中旬～下旬に種をまいて７月上旬～９月中旬に収穫する春まきと、６月中旬～８月中旬にまいて９月上旬～12月下旬に収穫する夏まきができます。ただし、夏の間はアオムシやコナガなどの害虫がつきやすいので、春まきでの栽培がおすすめです。

また、連作障害を避けるため、アブラナ科野菜を２～３年栽培していない場所を選んで植えつけましょう。

1. 種まき・土づくり・植えつけ

ポットにまいて育《いく》苗《びょう》する

種まきと土づくりは、キャベツと同じ要領で行います。植えつけは、本葉が5～6枚になった頃に行います。畝に株間を40～45cmとって深めに植え穴を掘り、水をたっぷりと注ぎます。水が引いたら苗を植えつけ、水を与えます。

ポットに種をまいて育苗し、本葉5～6枚の頃に植えつける

2. 追肥・土寄せ

追肥後にしっかりと土を寄せる

本葉が10～15枚出たら、株間や畝間に化成肥料30g/m^{2}を施し、株が倒れないように、しっかりと土を寄せておきます。

❶株間や畝間に追肥を施し、くわで株元に土を寄せる
❷下葉にかぶらない程度にしっかりと土を寄せること

3. 収穫（種まきから約80～100日）

大きく生長した葉から収穫する

30cmぐらいに生長した葉から、葉柄《ようへい》のつけ根をナイフで切り、順次収穫していきます。

病害虫の防除

主な害虫はアオムシ、アブラムシ、コナガなどです。見つけしだい捕殺するか、アオムシやコナガにはトアロー®フロアブルCT（BT水和剤）1000倍を、アブラムシにはオレート®液剤100倍などを散布して駆除します。

トンネル栽培をして、害虫の侵入を防ぐのもよいでしょう。

葉柄のつけ根をナイフで切って収穫する

㈱増田採種場

アブラナ科　難易度★★★☆☆

プチヴェール

小さいバラのようなわき芽がつくメキャベツの仲間

こんな場合はどうする？

- 株が倒れる→しっかりと土寄せ、または支柱を立てる
- わき芽が太らない→下葉をかき取る

育てやすい品種：とくになし

連作障害の有無：あり（２～３年は避ける）

コンテナ栽培のポイント：深さ30cm、直径30cm以上の鉢に１本、苗を植えつける。茎にわき芽がつき始めたら、下葉をかき取る。栽培期間が長いので、肥切《ひぎ》れさせないよう２週間に１回、化成肥料15gを施す。葉が大きく広がるので、倒れないように支柱を立てておくとよい。

特徴的な栄養素：ビタミンＣ（風邪予防）、カロテン（美肌効果）、ビタミンＢ群（疲労回復）、ビタミンＵ（健胃《けんい》作用）、ビタミンＫ・カルシウム（骨粗鬆症《こつそしょうしょう》予防）、カリウム（ナトリウムの排泄《はいせつ》）、食物繊維（便秘の改善）

オススメの食べ方：ゆでてサラダやスープ、炒め物に。甘みがあって食べやすく、葉も利用できます。

●…種まき　▲…植えつけ　■…収穫

栽培カレンダー		3	4	5	6	7	8	9	10	11	12	1	2
作業	寒冷地	■			▲	▲			■	■	■	■	■
	中間地	■				▲	▲			■	■	■	■
	暖地	■					▲	▲			■	■	■

苗を購入して植えつける

プチヴェールは、メキャベツとケールをかけあわせてつくられた新しい野菜で、小さいケールのようなわき芽が、メキャベツのように茎にたくさんつきます。かき取ったわき芽をサラダや和え物などにするほか、ケールに似た大きな葉も青汁に利用でき、メキャベツのおいしさとケールの栄養価を持ち合わせているので、人気が出ています。

土づくりと植えつけは、キャベツと同様に行いますが、株間は70～75cm程度とります。植えつけの20日後に１回目の追肥《ついひ》・土寄せをして、以降は２～３週間おきに行います。生長すると株が倒れやすくなるので、２回目以降はたっぷりと土を寄せて安定させます。支柱を立ててもよいでしょう。

茎に小さなわき芽が出てきたら、栄養をわき芽に回すため、葉を下から順次摘み取っていきます。最終的には、上の葉10枚ぐらいを残して、すべて摘葉《てきよう》します。

わき芽が直径４～５cmぐらいになったら、下側から順次収穫します。葉柄《ようへい》が長く伸びてしまったわき芽は、いっしょに摘み取りましょう。

アブラナ科　難易度★★☆☆☆

コールラビ

茎が球形に肥大した
キャベツの仲間

こんな場合はどうする？

・茎球《けいきゅう》が肥大しない→株間15～20cmに間引く

・茎球が割れる→適期に収穫する

育てやすい品種：グランドデュークなど

連作障害の有無：あり（1～2年は避ける）

コンテナ栽培のポイント：深さ20cm程度のコンテナに20cm間隔でくぼみをつけて4～5粒ずつ種をまき、薄く土をかけて、たっぷりと水をやる。本葉1～2枚で2～3本に、3～4枚で1本に間引く。本葉が10枚ぐらいになったら、化成肥料10gを株周りに施し、軽く土を寄せる。茎球が直径5～6cmの頃に収穫する。

特徴的な栄養素：ビタミンC（風邪予防）、葉酸（貧血予防）、カリウム（ナトリウムの排泄）、食物繊維（便秘の改善）

オススメの食べ方：キャベツのような風味で、甘味があります。サラダや漬物、スープなどいろいろ使えます。

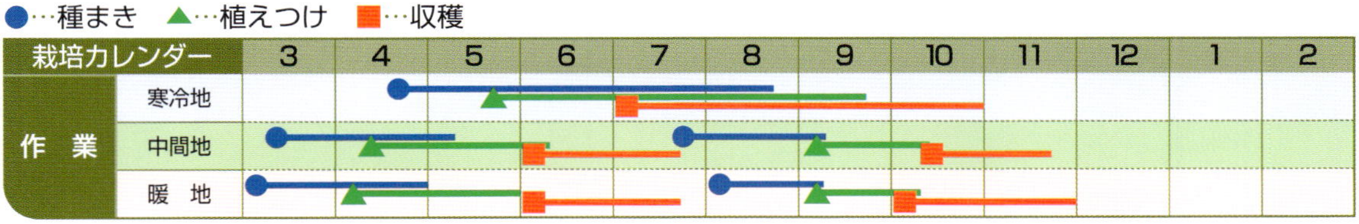

乾燥に弱いので、敷きわらをして栽培する

コールラビは、球形に肥大した茎を食用にするキャベツの仲間で、別名を「球茎甘藍《きゅうけいかんらん》」「蕪《かぶ》甘藍」（甘藍はキャベツの意）といいます。

種まきの2週間前に、石灰100g/m²を散布して耕し、1週間前には、堆肥2kg/m²と化成肥料100g/m²を散布して耕し、幅60cm、高さ10cmの畝を立てます。

畝に20cm間隔で4～5粒ずつ種をまいて薄く土をかけ、たっぷりと水をやります。本葉1～2枚で2～3本に、本葉3～4枚で1本に間引きます。乾燥に弱いので、わらを敷いて保護します。

茎が球形に肥大し、本葉が10枚ぐらいになったら、3株あたりひと握り（30g）程度の化成肥料をまいて、株元に土を寄せます。茎球の直径が5～6cmになったら、引き抜いて収穫します。収穫が遅れると、硬くなったり割れたりするので、気をつけましょう。

キャベツと同様に、アオムシ、アブラムシ、コナガなどの害虫がつきます。見つけしだい捕殺するか、薬剤を散布して駆除します。

ユリ科　難易度★★★★☆

アスパラガス

うまく管理すれば 10年は収穫を楽しめる

こんな場合はどうする？

- 生長するにつれて倒れてくる→支柱を立てる
- 新芽が出てこない→収穫時に数本残しておく

育てやすい品種：ウェルカムなど

連作障害の有無：同じ場所で10年は栽培できるが、その後に新しい株を植えつけると障害が発生する

コンテナ栽培のポイント：コンテナ栽培は難しい。大型コンテナに、根を広げながら苗を植えつける。3～4年目から収穫できるようになる。

特徴的な栄養素：カロテン（美肌効果）、葉酸（貧血予防）、ビタミンC（風邪予防）、鉄（赤血球の成分）、カリウム（ナトリウムの排泄《はいせつ》）、アスパラギン酸（疲労回復、肝機能回復）、ルチン（高血圧予防、動脈硬化予防）

オススメの食べ方：ゆでてマヨネーズをつけるか、ベーコン巻きが好きですね。

●…種まき　▲…植えつけ　■…収穫

栽培カレンダー		3	4	5	6	7	8	9	10	11	12	1	2
作業	寒冷地		▲―	― ■―	―	3年目から可能							
	中間地	▲―	― ■―	―	― 3年目から可能								
	暖地		■―	―	― 3年目から可能				▲―	―			

じっくりと株を充実させ、3年後に収穫する

ヨーロッパ～ロシアが原産。生育適温は15～20℃と冷涼な気候を好みます。野菜の中では珍しく、いったん植えつけると10年ぐらいは収穫できます。冬は地上部が枯れ、春になって出てくる新芽を収穫します。

栽培は、種から育てる方法と市販の苗を植えつける方法がありますが、種から育てるのは難しく、植えつけまでに1年もかかることがあり、植えつけから収穫まではさらに1～2年かかります。家庭菜園では、市販の苗を購入することをおすすめします。

植えつけの時期は、3月～4月の春植えが一般的ですが、初霜の頃の秋植えもできます。

主な品種は「アクセル」「ウェルカム」「グリーンタワー」「シャワー」「メリーワシントン」などです。また、近年は草勢《そうせい》が強く良質な改良種や耐病性のある改良種が作出されているので、それらを選ぶのもよいでしょう。

アスパラガスの種

1. 土づくり・植えつけ

株間を30㎝とって植えつける

植えつけの２週間前に石灰100g/m^2を散布して耕します。１週間前には畝幅を60㎝としてひもを張り、中央に深さ20㎝の溝を掘って堆肥２kg/m^2と化成肥料100〜150g/m^2を施し、埋め戻します。

30㎝間隔で植え穴を掘って苗を植えつけ、株元にしっかりと土を寄せて、たっぷりと水をやります。以降、乾燥が続くときには水をやります。

畑に元肥を施して植え穴を掘り、苗を植えつける。株元にしっかり土を寄せ、水をやる

2. 追肥・土寄せ・支柱立て

支柱を立てて倒伏《とうふく》を防ぐ

春と初夏に、株元へ堆肥２kg/m^2を追肥して土を寄せます。草丈が伸びて、夏場には株が倒れてきます。そのままにしておくと枯れるので、葉が茂ってきたら株の四隅に支柱を立て、中央のあたりにひもを張り、株が倒れるのを防ぎます。

支柱立て

株の四隅に支柱を立て、ひもを張る

追肥・土寄せ

株元に堆肥を施し、土を寄せる

3. 刈り取り・収穫

葉が枯れたら、株元から刈り取る

秋、葉が黄色く枯れてきたら、株元から刈り取り、たっぷりと堆肥をかぶせます。２年目は株の充実を優先させ、植えつけから３年目の春に出てくる新芽を収穫します。収穫後は追肥を施します。また、新芽を数本残しておくと、翌年の収穫量が増えます。

秋、葉が枯れたら株元から刈り取り、たっぷりと堆肥をかぶせる

病害虫の防除

排水性の悪い土に植えつけたり、雨が続いたりして土壌が過湿になると、斑点《はんてん》病や茎枯《くきが》れ病が発生しやすくなります。排水性のよい場所を選んで栽培し、水のやりすぎにも気をつけましょう。

害虫は、アブラムシやナメクジなどがつくので、見つけしだい捕殺するか、薬剤（アブラムシにはオレート®液剤100倍）を散布して駆除を徹底します。

コンテナ栽培のようす

シナノキ科　難易度★☆☆☆☆

モロヘイヤ

真夏によく育つ人気の健康野菜

こんな場合はどうする？

- 開花してしまい、生長しない→種まきの時期を早める
- 葉に元気がない→しっかりと追肥《ついひ》を施す

連作障害の有無：少ないが１～２年は避ける

コンテナ栽培のポイント：深さ30cm以上の大型コンテナに、30cm間隔で深さ２～３cmのくぼみをつけ、８～10粒ずつの点まきにする。土をかけて水をやり、以降は発芽するまでしっかりと水をやる。芽が出たら５本に、本葉２～３枚で３本に、５～６枚で１本に間引く。追肥は月に２回、化成肥料10gを施し、軽く土を寄せる。草丈40～50cmになったら、葉先から10～15cm程度を手で折って収穫する。

特徴的な栄養素：カロテン・ビタミンC・E（抗酸化作用）、ビタミンK・カルシウム（骨粗鬆症《こつそしょうしょう》予防）、葉酸・鉄（貧血予防）、ビタミンB_1・B_2（エネルギー代謝の促進）、食物繊維、ムチン（糖タンパク：胃粘膜の保護）

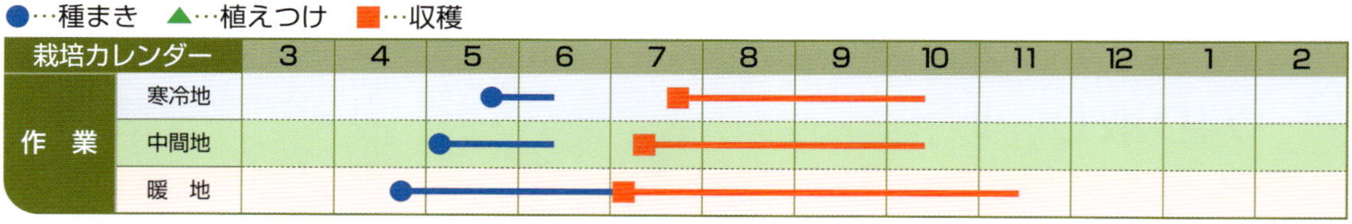

暑さに強く、栽培しやすい

アフリカ北部～インドが原産。エジプト周辺で古くから栽培され、刻むと独特の粘りが出る軟らかい葉と茎を食用とします。この粘りの成分はムチンで、胃の粘膜を保護し、タンパク質の消化をよくし、胃潰瘍《かいよう》を予防する働きがあります。また、ビタミンやミネラルが豊富で、エジプト王の病気を治したともいわれ、名前にはアラビア語で「王家の野菜」という意味があります。ただし、種には強い毒性があるので、食べないように気をつけましょう。

高温を好み、青菜のつくりにくい真夏でもよく育ちますが、低温には弱く、10℃以下になると生育が衰えます。また、日が短くなると花が咲き、食味が悪くなります。

土質はとくに選びませんが、栽培期間が長いので、畑には有機質を多めに施しましょう。

日本に伝わってからの歴史が浅いので、品種の分化はとくにありませんが、草丈の低いものや株分かれのよいものなどへの改良がなされています。

1. 土づくり

有機質を多めに施す

種まきの２週間前に、石灰100g/m²を畑全面に散布して耕し、１週間前に、堆肥２～３kg/m²と化成肥料100g/m²を散布して土によく混ぜ込みます。

種まきの直前に、幅60cm、高さ10cmの畝を立てます。

❶石灰を散布してよく耕す
❷元肥を施して土とよく混ぜる
❸種まきの直前に畝を立てる

2. 種まき・間引き・追肥

追肥は月に2回施す

種まきは、気温が高くなる５月上旬以降に行います。株間を30cmとって８～10粒ずつの点まきにし、土をかけて、たっぷりと水を与えます。以降は、少なくとも週に１回は水やりをしましょう。

発芽したら５本に、本葉が２～３枚出たら３本に間引き、本葉５～６枚で１本立ちにします。以降は、葉の色を観察しながら、１カ月に２回、化成肥料30g/m²を株元に施し、土寄せをします。

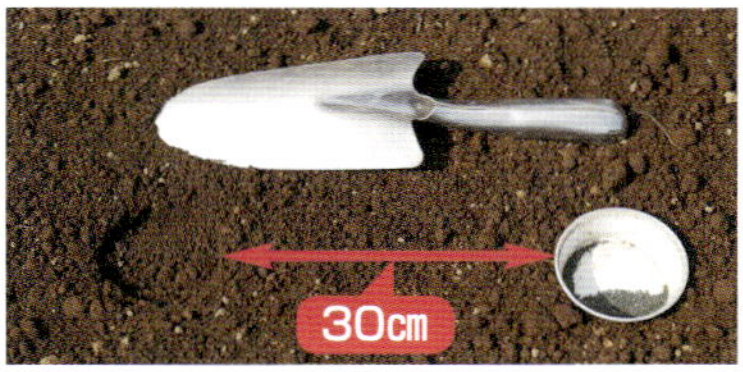

30cm間隔で深さ２～３cmのくぼみをつけ、８～10粒ずつ種をまく。土をかけて手で軽く押さえ、たっぷりと水をやる

3. 収穫

繰り返し収穫できる

草丈40～50cmに生長したら、葉先から10～15cmほどの手で折れる部分を摘み取って収穫します。わき芽が次々に伸びるので、収穫をしながら、管理しやすい草丈（60～80cmぐらい）に整えます。

葉先から10～15cmを手で摘み取る

病害虫の防除

ハダニなどの害虫がつきます。ハダニには粘着くん®液剤100倍を散布し、風通しをよくして駆除します。

ツルムラサキ科　難易度★☆☆☆☆

ツルムラサキ

ビタミンやミネラルが豊富な健康野菜

こんな場合はどうする？

- 生育が悪い→施肥《せひ》と水やりをしっかりと行う
- 葉や茎が硬い→つる先から15cmぐらいまでを収穫する

育てやすい品種：緑色系品種

連作障害の有無：あり（２～３年は避ける）

コンテナ栽培のポイント：深さ20cm以上のコンテナに一昼夜水に浸した種を、20～30cm間隔で３粒ずつまき、双葉が開いたら２本に間引く。つるが伸び始める前に支柱を立てて誘引《ゆういん》し、本葉を６枚残して摘心《てきしん》し、わき芽が出るのを促す。生長してきたら、つる先15cmほどを収穫する。月に２回、化成肥料10gを施す。

特徴的な栄養素：カロテン・ビタミンＣ・Ｅ（抗酸化作用）、ビタミンＫ・カルシウム（骨粗鬆症《こつそしょうしょう》予防）、カリウム（ナトリウムの排泄《はいせつ》）、マグネシウム（骨・歯の成分）、食物繊維（便秘の改善）、ムチン（胃粘膜の保護）

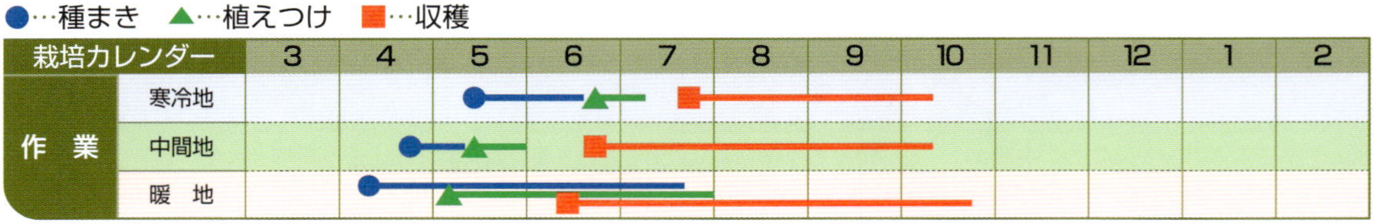

夏から秋にかけて、どんどん育つ

熱帯アジアが原産。夏から秋にかけて、つるを伸ばしながら盛んに生長します。

４月下旬～５月上旬、10.5cm径のポットに一昼夜水に浸した種を３粒ずつまきます。双葉が開いたら２本に間引き、本葉３～４枚で植えつけます。

植えつけの２週間前に、石灰150g/m^{2}を散布して耕し、１週間前には、堆肥２kg/m^{2}と化成肥料100g/m^{2}を散布してよく耕します。幅100～120cm、高さ15cmの畝を立てて、株間30cmの２条植えにします。

草丈が20～30cmになるとつるが伸び始めるので、その前に支柱を立てて誘引します。本葉６枚を残して摘心し、生長してきたら敷きわらをして、乾燥と泥はねから保護します。

つるの先から15cmぐらいの軟らかい部分を収穫します。収穫後は１カ月に２回、化成肥料30～40ｇを施して土を寄せ、新芽の発生を促します。

病害虫がほとんどないので無農薬栽培もできます。ヨトウムシが発生した場合は、見つけしだい捕殺します。

セリ科　　難易度★☆☆☆☆

アシタバ

今日摘んでも明日には葉が出るといわれる強壮野菜

こんな場合はどうする？

- 夏まきで発芽しない→25℃以下の涼しい時期にまく
- 冬、地上部が枯れた→周囲に堆肥２kg/m²をお礼肥《れいごえ》として施しておけば、翌春に芽吹く

育てやすい品種：とくになし

連作障害の有無：あり（２年は避ける）

コンテナ栽培のポイント：深さ30cm以上の大型コンテナに、株間30〜40cmで苗を植えつける。日当たりのよい場所で管理し、水は乾いたらたっぷりと与える。追肥《ついひ》は２週間に１回、化成肥料10gを株元に施す。盛んに生長する春以降に、軟らかい若葉を摘み取る。

特徴的な栄養素：カロテン（美肌効果）、ビタミンC（風邪予防）、ビタミンB_2（エネルギー代謝の促進）、葉酸・鉄（貧血予防）、カリウム（ナトリウムの排泄）、食物繊維（便秘の改善）など

オススメの食べ方：おひたしや天ぷらがおいしいですね。

追肥・土寄せのようす

●…種まき　▲…植えつけ　■…収穫

栽培カレンダー		3	4	5	6	7	8	9	10	11	12	1	2
作業	寒冷地		▲──	──		■──	──	──	──				
	中間地		▲──	──	■──	──	──	──	──				
	暖地	▲──	──	──	■──	──	──	──	──	──			

３〜４年で株を更新する必要がある

日本原産のセリ科の植物で、主に伊豆諸島や太平洋側の海岸沿いに自生しています。栄養価が高く、また切り口から滲出《しんしゅつ》する黄色い汁には抗酸化作用の高いポリフェノール「カルコン」が含まれており、古くから滋養強壮効果のある薬草として栽培されています。生育適温は20℃で、夏場の直射日光と暑さ、冬の寒さを嫌います。また、水はけが悪いと根腐れを起こすので注意が必要です。

栽培は種からも可能ですが、市販の苗を植えつけるほうが簡単です。植えつけの２週間前、畑全面に石灰100g/m²を散布して耕し、１週間前、畝幅を60cmとして中央に深さ20cmの溝を掘り、堆肥２kg/m²と化成肥料100g/m²を施して埋め戻します。高さ10cmの畝を立て、株間40cmで苗を植えつけます。植えつけ後は月に２回のペースで追肥（化成肥料30g/m²）・土寄せを行います。

開いたばかりの若葉を必要な分、摘み取ります。寒くなり、地上部が枯れてきたら、畝にお礼肥として堆肥２kg/m²を施します。３〜４年で開花・結実して枯れるので、新たに植え直しましょう。

シソ科　　難易度★☆☆☆☆

シソ

害虫に気をつければ、初心者でも育てやすい

こんな場合はどうする？

・発芽しない→覆土《ふくど》を薄くし、たっぷりと水をやる

・葉が硬い→追肥《ついひ》をしっかり行い、早めに収穫していく

育てやすい品種：青《あお》ちりめん、赤《あか》ちりめんなど

連作障害の有無：少ないが、１～２年は避ける

コンテナ栽培のポイント：深さ15cm以上のコンテナに15cm間隔で７～８粒ずつの点まきにして薄く土をかけ、たっぷりと水をやる。双葉が開いたら３本立ちに、本葉２～３枚で２本立ちに、本葉５～６枚で１本立ちに間引く。２回目の間引きから、化成肥料10gを株元に施す。

特徴的な栄養素：カロテン（美肌効果）、ビタミンE（抗酸化作用）、ビタミンK・カルシウム（骨粗鬆症《こつそしょうしょう》予防）、鉄・葉酸（貧血予防）、食物繊維（便秘の改善）、ポリフェノール（抗アレルギー作用）

オススメの食べ方：青ジソは薬味や天ぷらに。赤ジソは梅干しのほか、ジュースに利用するとよいでしょう。

収穫のようす

赤ジソ

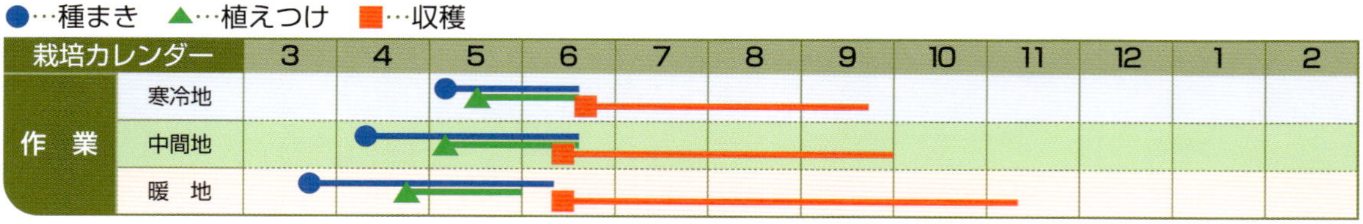

肥切れを起こさないように注意する

栽培は、４月～５月に種をじかまきにするか、ポットまきで育苗《いくびょう》してから植えつけます。

じかまきでは、種まきの２週間前に石灰100g/m^{2}を、１週間前には堆肥２kg/m^{2}と化成肥料100g/m^{2}を散布してよく耕します。幅60cm、高さ10cmの畝を立て、株間15～20cm、７～８粒ずつの点まきにします。ポットまきでは５～６粒ずつまき、５月上旬～６月中旬に、株間20cmで植えつけます。

草丈が30～40cmに生長したら収穫できます。軟らかい葉を必要な分、摘み取っていきましょう。摘み取った葉のつけ根から、わき芽が伸びてきます。青ジソの場合は「分枝性《ぶんしせい》」がよいので、わき芽をどんどん伸ばして収穫量を増やすことができます。肥切《ひぎ》れを起こすと葉が小さくなるので、収穫し始めたら１カ月に１～２回、化成肥料60g/m^{2}を株元に散布しましょう。

穂ジソを利用する場合は、ひとつの穂の３分の１が開花した頃に収穫します。

ハダニには粘着くん®液剤100倍を、アブラムシにはオレート®液剤100倍を散布して駆除します。

ショウガ科　　難易度★☆☆☆☆

ミョウガ

日当たりが悪い庭の片隅でもしっかりと育つ

こんな場合はどうする？
・収穫量が減った→地下茎を間引くか植え替える
・花芽がスカスカ→花が咲く前に収穫する

育てやすい品種：とくになし

連作障害の有無：植え替え時には、１～２年避ける

コンテナ栽培のポイント：深さ30cm以上の大型コンテナに、株間20cmで深さ10cm弱の植え穴を掘る。種株《たねかぶ》（苗）を植えつけて軽く土をかけ、たっぷりと水をやる。芽が出たら、敷きわらで乾燥を防ぐ。梅雨明け前と初霜の頃、化成肥料10gを株元に施す。収穫は、植えつけた年は９月以降に、翌年からは７月以降に行う。数年は収穫できる。

特徴的な栄養素：カリウム（ナトリウムの排泄《はいせつ》）、食物繊維（便秘の改善）、αピネン（香りの成分：食欲増進）

オススメの食べ方：薬味や酢の物に用いるのが一般的ですが、天ぷらもおいしいものです。

収穫のようす

●…種まき　▲…植えつけ　■…収穫

栽培カレンダー		3	4	5	6	7	8	9	10	11	12	1	2
作業	寒冷地		▲			■ 2年目		■ 1年目					
	中間地	▲				■ 2年目		■ 1年目					
	暖地	▲				■ 2年目	■ 1年目						

半日陰の湿った場所を好む

栽培は、植えつけの２週間前、石灰100g/m²を植えつけ場所の全面に散布して耕し、１週間前には、畝幅を60cmとして中央に深さ20cm弱の溝を掘り、堆肥２kg/m²と化成肥料100g/m²を施して、高さ10cmの畝を立て、20cm間隔で種株を植えつけます。軽く土をかけてたっぷりと水をやり、以降は、乾かさないように管理します。発芽したら、乾燥を防ぐために敷きわらをします。追肥は発芽後１か月に１回のペースで化成肥料30g/m²を株元に施し、土寄せをします。

収穫は、７月上旬と９月中旬頃、株元から出てくる花芽（つぼみ）を引き抜いて利用します。収穫が遅れると、花が咲いて食味が悪くなるので、開花前に収穫しましょう。一度植えつけると、数年は収穫を続けられます。

葉枯《はが》れ病が発生した場合は、ダコニール®1000の1000倍を散布します。また、根茎腐敗《こんけいふはい》病の予防には、よい種株を選ぶことが大切です。

アブラナ科　難易度★★☆☆☆

チンゲンサイ

栽培期間が短く、育てやすい家庭菜園向きの中国野菜

こんな場合はどうする？

・株が太くならない→間引いて株間を広げる

・花が咲いてしまう→適期に種をまく

育てやすい品種：シャオパオ、青帝《せいてい》、長陽《ちょうよう》など

連作障害の有無：あり（１～２年は避ける）

コンテナ栽培のポイント：ミニ品種が向いている。深さ20cm以上のコンテナに条間10～15cmですじまきにする。土を軽くかけてたっぷりと水をやり、発芽するまで、乾かさないように管理する。芽が出たら３cm間隔に、本葉２～３枚で５～６cm間隔に間引く。２回目の間引き以降は月に２回程度、条間に化成肥料10gを施す。草丈10cm程度に生長したら収穫する。

特徴的な栄養素：カロテン（美肌効果）、ビタミンＣ（風邪予防）、カルシウム（骨・歯の成分）、カリウム（ナトリウムの排泄《はいせつ》）、鉄（赤血球の成分）、食物繊維

オススメの食べ方：中華風の炒め物に向いています。

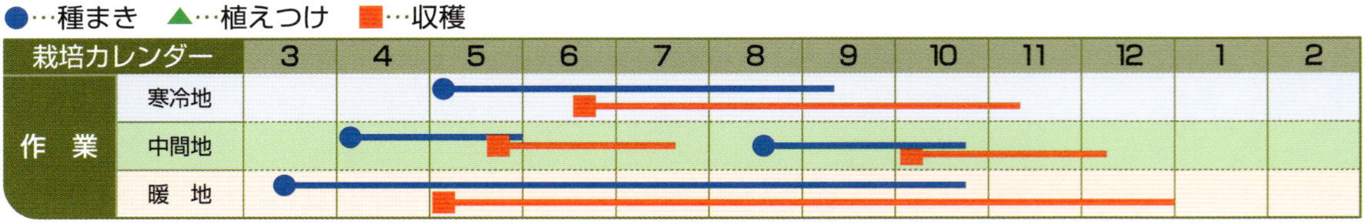

厳寒期以外はいつでも栽培できる

地中海沿岸が原産。中国で品種改良されて、日本に伝わりました。生育適温は20℃前後と冷涼な気候を好みますが、比較的高温に強く、病気にも強いうえに土壌を選ばないので、家庭菜園にぴったりです。

栽培は、厳寒期を除けばいつでも可能です。春や秋に種をまけば45～50日で、夏にまけば35～40日で収穫できます。ただし、低温で花芽ができ、長日《ちょうじつ》条件（日中の時間が長い）でとう立ちしやすくなるので、早春に種をまく場合は注意が必要です。また、連作障害により根コブ病が発生することがあるので、カブやキャベツ、コマツナ、ハクサイなどアブラナ科の野菜を栽培した場所は避けます。

主な品種には、草丈20cmぐらいに生長する「青帝」や「長陽」「しんとく」などがあります。草丈10～15cm程度のミニ品種「シャオパオ」も人気があります。

チンゲンサイの種

1. 土づくり・種まき

条間15〜20cmのすじまきにする

種まきの２週間前に、石灰100〜150g/m^2を散布して耕します。１週間前には、堆肥２kg/m^2と化成肥料100g/m^2を散布してよく耕し、幅60cm、高さ10cmの畝を立てます。

畝に条間15〜20cmで２列のまき溝をつけ、種をすじまきにします（株間15cmで４〜５粒ずつ点まきにしてもよい）。土を軽くかけて手で押さえ、たっぷりと水をやります。

15〜20cm間隔で２列のまき溝をつけ、重ならないように種をまく。軽く土をかけて手で押さえ、たっぷりと水をやる

2. 間引き・追肥

本葉が出たら最初の間引きをする

本葉１〜２枚で株間３〜４cmに、３〜４枚で６〜８cmに、５〜６枚で15cmぐらいに間引きます。

追肥《ついひ》は、生長を見ながら化成肥料を少量ずつ条間に施し、根元に軽く土を寄せます。また、間引いた苗は、「間引き菜」としてサラダやみそ汁の具などに利用しましょう。

本葉１〜２枚の頃、株間３〜４cmに間引き、軽く土を寄せておく

本葉３〜４枚で、株間６〜８cmに間引く

3. 収穫（種まきから約40〜45日）

夏まきなら30日で収穫できる

草丈が15〜20cmに生長し、株元の部分がふくらんだものから順次収穫していきます。根元をはさみで切ります。ミニ品種の場合は、草丈10〜12cm程度で収穫してもよいでしょう。

外葉を持ち、根元をはさみで切る

病害虫の防除

アオムシやコナガ、アブラムシなどが発生します。とくに発生しやすい夏場は、寒冷紗《かんれいしゃ》などで畝をトンネル状に覆うと効果的です。

薬剤を使う場合は、アオムシやコナガにはトアロー®フロアブルCT（BT水和剤）1000倍を、アブラムシにはオレート®液剤100倍を散布して駆除します。

写真：㈱サカタのタネ

写真：㈱サカタのタネ

アブラナ科　難易度★★☆☆☆

パクチョイ

葉柄が白い、ハクサイや
チンゲンサイの仲間

こんな場合はどうする？

- 株が太くならない→間引いて株間を広げる
- 花が咲いてしまう→適期に種をまく

連作障害の有無： あり（1～2年は避ける）

コンテナ栽培のポイント： 深さ20cm以上のコンテナに条間15～20cm、株間5cmで直径2～3cmのくぼみをつけ、4～5粒ずつ種をまく（すじまきでもよい）。土を軽くかけてたっぷりと水をやり、発芽するまで、乾かさないように管理する。芽が出たら3本に、本葉3～4枚で2本に、株元がふくらんできたら1本に間引く。2回目の間引き以降は、条間に化成肥料10gを施す。15cm程度に生長したら収穫する。

特徴的な栄養素： カロテン（美肌効果）、ビタミンC（風邪予防）、葉酸（貧血予防）、ビタミンK・カルシウム（骨《こつ》粗《そ》鬆症《しょうしょう》予防）、カリウム（ナトリウムの排泄《はいせつ》）、鉄（赤血球の成分）など

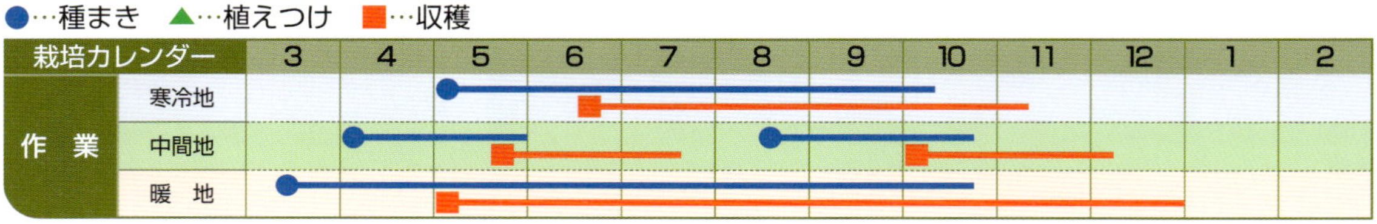

チンゲンサイと同じように栽培できる

地中海沿岸が原産。中国で品種改良されて、日本に伝わった小型の非結球性《ひけっきゅうせい》白菜のうち、葉柄《ようへい》が緑色のものをチンゲンサイ、白いものをパクチョイといいます（パクチョイは「白菜」の意）。したがってチンゲンサイと同様、低温にも高温にも強く、病気にも強いうえに土壌を選ばない、家庭菜園向きの野菜といえます。

栽培もチンゲンサイと同様、厳寒期を除けばいつでも可能です。春や秋に種をまけば45～50日で、夏にまけば35～40日で収穫できます。ただし、低温で花芽ができ、長日《ちょうじつ》条件でとう立ちしやすくなるので、早春に種をまく場合は注意が必要です。また、連作障害により根《ね》コブ病が発生することがあるので、カブやキャベツ、コマツナ、ハクサイ、チンゲンサイなどアブラナ科の野菜を栽培した場所は避けましょう。

品種はとくにありません。「パクチョイ」の名称で市販されている種を購入します。

1. 土づくり・種まき

条間15～20cmのすじまきにする

種まきの２週間前に、石灰100～150g/m²を散布して耕します。１週間前には、堆肥２kg/m²と化成肥料100g/m²を散布してよく耕し、幅60cm、高さ10cmの畝を立てます。

畝に条間15～20cmで２列の溝をつけ、種をすじまきにします（点まきでもよい）。

まき溝を２列つけ、重ならないように種をまく。軽く土をかけて手で押さえ、たっぷりと水をやる

2. 間引き・追肥

本葉が出たら最初の間引きをする

本葉１～２枚で株間３～４cmに、３～４枚で６～８cmに、５～６枚で15cmぐらいに間引きます。

追《つい》肥《ひ》は、生長を見ながら化成肥料を30g/m²ずつ条間に施し、根元に軽く土を寄せます。間引いた苗は、捨てずに利用しましょう。

本葉が出たら、３～４cm間隔になるよう間引く。間引いたら、軽く土を寄せておく

3. 収穫（種まきから約40～45日）

夏まきなら35日で収穫できる

草丈が15～20cmに生長したものから根元をはさみで切って、順次収穫していきます。

病害虫の防除

チンゲンサイと同様に、アオムシやコナガ、アブラムシなどの害虫が発生します。とくに発生しやすい夏場は、寒冷紗《かんれいしゃ》などで畝をトンネル状に覆うと効果的です。

薬剤を使う場合は、アオムシやコナガにはトアロー®フロアブルCT（BT水和剤）1000倍を、アブラムシにはオレート®液剤100倍を散布します。

外葉を持ち、根元をはさみで切る

アブラナ科　難易度★☆☆☆☆

タアサイ

寒さにあたると甘みが増す中国野菜

こんな場合はどうする？
- 食害される→寒冷紗《かんれいしゃ》などでトンネル栽培をする
- (秋まきで)株が横に広がらない→株間を広くする

連作障害の有無：あり（１～２年は避ける）

コンテナ栽培のポイント：標準型のコンテナに、まき溝をつけて１cm間隔で種をまく。土をかけて、たっぷりと水をやる。以降は、乾かさないように管理する。本葉１～２枚で株間３cmに、２～３枚で５～６cmに、７～８枚で15～20cmに間引く。２回目以降は、化成肥料10gをコンテナ全体に施す。株が直径20～25cm程度に広がったら収穫する。

特徴的な栄養素：カロテン（美肌効果）、ビタミンＣ（風邪予防）、ビタミンＫ・カルシウム（骨《こつ》粗《そ》鬆《しょう》症《しょう》予防）、カリウム（ナトリウムの排泄《はいせつ》）、鉄（赤血球の成分）、食物繊維（便秘の改善）など

オススメの食べ方：おひたしや炒め物に向いています。

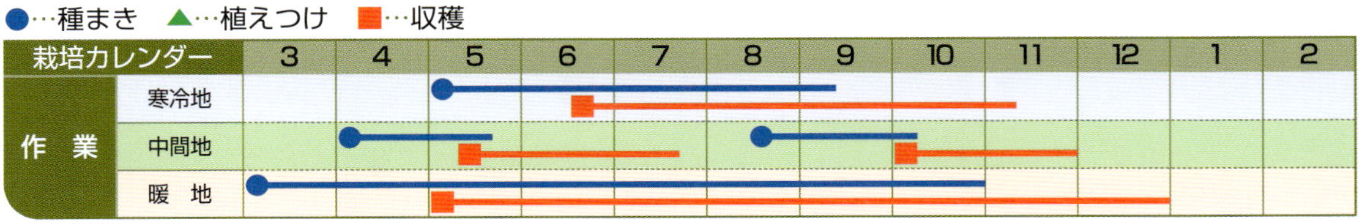

食味のよい「秋まき冬どり」がおすすめ

地中海沿岸が原産。ハクサイやチンゲンサイなどと同じく、中国で品種改良された野菜です。シャキシャキとした葉柄《ようへい》、煮くずれしないしっかりとした葉、クセのない味わいが特徴で、炒め物のほかにも煮物や鍋物、和《あ》え物など、さまざまな料理に使えます。

耐暑性もありますが、耐寒性がとくに強く、寒さにあたると葉が厚くなって甘みが増し、食味がよくなります。したがって、春に種をまいて初夏に収穫する「春まき」もできますが、８月下旬～10月上旬にまき、寒さにあててから収穫する「秋まき冬どり」での栽培がおすすめです。

季節によって草姿《そうし》が変わるのも特徴で、春～夏に栽培するときはチンゲンサイのような立《た》ち性《せい》になりますが、秋～冬は地面に這《は》うように広がり、濃緑色のバラの花を思わせる姿になります。

品種はとくにありません。「タアサイ」「タアツァイ」などの名称で市販されている種を購入します。また、タアサイが日本に土着したものとされる「如月菜《きさらぎな》」という漬け菜の一種もあります。

1. 土づくり・種まき

発芽まで乾かさないように管理する

種まきの1～2週間前に、畝幅を60cmとしてひもを張り、石灰100g/m^{2}を散布して耕します。中央に深さ20cmの溝を掘り、堆肥2kg/m^{2}と化成肥料100g/m^{2}を施して埋め戻し、高さ10cmの畝を立てます。条間30cmで2列のまき溝をつけ、種を1cm間隔ですじまきにして、薄く土をかけます。たっぷりと水をやり、発芽するまで、乾かさないように管理します。

❶❷まき溝を2列つけ、1cm間隔のすじまきにする
❸❹薄く土をかけて手で押さえ、たっぷりと水をやる

2. 間引き・追肥・土寄せ

株間を広くとり、大きな株にする

双葉が開いたら3～4cm間隔に間引き、株元に軽く土を寄せて安定させます。本葉が2～3枚出たら5～6cm間隔に間引き、化成肥料30g/m^{2}を施して土を寄せます。生長を見ながら間引きと追肥《ついひ》を行い、最終的には株間が15～20cmになるようにします。

間引き・追肥を数回行い、株間を15～20cm程度に広げる

株間が狭いと横に広がらず、葉が混んで生育が悪くなる

3. 収穫（種まきから約50日）

直径20～25cmになったら収穫する

春まきの場合は種まきから約35～40日で、秋まきの場合は約50日で収穫できます。とくに秋まきでは、生育の後半で寒さにあたるので、葉の厚みと甘みが増し、食味がよくなります。

病害虫の防除

アオムシやコナガが発生したら、捕殺するかトアロー®フロアブルCT（BT水和剤）1000倍を散布して駆除します。

また、害虫が多い時期には、寒冷紗などをトンネル状にかければ、害虫の侵入が防げるので、無農薬栽培も可能です。

根元の部分を切って収穫する

アブラナ科　　難易度★☆☆☆☆

カイラン

小さな花蕾と花茎を食べる中国のブロッコリー

こんな場合はどうする？

・食べるとすじっぽい→株間を狭めて植えつける

・食べると茎が硬い→手で折れる部分から収穫する

育てやすい品種：とくになし

連作障害の有無：あり（２〜３年は避ける）

コンテナ栽培のポイント：標準型のコンテナに10〜15㎝間隔でくぼみをつけ、４〜５粒ずつ種をまく。土をかけて手で押さえ、たっぷりと水をやる。芽が出たら３本に、本葉２〜３枚で２本に、４〜５枚で１本に間引く。２回目の間引き以降は、化成肥料10gを株元に施し、土を寄せる。花が１つ咲く頃に、先端から20㎝ぐらいの軟らかい部分を収穫する。害虫が多いので、寒冷紗《かんれいしゃ》などで覆って侵入を防ぐか、見つけしだい捕殺する。

特徴的な栄養素：ブロッコリーとほぼ同じ

オススメの食べ方：おひたしに。また、ゆでずに直接炒め物にしてもおいしいものです。

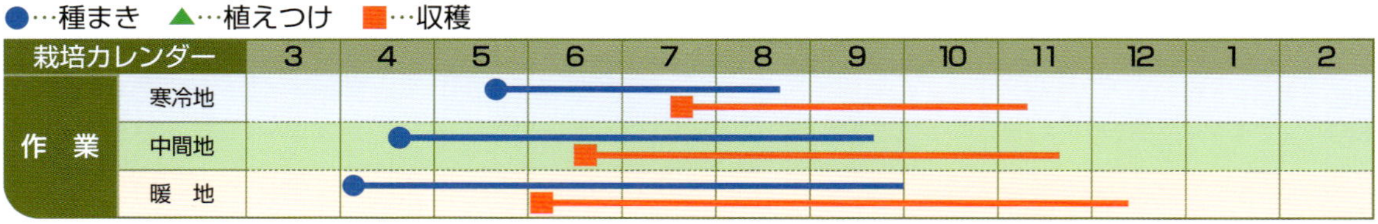

花が１つぐらい咲く頃に収穫・利用する

カイランは、地中海沿岸が原産のキャベツやブロッコリーの仲間ですが、耐暑性があり、中国南部〜東南アジアで夏の葉菜としてよく栽培されています。利用するのは小さな花蕾《からい》と直径２㎝程度に肥大した花茎《かけい》で、独特の風味があります。

種まきの適期は４月下旬〜９月中旬頃で、まいてから50〜60日で収穫できます。つぼみを利用するので、収穫が遅れるとすぐに花が咲き、食味が落ちてしまいます。早めの収穫を心がけましょう。

品種はとくにありません。「カイラン」「芥藍《かいらん》」などの名称で市販されている種を購入します。

P．206でも紹介した「スティックセニョール」という茎ブロッコリーは、このカイランとブロッコリーをかけ合わせてつくった品種です。

栽培のようす

1. 土づくり・種まき

発芽まで乾かさないように管理する

種まきの2週間前に、畝幅を60cmとしてひもを張り、石灰100g/m^{2}を散布して耕します。1週間前には、中央に深さ15cmの溝を掘り、堆肥2kg/m^{2}と化成肥料100g/m^{2}を施して埋め戻し、高さ10cmの畝を立てます。畝に条間20cmの2列に、株間10〜15cmでくぼみをつけ、種を4〜5粒ずつの点まきにします（株間が広すぎると食感がすじっぽくなるので注意）。土を薄くかけてたっぷりと水をやり、発芽するまで乾かさないように管理します。

4〜5粒ずつの点まきにして薄く土をかけ、水をやる

2. 間引き・追肥・土寄せ

2回目の間引き以降に追《つい》肥《ひ》を行う

芽が出たら3本に間引き、軽く土を寄せて安定させます。本葉2〜3枚で2本に、4〜5枚で1本に間引き、2回目以降は、化成肥料30g/m^{2}を株間に施して土を寄せます。1本立ちにした後も、生育がよくない場合は追肥を施します。

芽が出たら3本に間引き、土寄せをする

本葉2〜3枚で2本に間引き、追肥・土寄せをする

本葉4〜5枚で1本に間引き、追肥・土寄せをする

3. 収穫（種まきから約50〜60日）

花が1つ咲く頃に、早めに収穫する

花が1つ咲く頃に、先端から20cmぐらいの部分を手で折るか、はさみで切って収穫します。草丈が15cmぐらいに生長した頃から、若取り菜として利用することもできます。

先端から20cmぐらいの、軟らかい部分を収穫する

病害虫の防除

アオムシやコナガ、アブラムシなどがつきます。アオムシやコナガにはトアロー®フロアブルCT（BT水和剤）1000倍を、アブラムシにはオレート®液剤100倍を散布してしっかりと駆除します。

ヒルガオ科　難易度★☆☆☆☆

クウシンサイ(エンサイ)

高温多湿の時期によく育ち 次々と収穫が楽しめる

こんな場合はどうする？

- 種をまいても芽が出ない→一昼夜水に浸してからまく
- 葉色が薄くなった→追肥《ついひ》・水やりをしっかりと行う

育てやすい品種：夏サラダ（生食可）など

連作障害の有無：少ないが１～２年は避ける

コンテナ栽培のポイント：標準型のコンテナに、30㎝間隔でくぼみをつけて３粒ずつ種をまく。多めに土をかけてたっぷりと水をやり、以降は、乾かさないように管理する。発芽後は、互いの葉がつかない程度に間引き、２週間に１回のペースで化成肥料10gを株間に施す。わき芽が茂ってきたら、つる先15～20㎝ぐらいを摘んで収穫する。

特徴的な栄養素：カロテン（美肌効果）、ビタミンE（抗酸化作用）、カルシウム（骨・歯の成分）、食物繊維（便秘の改善）

オススメの食べ方：中華風の炒め物に向いています。

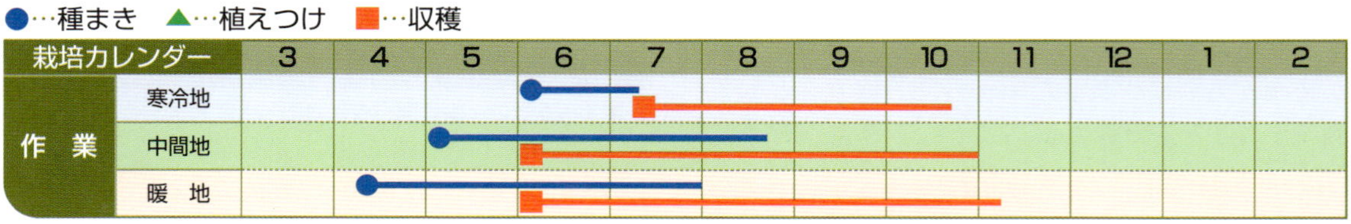

5月に種をまけば秋まで収穫できる

熱帯アジアが原産。高温多湿な気候を好み、夏から秋まで、次々に伸びてくるわき芽を収穫することができます。葉を茂らせるため、窒素《ちっそ》分を多めに施して栽培しましょう。ただし、低温には弱く、10℃以下で生長が止まり、霜にあたると枯死してしまいます。

品種は、葉の形によって柳葉《やなぎば》形と長葉《ながば》形に分けられます。「クウシンサイ」「エンサイ」「エンツァイ」「アサガオナ」「ヨウサイ」の名称で市販されている種を購入してまきます。最近は、サラダに利用できる生食用の品種も出ています。

クウシンサイの花

1. 土づくり・種まき

種は一昼夜水に浸してからまく

種まきの２週間前に、石灰150g/m^2を畑全面に散布して耕します。１週間前には堆肥２kg/m^2と化成肥料100g/m^2を散布して耕し、幅70〜100cm、高さ10cmの畝を立てます。

種は一昼夜水に浸して十分に吸わせ、畝に30cm間隔でくぼみをつけて３粒ずつまきます。土を多めにかけて軽く押さえ、たっぷりと水をやります。

❶❷株間30cmでくぼみをつけ、３粒ずつ種をまく
❸土をかけて軽く押さえ、たっぷりと水をやる

2. 追肥

肥《ひ》切《ぎ》れを起こさないように追肥する

長期間、次々と収穫するので、肥切れを起こさないよう、２週間に１回程度のペースで、畝の肩に化成肥料30g/m^2を施します。また、１週間に１回、水やりを兼ねて500〜1000倍の液肥を与えるとよく生長します。

乾燥を防ぐため、敷きわらをしてもよいでしょう。雑草の防除にもなります。

２週間に１回、追肥・土寄せをする。保湿と雑草防除のため、敷きわらをしてもよい

3. 収穫（種まきから約30〜45日）

つる先の軟らかい部分を摘み取る

最初の収穫は、草丈が20cm程度に生長した頃に、地面から５cmほどを残して摘み取り、わき芽の発生を促します。わき芽が茂り、20〜30cmに伸びてきたら、軟らかい部分を順次摘み取って利用します。肥切れと乾燥に気をつけながら栽培しましょう。

わき芽が茂ってきたら、つる先15〜20cmぐらいの軟らかい部分を収穫する

病害虫の防除

病害虫はほとんど見られません。家庭菜園でも、無農薬栽培は十分に可能です。

キク科　難易度★☆☆☆☆

カモミール

リンゴのような香りがする かわいい小花を咲かせる

こんな場合はどうする？

- 花期が短い→なるべく咲き始めの花を収穫する
- 畑にまいても発芽しない→ポットにまいて育苗《いくびょう》する

育てやすい品種：ジャーマンカモミール（一・二年草）、ローマンカモミール（多年草）

連作障害の有無：あり（２～３年は避ける）

コンテナ栽培のポイント：深さ15cm以上のコンテナに培養土を入れて、苗を20cm間隔で植えつけ、たっぷりと水をやる。日当たりのよい場所に置き、水は土が乾いたらたっぷりと与える。追肥《ついひ》は、月に２回、化成肥料10gを株元に施すか、週に１回、薄い液体肥料を施す。咲き始めの花をこまめに摘み取り、乾燥させて利用する。

特徴的な栄養素：香りの成分（リラックス効果、睡眠改善など）

オススメの利用法：鎮静作用のあるハーブティーに。ドライフラワーやポプリにも利用できます。

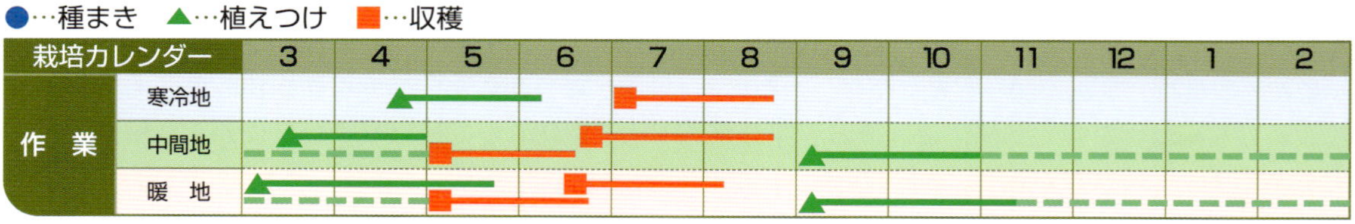

咲き始めの花を摘んで利用する

ヨーロッパ～西アジアが原産。デージーのようなかわいい花が咲き、リンゴに似た芳香を漂わせます。

栽培は、種からでも可能ですが、家庭菜園では市販の苗を植えつけるほうが簡単です。植えつけは、春３月～４月か秋９月～10月に行います。植えつけの２週間前に石灰100g/m^2を、１週間前には畝幅を45cmとして、中央に溝を掘り、堆肥２～３kg/m^2と化成肥料100g/m^2を施してよく耕します。高さ10cmの畝を立てて、20～30cm間隔で植え穴を掘り、苗を植えつけます。種から育てる場合は、ポットに４～５粒まき、芽が出たら３本に間引いて育て、本葉５～６枚の頃に植えつけます。追肥は１カ月に１～２回、１株あたり化成肥料５gを株元に施し、軽く土を寄せます。

花期になったら、なるべく咲き始めの花を収穫します。こまめに摘み取ると、花期も延びます。茎が間延びしたら、適度に刈り込みましょう。病害虫の発生が防げます。アブラムシが発生したら、捕殺するかオレート®液剤100倍で駆除します。

ユリ科　難易度★☆☆☆☆

チャイブ

刈り取り収穫を繰り返せる便利なネギ系のハーブ

こんな場合はどうする？
- 枯れてきた①→土壌の排水性をよくする
- 枯れてきた②→適宜に収穫する

育てやすい品種：とくになし

連作障害の有無：あり（１～２年は避ける）

コンテナ栽培のポイント：深さ15cm以上のコンテナに培養土を入れて、20cm間隔で植え穴を掘り、苗を植えつけて、たっぷりと水をやる。草丈が10cmほどに生長したら化成肥料10gを施し、土を寄せる。草丈が25～30cmになったら、収穫の適期。必要な分を根元から４～５cm残して刈り取る。収穫後は必ず、追肥《ついひ》・土寄せをする。

特徴的な栄養素：ネギとほぼ同じ

オススメの利用法：サラダやスープにちらします。ピンク色の花びらもサラダにちらして彩りを楽しめます。また、ネギの代わりに薬味としても利用できます。

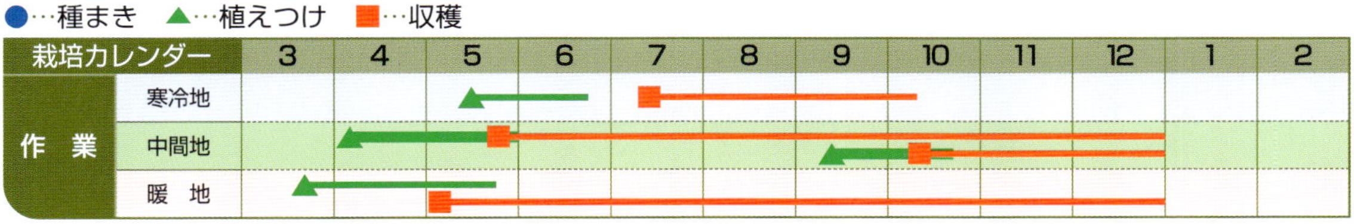

畑の水はけをよくして栽培する

チャイブは、ヨーロッパ原産のネギの仲間で、セイヨウアサツキとも呼ばれます。アサツキのように葉や鱗茎《りんけい》を利用しますが、香りはよりソフトです。日当たりと水はけのよい場所を好み、一度植えつけると、数年は繰り返し収穫できます。

栽培は、種をまいて育苗することもできますが、家庭菜園では市販の苗を購入して植えつけるのがよいでしょう。植えつけの適期は、４月～５月頃です。植えつけの２週間前に、石灰150g/m^{2}を畑全面に散布してよく耕し、１週間前には、堆肥２～３kg/m^{2}と化成肥料100g/m^{2}を施して耕します。幅45～50cm、高さ10cmの畝を立てて、20～25cm間隔で植え穴を掘り、苗を植えつけます。株元を手で軽く押さえ、たっぷりと水をやります。

草丈が10cm程度に生長したら、化成肥料30g/m^{2}を株元に施し、軽く土を寄せます。草丈が25～30cmに生長したら、収穫できます。根元から４～５cmほど残して、必要な分を刈り取ります。収穫後は、化成肥料30g/m^{2}を施して土寄せをしましょう。次々と新芽が伸びてきます。

セリ科 難易度★☆☆☆☆

コリアンダー

葉はクセのある独特な香り
果実は爽やかな柑橘系の香り

こんな場合はどうする？

・食害される→キアゲハの幼虫を見つけて捕殺する

・発芽しない→種を一昼夜水に浸してからまく

連作障害の有無：あり（1～2年は避ける）

コンテナ栽培のポイント：深さ20㎝以上のコンテナに培養土を入れて、10～15㎝間隔でくぼみをつけ、7～8粒ずつの点まきにする。発芽したら3本に、本葉2～3枚で2本に、本葉4～5枚で1本に間引く。水やりは、乾いたらたっぷりと与えるようにする。追肥《ついひ》は月に2回、化成肥料10gを株元に施す。本葉15枚程度に生長したら、必要なだけ摘んで収穫する。

特徴的な栄養素：カロテン（美肌効果）、ビタミンC（風邪予防）、カルシウム（骨・歯の成分）、香りの成分（消化促進、食欲増進、利尿作用など）

オススメの利用法：葉や茎はエスニック料理に。果実はスパイスに利用します。

●…種まき ▲…植えつけ ■…収穫

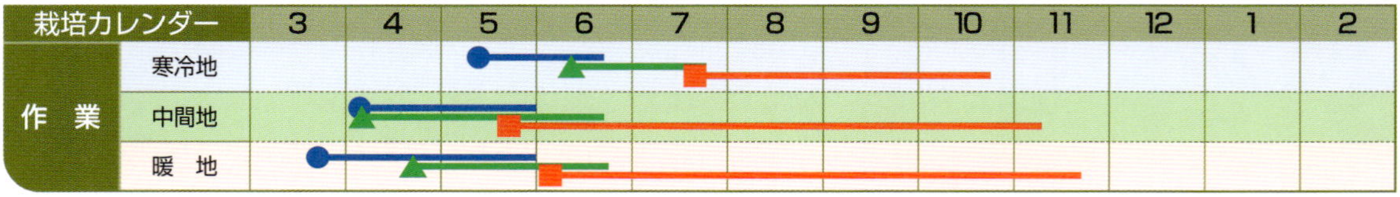

日当たりと排水性のよい場所で育てる

地中海沿岸が原産。葉や茎にドクダミに似た香りがあり、日本人は好き嫌いが分かれますが、東南アジアや中国では料理の香りづけによく使われ、とくにタイ料理のトムヤムクンやベトナムの生春巻きには欠かせません。また、完熟した果実には爽《さわ》やかな柑橘《かんきつ》系の芳香があり、スパイスとして用いられます。

栽培は、移植を嫌うので種を畑に直まきします。種まきの2週間前に石灰100g/m^2を、1週間前に堆肥2kg/m^2と化成肥料100g/m^2を散布して深めに耕し、排水性をよくしておきます。幅30～40㎝、高さ10㎝の畝を立て、15～20㎝間隔で深さ1㎝のくぼみをつけて7～8粒ずつ種をまきます。条間15～20㎝のすじまきでもよいでしょう。軽く土をかけて手で押さえ、たっぷりと水をやります。発芽したら3本立ちに、本葉2～3枚で2本立ちに、本葉4～5枚で1本立ちにします。追肥は1カ月に2回のペースで化成肥料30g/m^2を株元に施し、軽く土を寄せます。

本葉15枚程度に生長したら収穫できます。

セリ科　難易度★☆☆☆☆

フェンネル

繊細な草姿と甘い香りの葉・葉柄・果実を利用

こんな場合はどうする？

・食害される→キアゲハの幼虫を見つけて捕殺する
・株が大きくならない、太らない→適期に種をまく

育てやすい品種：フローレンスフェンネルなど

連作障害の有無：あり（１～２年は避ける）

コンテナ栽培のポイント：深さ15cm以上のコンテナに培養土を入れて、株間を25cmとって３株の苗を植えつける。草丈が30cmになったら、月に２回のペースで化成肥料10gを株元に施す。１年目の収穫は植えつけから約60～70日後。葉・葉柄《ようへい》・花・果実を利用できる。冬は地上部が枯れるが、春には再び芽を出す。

特徴的な栄養素：香りの成分（抗菌作用、消化促進、利尿作用、口臭防止など）

オススメの利用法：葉は魚や肉料理の香りづけに。果実は乾燥させてスパイスとして用います。フローレンスフェンネルは肥大した葉柄をスープなどにします。

●…種まき　▲…植えつけ　■…収穫

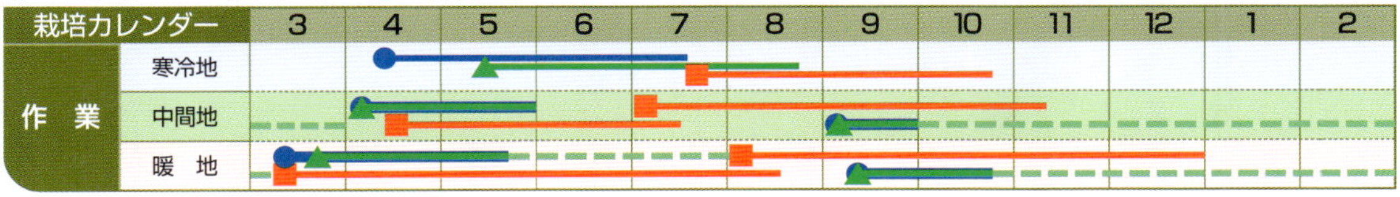

１カ月に２回、追肥しながら栽培する

地中海沿岸が原産。日当たりと水はけのよい場所を好みます。

栽培は、種から育てる場合は４月～５月、ポットに５～６粒まき、本葉４～５枚で１本立ちにして植えつけます。市販の苗を植えつける場合は、４月～７月に。植えつけの１週間前に堆肥２～３kg/m²と化成肥料100g/m²を散布して耕しておきます。幅60cm、高さ10cmの畝を立て、株間を広め（40～50cm）にとって植えつけます。寒くなると生長が止まって大きくならないので、種まきや植えつけは適期に行いましょう。１カ月に２回、化成肥料30g/m²を株の周りに施し、株元に土を寄せます。

１年目は植えつけから60～70日後の７月～10月に、２年目以降は４月中旬～７月中旬に収穫できます。葉や葉柄・花・果実、すべての部分が食べられます。毎年３月～４月に、堆肥を株元へ施しておきましょう。ただし、株元の葉柄が肥大するフローレンスフェンネルは収穫すると株が残らないので、翌年は再び種から育てます。

コモンセージ

パープルセージ

シソ科　　難易度★☆☆☆☆

セージ

強い香りとほろ苦さが肉や魚に合うハーブ

こんな場合はどうする？

- 根腐れを起こす→水やりを控える
- 株が倒れる→支柱を立てて誘引《ゆういん》する

育てやすい品種：コモンセージ、パープルセージ

連作障害の有無：あり（2～3年は避ける）

コンテナ栽培のポイント：標準型のコンテナに培養土を入れ、苗を植えつける。追肥《ついひ》は2週間に1回、化成肥料10gを施し、水やりは乾いたらたっぷりと与えるようにする（水のやりすぎと肥切《ひぎ》れに要注意）。生葉は使うたびに、乾燥保存する場合は1年に2～3回収穫する。常緑低木のため、生長して根が回ったら、ひと回り大きなコンテナに植え替える。

特徴的な栄養素：香り成分（精神安定、疲労回復、防腐効果、抗菌効果など）

オススメの利用法：魚や肉を料理する際のにおい消しに。ハーブティーにも利用できます。

●…種まき　▲…植えつけ　■…収穫

栽培カレンダー		3	4	5	6	7	8	9	10	11	12	1	2
作業	寒冷地			▲—	—	■—	—	—	—				
	中間地		▲—	—		■—	—	—	—				
	暖地	▲—	—	—	■—	—	—	—	—	—			

土壌を乾燥気味に管理する

ヨーロッパが原産。抗菌作用などがあるとされ、古くからハーブティーや入浴剤などに利用されており「ヤクヨウサルビア」とも呼ばれます。また、肉・魚料理に合うスパイスとして用いられ、このセージが「ソーセージ」の名称の由来になったという説もあります。

生育適温は15～20℃と冷涼な気候を好みます。低温と乾燥には強いのですが、高温と多湿に弱いので、夏場や長雨の時期には、遮光《しゃこう》や雨除《あめよ》けなどの対策をするとよいでしょう。

栽培は、4月～5月に種をまいて7月～10月に収穫する春まきと、9月上旬～10月上旬にまいて翌5月～10月に収穫する秋まきができますが、市販の苗を植えつけるほうが簡単でおすすめです。

セージにはさまざまな種類があり、一般的な「コモンセージ」や「パープルセージ」のほか、花の美しい「チェリーセージ」や「メキシカンブッシュセージ」、苞葉《ほうよう》が淡紅色や白色になる「ペインテッドセージ」などもあります。夏の花壇で親しまれている「サルビア」もこの仲間です。

1. 土づくり・植えつけ

土の水はけをよくする

植えつけの２週間前に石灰100g/m^2を、１週間前には堆肥２～３kg/m^2と化成肥料100g/m^2を散布して、よく耕します。幅60㎝、高さ10㎝の畝を立て、30～40㎝間隔で苗を植えつけます。

種から育てる場合は、ポットに５～６粒ずつまいてたっぷりと水をやり、芽が出たら生育のよい苗を残して間引き、３本立ちにします。ポットの底から根が見えたら植えつけます。

❶❷株間30～40㎝で植え穴を掘り、水を注ぐ
❸水が引いたら苗を植えつけ、株元を軽く手で押さえる
❹植えつけ後、たっぷりと水をやる

2. 追肥・土寄せ・収穫

開花直前に収穫する

追肥は１カ月に１回、１株あたり化成肥料５g程度を施して、軽く土を寄せます。

開花直前が収穫の適期です。必要な分の葉を摘み取って収穫します。

害虫はアブラムシがつきます。見つけしだい捕殺しましょう。

株回りに追肥を施し、軽く土を寄せておく

必要なだけ、葉を摘み取って収穫

シソ科　難易度★☆☆☆☆

タイム

多湿に気をつければ簡単に栽培できる

こんな場合はどうする？

・枝が混んで下葉がなくなり、見た目が悪い
→風通しをよくするためにも刈り込んで草姿《そうし》を整える

育てやすい品種：コモンタイム、クリーピングタイム

連作障害の有無：あり（2～3年は避ける）

コンテナ栽培のポイント：標準型のコンテナに培養土を入れて苗を植えつけ、日当たりと風通しのよい場所で管理する。追肥《ついひ》は2週間に1回、化成肥料10gを施し、水やりは乾いたらたっぷりと与えるようにする（水のやりすぎと肥切《ひぎ》れに要注意）。草丈20～30cmに生長したら、先端から5cm程度の若い部分を摘み取って収穫する。収穫は一年中可能。

特徴的な栄養素：香り成分（精神安定、防腐作用、抗菌作用など）

オススメの利用法：魚や肉を料理する際のにおい消しに。サラダやスープ、ハーブティーにも利用できます。

●…種まき　▲…植えつけ　■…収穫

栽培カレンダー		3	4	5	6	7	8	9	10	11	12	1	2
作業	寒冷地			▲	―	■	―	―	―				
	中間地	▲	■	―	―	―	―	―	―	―			
	暖地	▲	■	―	―	―	―	―	―	―			

株が混んできたら、収穫を兼ねて刈り込む

地中海沿岸が原産。生育適温は15～20℃で、日当たりと水はけのよい場所を好みます。高温にも低温にも強く、やせ地でも育ち、さし芽で簡単にふやせるほど生育が旺盛《おうせい》です。ただし、多湿を嫌います。枝がふえすぎて株が混み合い、風通しが悪くなると病気が発生するので、とくに長雨が続く時期は刈り込みを行いましょう。刈り込んだ葉や茎も利用します。

南欧の肉・魚料理には欠かせないハーブで、フランス料理ではブーケガルニ（数種のハーブを束ねたもの。煮込み料理などの香りづけに）に用いられます。

栽培は、種が小さいので、ポットで草丈7～8cm程度まで育苗《いくびょう》してから植えつけますが、市販の苗を植えつけるほうが簡単でおすすめです。

草丈20～30cmでまっすぐ上に伸びる「コモンタイム」や這《は》い性《せい》の「クリーピングタイム」などがあります。日本の高山植物「イブキジャコウソウ」もこの仲間です。

2. 土づくり・植えつけ

草丈7～8㎝の苗を植えつける

植えつけの２週間前に石灰100g/m^2を、１週間前には堆肥２～３kg/m^2と化成肥料100g/m^2を散布して耕し、幅60cm、高さ10cmの畝を立て、株間30cmで植えつけ、たっぷりと水を与えます。

種から育てる場合は、ポットに７～８粒ずつまいてたっぷりと水をやり、芽が出たら間引いて３本立ちにし、追肥をしながら草丈７～８cm程度まで育てます。

❶株間30cmで植え穴を掘る
❷植え穴に水を注ぐ
❸水が引いたら植えつけて、株元を軽く手で押さえる

市販の苗を植えつけると、簡単に栽培できる

3. 収穫（植えつけから約40～50日）

枝先5㎝程度を切り取る

夏場は乾燥を防ぐために敷きわらをしておきます。草丈が20cmぐらいに生長したら、枝先５cm程度を切り取って収穫します。枝がふえて混んできたら、株元の枝を刈り込み、風通しをよくしておきましょう。害虫はとくにありません。

コンテナ栽培のようす

枝先５cm程度の若い部分を切り取って収穫

シソ科　難易度★☆☆☆☆

バジル

トマトとの相性がよい フレッシュな香り

こんな場合はどうする？

・うまく発芽しない→暖かくなってから種をまく

・葉が硬い→水やりと追肥をしっかりと行う

育てやすい品種：スイートバジルなど

連作障害の有無：少ないが１～２年は避ける

コンテナ栽培のポイント：標準型のコンテナに、１cm間隔のすじまきにするか、20～30cm間隔で５～６粒ずつの点まきにして薄く土をかけ、たっぷりと水をやる。発芽するまで、土を乾かさないように管理する。生長とともに間引き、本葉６～８枚の頃には株間20～30cmの１本立ちにする。間引き後は株元に化成肥料10gを施し、軽く土を寄せる。草丈が20cm以上になったら収穫する。

特徴的な栄養素：カロテン（美肌効果）、ビタミンK・カルシウム（骨《こつ》粗《そ》鬆《しょう》症《しょう》予防）、カリウム（ナトリウムの排泄《はいせつ》）、香り成分（食欲増進、抗菌作用）など

オススメの利用法：生で。ペーストにしてソースに。

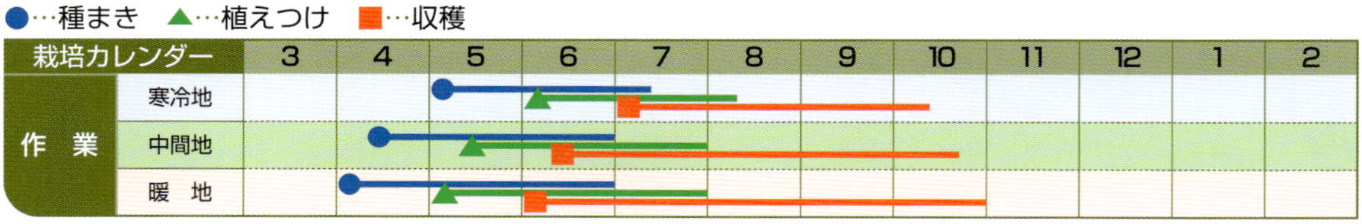

乾燥と肥切れに注意して育てる

熱帯アジアが原産で、生育適温・発芽適温ともに25℃前後と高温を好みます。したがって、あまり早い時期に種をまいても、うまく発芽しないことがあるので、気温が上がる４月中旬以降に種をまくようにします。

栽培は、日当たりのよい場所を好み、日照条件が悪いと生育も悪くなります。土壌の乾燥が続くと葉が硬くなるので、水やりはこまめに行いましょう。また、花が咲くと葉が硬くなり、香りが落ちるので、早めに花穂《かすい》を摘み取ります。

フレッシュな香りはトマトと相性がよく、また、イタリア料理には欠かせないハーブです。新鮮な生葉をサラダやピザ、パスタのトッピングとするほか、ペースト（ジェノベーゼソース）にして用います。

一般的な「バジル（スイートバジル）」のほか、香りの異なる「シナモンバジル」や「レモンバジル」、草丈の低い「ブッシュバジル」、葉が赤紫色の「ダークオパールバジル」などがあります。

1. 土づくり・種まき

暖かくなってから種をまく

種まきの１週間前に、堆肥２～３kg/m^2と化成肥料100g/m^2を散布して耕します。幅45～50cm、高さ10cmの畝を立て、浅く溝をつけて種を１cm間隔の「すじまき」にします。30cm間隔でつけたくぼみに５～６粒ずつまく「点まき」でもよいでしょう。気温が低い場合は、ポットにまいて暖かい場所で管理し、本葉５～６枚の頃に植えつけます。

元肥を施して耕し、畝を立てる

溝をつけ、種をすじまきにする

土をかけ、たっぷりと水をやる

気温が低い場合はポットにまいて育苗してもよい

2. 間引き・追肥

株間30cmに間引いていく

生長とともに、葉が混み合わないように間引いていきます。本葉６～７枚の頃には株間30cmの１本立ちにします。間引いた後は化成肥料30g/m^2を施し、軽く土を寄せましょう。

❶❷発芽後、生長を見ながら間引いていき、最終的には本葉６～７枚の頃までに株間30cmになるようにする。間引き後は追肥・土寄せを行う
❸それ以降も１カ月に１～２回、追肥・土寄せを行う

3. 収穫（種まきから約60～70日）

必要なだけ葉を摘み取る

草丈20cm以上に生長したら、必要なだけ葉を摘んで収穫します。わき芽を残しておけばそこから茎葉が生長し、長く収穫を楽しむことができます。

草丈が20cm以上になれば、収穫の適期。わき芽を残し、必要なだけ葉を摘んで収穫する

病害虫の防除

アブラムシやハダニがついた場合は、見つけしだい捕殺しましょう。新鮮な生葉を使うことが多いので、薬剤の使用はなるべく抑えたいものです。ハダニには葉水《はみず》も効果的です。

シソ科　難易度★☆☆☆☆

ミント

清涼感のある爽やかな香りが特徴のハーブ

こんな場合はどうする？

- 伸びすぎて倒れる→定期的に刈り込む
- 広がりすぎて困る→鉢植えにして、鉢ごと植えつける

育てやすい品種：ペパーミント、アップルミントなど

連作障害の有無：あり（1～2年は避ける）

コンテナ栽培のポイント：深さ15cm以上のコンテナに、培養土を入れ、種をすじまきにして薄く土をかけ、たっぷりと水をやる。発芽するまで、乾かさないように管理し、生長につれて株間20cm程度まで間引いていく。本葉がふえてきたら、軟らかく香りのよい葉先を摘んで収穫する。6～7月頃の生長期には、蒸れて弱ることがあるので、適度に刈り込む。また、地下茎を盛んに伸ばすので、小さなコンテナの場合は目詰まりを起こす前に株分けをする。

特徴的な栄養素：香りの成分（精神安定、口臭予防など）

オススメの利用法：ハーブティーやお菓子の飾りつけに。

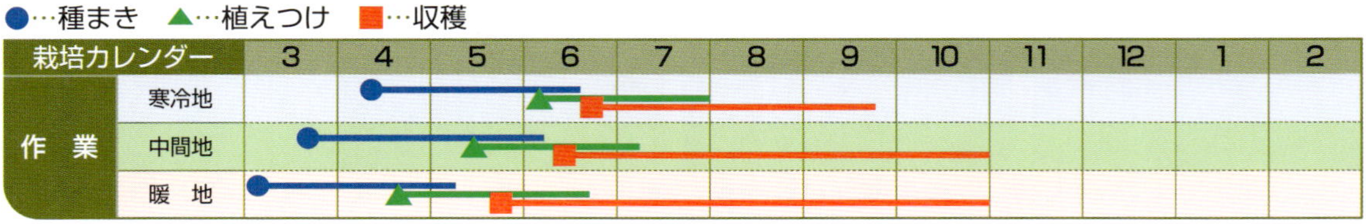

地下茎を伸ばしてどんどんふえる

ミント類にはさまざまな種類があり、世界各地に広く分布しています。いずれも生育旺盛《おうせい》で、とくに手をかけなくてもよく育ち、地下茎や種によってどんどんふえていきます。あまりふやしたくない場合は、直径20cm程度の鉢に植え、その鉢ごと植えつけましょう。

栽培は、種からでも市販の苗を植えつけてもよいでしょう。あるいは、水を入れたコップに茎をさしておけば発根するので、苗として利用できます。土壌を選ばず、半日陰《はんひかげ》の湿った場所でも生長します。わき芽を残しておけば、新たな茎葉が伸びるので、長く収穫を楽しむことができます。ただし、花が咲くと香りが弱くなるので、花穂《かすい》は早めに摘み取りましょう。

アップルミントの苗

オーデコロンミントの苗

日本ハッカの苗

1. 土づくり・植えつけ

乾かさないように管理する

苗の植えつけは、５月中旬～７月上旬が適期です（ただし、寒冷期を除けばいつでも可能）。植えつけの１週間前に、畝幅を45cmとしてひもを張り、その中央に溝を掘って堆肥２～３kg/m^2と化成肥料100g/m^2を施し、埋め戻します。高さ10cmの畝を立てて、株間30cmで苗を植えつけ、たっぷりと水をやります。

種から育てる場合は、すじまきにし、たっぷりと水をやります。発芽後は、生長にしたがって間引いていき、最終的には株間30cmにします。

畝幅45cmとして、中央に溝を掘る

元肥を施して埋め戻す

株間30cmで苗を植えつける

2. 収穫（植えつけから約30～40日）

軟らかい若葉を摘み取る

本葉がふえてきたら、軟らかい若葉を摘み取って収穫します。花が咲くと葉が硬くなるので、花穂が伸びてきたら摘み取ります。地下茎が伸び、混んできたら株分けをしましょう。

茎の先端の軟らかい部分を摘み取って収穫する

病害虫の防除

とくに目立った病害虫による被害はありません。乾燥が続いたときにハダニがつくことがあるぐらいです。

アップルミント

パイナップルミント

キャットミント

シソ科　難易度★☆☆☆☆

ラベンダー

リラックス効果のある香りと美しい花が魅力

こんな場合はどうする？

- 梅雨期に枯れる→下葉４～５枚を残して刈り込む
- 厳冬期に枯れる→寒さに強い品種を選んで育てる

育てやすい品種：イングリッシュラベンダーなど

連作障害の有無：あり（２～３年は避ける）

コンテナ栽培のポイント：直径20cm（６～７号）以上の鉢に培養土を入れ、苗を植えつける。手で土を軽く押さえ、たっぷりと水をやる。多湿を嫌うので、植えつけ後は水やりを控えめにする。追肥《ついひ》は春先と収穫後に、化成肥料10gを株元に施す。収穫は植えつけ翌年の６月～７月、開花直前の花穂《かすい》を茎葉ごと切り取り、風通しのよい日陰の場所につって乾燥させ、保存する。

特徴的な栄養素：香りの成分（リラックス効果、睡眠改善など）

オススメの利用法：ドライフラワーやポプリにして、香りを楽しみます。

収穫適期の花穂

花後のようす

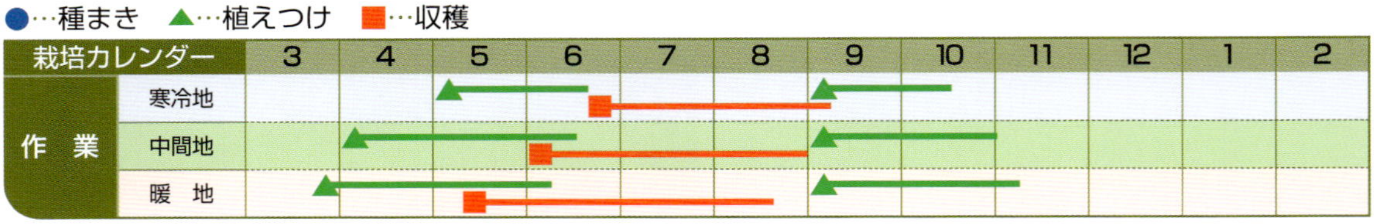

花が開く直前の花穂を収穫する

地中海沿岸が原産。冷涼な気候と乾燥気味の土壌を好み、高温多湿を嫌います。

家庭菜園での栽培は、市販の苗を購入して植えつけるのが一般的です。植えつけの２週間前に石灰150g/m²を、１週間前には堆肥２～３kg/m²とラベンダー用の化成肥料（窒素《ちっそ》分が控えめのもの）100g/m²を散布してよく耕します。幅45cm、高さ10cmの畝を立てて、30cm間隔で植え穴を掘り、苗を植えつけて、たっぷりと水をやります。苗が根づくまでは寒冷紗《かんれいしゃ》をかけ、越冬中の水やりは、土が乾いてから行う程度にします。

収穫は、植えつけの翌年から。６月～７月頃に、開花直前（この頃が精油成分をいちばん多く含むので香りが強い）の花穂を茎葉ごと切り取ります。収穫後は、化成肥料30g/m²を株回りに施して土を寄せ、春先にも同様に追肥・土寄せを行います。

高温多湿の梅雨期に枯れることが多くなります。花期が終わったら下葉４～５枚を残して刈り込み、風通しをよくしてやりましょう。

シソ科　難易度★☆☆☆☆

レモンバーム

レモンと同じ香り成分を含み ハーブティーに最適

こんな場合はどうする？
- 葉が黄色くなる①→追肥と水やりをしっかりと行う
- 葉が黄色くなる②→夏場は日《ひ》除《よ》けをする

連作障害の有無：あり（1～2年は避ける）

コンテナ栽培のポイント：標準型のコンテナに培養土を入れ、くぼみをつけて種を4～5粒の点まきにする。薄く土をかけて、たっぷりと水をやり、以降は乾かさないように管理する。発芽後は生長にしたがって間引き、最終的には1本立ちにする。本葉がふえてきたら、香りのよい若葉を摘んで収穫する。生長期には伸びすぎて蒸れ、弱ることがあるので、適度に刈り込むとよい。また、大株に生長するので、小さなコンテナの場合は、目詰まりを起こす前に株分けをする。

特徴的な栄養素：香りの成分（精神安定、睡眠改善、鎮痛作用など）

オススメの利用法：生葉をハーブティーに利用します。

苗

収穫のようす

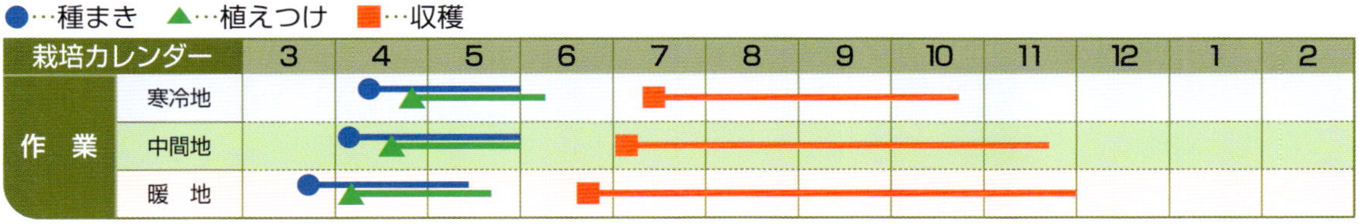

かなりの大株に生長する

南ヨーロッパが原産。レモンと同じ成分「シトラール」を含み、生葉でいれた「メリッサティー」を飲めば、爽《さわ》やかな香りで心が落ち着くでしょう。

栽培は、種からでも可能ですが、家庭菜園では市販の苗を購入して植えつけるほうが簡単です。植えつけの2週間前に石灰150g/m²を、1週間前には堆肥2～3kg/m²と化成肥料100g/m²を散布して耕します。幅45cm、高さ10cmの畝を立て、30cm間隔で植え穴を掘って苗を植えつけ、たっぷりと水をやります。

種から育てる場合は、ポットにまいて育苗《いくびょう》し、ポットの底から根が見えたら植えつけます。いずれの場合も、乾かさないように管理しましょう。

植えつけ後、1カ月に2回のペースで化成肥料30g/m²を施すか、1カ月に1回液体肥料を与えます。また、夏場は夕方に水をやりましょう。生育旺盛《おうせい》で、かなりの大株に育ちます。

収穫は、香りのよい若葉を必要なだけ摘み取って利用します。

シソ科　難易度★☆☆☆☆

ローズマリー

強い香りに「若返り」の効果があるといわれる

こんな場合はどうする？

・生育が悪い→土壌の排水性をよくし、石灰を散布する

・鉢植えの場合→長雨の時期は、軒下などに移動する

育てやすい品種：とくになし

連作障害の有無：あり（2～3年は避ける）

コンテナ栽培のポイント：直径20cm（6～7号）以上の大きめの鉢に、排水性がよく有機物の多い培養土を入れて、苗を植えつけ、たっぷりと水をやる。過湿になると根腐れを起こして生育が悪くなるので、水やりは控えめにする。梅雨期など長雨にさらすと枯れることがあるので、軒下などに避難させる。追肥《ついひ》は2週間に1回、化成肥料10gを施す。常緑低木なので収穫は一年中可能。若い茎葉を切り取って収穫する。

特徴的な栄養素：香りの成分（食欲増進、血行促進、記憶力の向上、精神安定など）

オススメの利用法：魚や肉を料理する際のにおい消しに。

●…種まき　▲…植えつけ　■…収穫

栽培カレンダー		3	4	5	6	7	8	9	10	11	12	1	2
作業	寒冷地		●	▲									
	中間地	●	▲				収穫は植えつけ1カ月後から年中可能						
	暖地	●▲											

乾燥気味の環境で育てる

ローズマリーは、地中海沿岸の乾燥地帯が原産。マツの葉にも似た強く刺激的な香りには「若返り」の効果があるといわれ、古くから化粧水や入浴剤などに用いられてきました。料理にも使われ、肉・魚料理やジャガイモ料理によく合います。

過湿を嫌うので、大事に育てようとして頻繁に水を与えると、逆に生育が悪くなるので注意が必要です。植えつけ時やしばらく乾燥が続く場合と真夏以外は、水やりはしなくてよいでしょう。鉢やコンテナで栽培している場合は、土が乾いたらたっぷりと与えるようにします。日当たりと風通しがよく、有機物の多い場所を好みます。また、寒さには比較的強く、関東以南であれば真冬でも屋内に取り込む必要はありません。

地面を這《は》うように生長する「這い性《せい》」の品種と、まっすぐ上に伸びる「立《た》ち性《せい》」の品種があり、立ち性の品種は生長すれば1m近くにもなります。

ローズマリーの花

1. 土づくり・植えつけ

高さ5～10㎝の畝を立てる

種まきからでも栽培できますが、市販の苗を植えつけたほうが簡単です。植えつけの２週間前に石灰100g/m^2を散布してよく耕し、１週間前には畝幅を60㎝としてひもを張り、中央に溝を掘って堆肥２～３kg/m^2と化成肥料100g/m^2を施し、埋め戻します。高さ５～10㎝の畝を立て、50～60㎝間隔で植え穴を掘って苗を植えつけます。植えつけ後はたっぷりと水をやります。

❶畝幅の中央に溝を掘り、元肥を施す
❷株間50～60㎝で苗を植えつける
❸たっぷりと水をやる

ローズマリーの苗

2. 追肥・刈り込み・収穫

本格的な収穫は植えつけの翌年から

開花直前に株元から３分の１程度を残して刈り込みます。わき芽が伸びてよく茂るので、株が大きく生長したら、新芽を先端から10～15㎝ほどで切り取って収穫します。ただし、少量ずつ使う場合は、植えつけの１カ月後から収穫できます。病害虫はとくにありません。

１カ月に１回、化成肥料30g/m^2を施し、土を寄せる

新芽を先端から10～15㎝ほどで切って収穫

用語解説

野菜づくりをするうえで、知っておくと便利な用語を五十音順に解説します。用語の前の＊は、本文では使用していないことを表しています。

あ行

赤玉土（あかだまつち）

火山灰土《かざんばいど》をふるいで粒の大きさごとに分けたもので、細粒から大粒まであります。排水性、保水性、通気性のよい酸性土です。種まき用土やコンテナ栽培用土などに混ぜて使います。

秋まき（あきまき）

秋に種をまいて、冬から春にかけて収穫を行う栽培方法です。

浅植え（あさうえ）

苗などの根が地表から出ない程度に浅く植えつけること。水はけの悪い場所に有効です。反対に、茎が多少隠れる程度に植えることを「深植《ふかう》え」といいます。

油かす（あぶらかす）

ナタネやダイズなどから油をしぼり取った残りかすのことで、有機質肥料のひとつ。窒素《ちっそ》分を多く含みます。

育種（いくしゅ）

病気に強い品種や収穫性が高い品種、味のよい品種などに遺伝的な性質を改良すること。

石ナス（いしなす）

硬くて光沢のないナスの不良果実。低温や日照・水分不足などにより、種なし果になるためにできます。対策として、低温期は一・二番花が開花してすぐにホルモン剤を散布します。生長して茎葉が混んできたらしっかりと整枝《せいし》を行い、日光が遮《さえぎ》られないようにしましょう。

移植（いしょく）

例えばポットから畑へと、種をまいた場所から、育てる場所へ苗を植え替えること。

一代交配種（いちだいこうはいしゅ）

「一代雑種」や「F_1《エフワン》品種」ともいいます。遺伝子の異なる個体間を交雑させてつくられた雑種一代目の品種で、生育が旺盛《おうせい》でそろいがよい、という特性があります。

一年草（いちねんそう）

発芽から開花、枯死《こし》までが一年以内の植物。本来は多年草でも、日本の気候の下では一年草として扱われる植物も多く、野菜の多くがこれに該当します。

一番花（いちばんか）

その株で最初に咲く花のこと。房状に複数の花が集まって咲くトマトなどの場合は「第一花房」といいます。

1本立ち（いっぽんだち）

苗や株を間引き、生育のよいものを1本だけ残すこと。

忌地（いやち）＊

一度収穫をした畑で、連続して同じ野菜を栽培すると、芽が出なかったり、枯れたりするなどの障害が出る現象をいう。野菜の種類によって異なりますが、1年から5年ぐらいの間隔をあけて栽培します（「連作障害」参照）。

ウイルスフリー＊

ウイルスに感染していない、または保有していない状態。ウイルスフリー苗のように使います。

植え傷み（うえいたみ）

植えつけ作業などで植物が打撃を受け、成長が阻害《そがい》されたり枯れたりすること。

植えつけ（うえつけ）

収穫する場所に苗を植え替えること。

畝（うね）
畑の土をよく耕し、10〜20cmの高さのベッド状に細長く土を盛り上げて、種をまいたり、苗を植えつけたりする場所。

畝幅（うねはば）
畝の肩《かた》（端のこと）から肩までの幅。

畝間（うねま）
野菜の列と列の間隔のこと。

栄養系（えいようけい）*
種ではなく、つぎ木やさし木などの方法（栄養繁殖という）でふやす植物。種では親と同じ形質にならないことが多いのですが、栄養系は親とまったく同じ形質を受け継ぎます。

栄養生長（えいようせいちょう）
葉や茎（栄養器官）のみが生長すること。また、花芽や子房（生殖《せいしょく》器官）をつけ、種をつくることを生殖生長といいます。

液肥（えきひ）
液体肥料のこと。即効性があるので、追肥《ついひ》の際に使用します。通常は、水などで指定の濃度に薄めてから使います。

F_1品種（エフワンひんしゅ）
「一代交配種」参照。

塩類集積（えんるいしゅうせき）*
雨による肥料分の流出が少ないため、肥料の無機塩類が蓄積すること。根が傷み、生育障害が発生する。雨に当たらないハウス栽培などで起こります。

遅霜（おそじも）*
春先に降りる霜。果菜類は、植えつけ後に霜が降りると苗が枯死します。「晩霜《ばんそう》」ともいいます。

親づる、子づる、孫づる（おやづる、こづる、まごづる）
子葉《しよう》の成長点から伸びる主枝《しゅし》を親づる、親づるから伸びる側枝《そくし》を子づる、子づるから伸びる側枝を孫づるといいます。

お礼肥（おれいごえ）
収穫後、疲労した株に施す肥料のこと。株の勢いを回復、再生させるために行います。

か行

塊茎（かいけい）
地下茎の先が肥大したもので、デンプンなどを蓄えています。野菜ではジャガイモやショウガなどが相当します。

塊根（かいこん）
根が肥大したもので、デンプンなどを蓄えています。野菜ではサツマイモやヤーコンなどが相当します。

花茎（かけい）
花を咲かせるために伸びる茎（「とう立ち」参照）。

果梗（かこう）
茎から分かれて先に実をつける、いわゆる「へた」の部分です。

果菜（かさい）
トマトやキュウリなど、果実や若い子実を利用する野菜。ナス科やウリ科、マメ科などが含まれます。

化成肥料（かせいひりょう）
窒素、リン酸、カリを化学的に合成し、2つ以上の成分を含んだ肥料のこと。使いやすいので、現在の肥料の中心となっています。成分の含有量は商品によって異なります。

活着（かっちゃく）
苗を植えつけた野菜が、根づいて生育すること。

鹿沼土（かぬまつち）
栃木県鹿沼地方から産出される火山灰土。多孔《たこう》質で保水性と通気性のよい酸性土です。コンテナ栽培用土などに混ぜて使います。

株間（かぶま）
株と株との間。

株分け（かぶわけ）

株を分離させ、別々に育成してふやすこと。過密になった株を若返らせるために行います。

花柄（かへい）

葉のつけ根や茎から分かれて花をつける柄《え》の部分。「花梗《かこう》」ともいいます。

花房（かぼう）

花が房状になって集まっているもの。

花蕾（からい）

花のつぼみのこと。ブロッコリーやカリフラワーなどでは、この部分を食用にします。

カリ

カリウムのこと。窒素、リン酸とともに、肥料の三要素のひとつ。

緩効性肥料（かんこうせいひりょう）

成分が少しずつ、ゆっくりと効く肥料のこと。肥料焼《ひりょうや》けが起こりにくい、という特徴があります。

寒肥（かんごえ）

12～2月頃の寒冷期に施す肥料のこと。徐々に分解して、春先に効いてきます。

完熟堆肥（かんじゅくたいひ）

原料の有機物が十分に分解されて、嫌なにおいがしない状態にまで、発酵熟成の進んだ堆肥のこと。

寒冷紗（かんれいしゃ）

網目状の資材で、遮光《しゃこう》、防寒、防虫、防風などの目的に使います。網目の大きさで遮光率が変わります。通常はプラスチック製の平織《ひらおり》資材で、色は黒や白、灰色、銀色などさまざまなものがあり、目的によって使い分けます。

苦土石灰（くどせっかい）

苦土（マグネシウム）を含んだ石灰資材。アルカリ分は55%。土に混ぜ込むことで、土壌の酸度を調整することができ、また、カルシウムとマグネシウムを補給します。

鞍つき（くらつき）

円形に盛り上げた畝のこと。1株ずつ植えつけます。

茎菜（けいさい）*

アスパラガスなど、茎の部分を食べる野菜のこと。

結球（けっきゅう）

球状に葉が重なること。キャベツやハクサイ、レタスなどに見られます。

結実（けつじつ）

実と種ができること。

光合成（こうごうせい）

水、二酸化炭素を材料に、光エネルギーを利用して、植物が有機物を合成すること。

交雑（こうざつ）

遺伝子の異なる植物を交配させること。品種改良のために行います。

更新剪定（こうしんせんてい）

古い枝を切り、新しい枝を伸ばす剪定方法。結実して疲れた枝を切ることで、草勢《そうせい》を回復させることができます。

根菜（こんさい）

イモ類やニンジンなど、肥大した地下部を利用する野菜のこと。

混作（こんさく）*

同じ畑に、野菜を2種類以上同時に栽培すること。イネ科とマメ科でよく行います。

さ行

じかまき

畑に直接種をまく方法。ダイコンなどの直根類（地中に根をまっすぐに伸ばす野菜類）や、栽培期間の短い野菜（種まきから収穫まで30～40日程度）の場合に行います。

敷きわら（しきわら）
わらを畝や株の周りに敷き詰めること。畑の乾燥を防ぎます。また、雨による泥の跳ね返りを防いで病気を予防することができるほか、雑草や害虫を防除する効果もあります。

雌雄異花（しゆういか）
ひとつの株に雄花と雌花が別々に着生する植物。ウリ科の野菜によく見られます。

雌雄同花（しゆうどうか）*
ひとつの花に雄しべと雌しべがあること。

主枝（しゅし）
株を支える中心の枝（茎）のこと。

子葉（しよう）
最初に出現する葉。イネ科やユリ科などの単子葉植物では1枚ですが、双子葉植物では2枚出るので、「双《ふた》葉《ば》」ともよばれます。

条間（じょうかん）
ひとつの畝に2列以上の種まきや植えつけを行う際の、列と列との間。

除草（じょそう）
雑草などを取り除くこと。

人工授粉（じんこうじゅふん）
雄しべを雌しべの柱頭《ちゅうとう》に軽くなすりつけて、人工的に受粉させること。

す入り（すいり）
根菜類などの根の内部に空洞ができること。

すじまき
畝にまっすぐな溝をつけ、その溝の中に種をまく方法。

整枝（せいし）
摘心、摘芽、摘果などの仕立て作業。

節（せつ）
葉や芽のつけ根のこと。節と節の間のことを「節間《せつかん》」といいます。

石灰（せっかい）
土壌酸度を調整するために土にすき込む資材。含まれるアルカリ分の異なる消石灰《しょうせっかい》や苦土石灰などがあります。また、土壌にカルシウムを補給します。

剪定（せんてい）
混み合った枝を刈り取り、風通しや日当たりをよくすること。また、わき芽や主枝を調整するためにも行います。

草姿（そうし）
葉の広げ方や茎の立ち方、枝分かれのしかたなど、野菜の種類ごとの特徴的な姿。

草勢（そうせい）
茎や葉が生長する勢いのこと。

早生種（そうせいしゅ）
通常よりも早めに収穫期を迎える品種。「早生(わせ)」ともいいます。反意語に「晩生種《ばんせいしゅ》」があります。

側枝（そくし）
わき芽（わき枝）参照。

速効性肥料（そっこうせいひりょう）
施してから効果が表れるまでの期間が短い肥料のこと。

た行

耐寒性（たいかんせい）
寒さ（低温）に耐える性質のこと。

台木（だいぎ）
つぎ木をする際の土台となる植物のこと。

耐暑性（たいしょせい）
暑さ（高温）に耐える性質のこと。

堆肥（たいひ）
家畜の糞《ふん》やわらなどを発酵させたもの。有機質肥料や土壌改良材として使います。

耐病性（たいびょうせい）
病気になりにくい性質のこと。

立ち性（たちせい）
茎やつるが上に伸びていく性質のこと。反意語に「這《は》い性《せい》」があります。

多年草（たねんそう）
開花して結実した後も枯死することなく、数年生きる植物のこと。

単為結果（たんいけっか）*
受粉や種子形成がなくても果実ができること。キュウリなどにこの性質があります。

短日植物（たんじつしょくぶつ）
日が短い条件で開花する性質のある植物。

窒素肥料（ちっそひりょう）
肥料の三要素のひとつで、茎葉や根の生育を促して葉色をよくします。

柱頭（ちゅうとう）
雌しべの先端部分で、花粉がつく場所。

長日植物（ちょうじつしょくぶつ）
日が長い条件で開花する性質のある植物。

つぎ木苗（つぎきなえ）
台木についだ苗のこと。病気や低温などに強い植物を台木に使います。

つるぼけ
つるばかり伸びて開花や結実がうまくできないこと。窒素肥料の施しすぎや、土壌の水はけの悪さ、日照不足などが原因で起こる場合があります。

定植（ていしょく）
苗や球根などを畑に植えつけること。

摘果（てきか）
果房内の果実を摘み、果実の数を調整すること。

摘心（てきしん）
茎や枝先の芽を摘み取る作業のこと。わき芽を伸ばしたり、株の草丈を調整するために行います。

摘蕾（てきらい）*
茎ブロッコリーなどの花蕾を取ること。わきにつく花蕾の生長を促す効果があります。

天地返し（てんちがえし）
畑の表土（作《さく》土《ど》層《そう》）と硬い耕《こう》盤《ばん》の下にある土（心《しん》土《ど》）を掘ってひっくり返すこと。栽培が続いて疲れた耕地で行います。

展着剤（てんちゃくざい）
水に溶けた薬剤を、植物や病害虫に付着しやすくする薬剤。ネギなどは表面がろう物質に覆われていて薬剤がつきにくいので、展着剤を混ぜた薬剤を散布しないと薬剤が付着しないため、効果が得られません。

点まき（てんまき）
一定の間隔でまき穴（くぼみ）をつくり、そこに数粒の種をまく方法。おもに豆類やダイコンなどに使います。

とう立ち（とうだち）
花茎が伸びてきて開花してくること。「抽《ちゅう》苔《だい》」ともいい、レタスなどの品種名の「晩《ばん》抽《ちゅう》」はとう立ちが遅い性質であることを示します。

トンネル栽培（とんねるさいばい）
寒冷紗やビニールなどをトンネル状に覆い、その中で栽培する方法。防寒対策や長雨を避ける、防虫などの目的で行います。

な行

軟白（なんぱく）
土を寄せたり盛り上げたりして、光を当てないようにし、茎や葉をやわらかくすること。軟《なん》化《か》ともいいます。長ネギ、セロリなどで行います。

根鉢（ねばち）
ポットや鉢の中の、根と土のかたまりのこと。

は行

バーミキュライト
雲母《うんも》状の蛭石《ひるいし》を1000℃で焼成したもの。保水性、保肥性に優れており、コンテナ用土などに混ぜて使います。

胚軸（はいじく）
発芽した双葉と根の間の部分のこと。スプラウトでは双葉とともに重要な食用部分です。

初霜（はつしも）
初めて降りる霜のこと。東京近郊では、一般的に11月下旬頃に初霜が降りるとされ、栽培の際の目安となります。

ばらまき
種を畑にぱらぱらとまんべんなくまく方法。

春まき（はるまき）
春に種をまいて、夏前あるいは秋までに収穫を行う栽培方法ないしは野菜。「春に種をまくこと」を意味する場合もあります。

晩生種（ばんせいしゅ）
通常よりも遅れて収穫期を迎える品種のこと。「晩生（おくて）」ともいいます。反意語に「早生《そうせい》種《しゅ》」があります。

晩霜（ばんそう）
春から初夏にかけて降りる霜。「遅霜《おそじも》」ともいいます。

光発芽種子（ひかりはつがしゅし）
レタスなど、発芽するときに光が必要な性質をもった種。

肥切れ（ひぎれ）
肥料が不足すること。

肥料焼け（ひりょうやけ）
肥料成分が多すぎて起こる障害。「肥《ひ》焼《や》け」ともいいます。

品種改良（ひんしゅかいりょう）
交雑させて品種をつくり出すこと。病害抵抗性や収量、味などの点でより優れた品種にするために行います。

覆土（ふくど）
種をまいた後に土をかぶせる作業のこと。またはその土。

腐葉土（ふようど）
広葉樹の落ち葉を発酵させたもの。主に土壌改良材として使います。

分球（ぶんきゅう）
ラッキョウなどで、球根（鱗茎《りんけい》）の数が増えること。人為的に球根を分ける場合も「分球する」といいます。

分蘖（ぶんけつ）
イネ科の野菜など、根に近い部分の茎の節から枝分かれすること。もしくはその枝分かれした茎のこと。

分枝（ぶんし）
わき芽が伸びて生長し、枝になること。

pH値（ぺーはーち）
水素イオン濃度指数のことで、酸性の強さやアルカリ性の強さを表す単位。0～14まであり、7.0を中性として、数値が小さいほど酸性が強く、大きいほどアルカリ性が強いことを表します。

べたがけ
防寒、防風、防虫などのために、不織布で野菜を覆って栽培すること。

ホットキャップ
ポリフィルムなどをドーム形にした資材。保温、防風、防虫などの目的で、植えつけ後などに苗を覆って使用します。

匍匐枝（ほふくし）
「ランナー」参照。

ホルモン処理（ほるもんしょり）
開花期の花にホルモン剤を散布して単《たん》為《い》結《けっ》果《か》させること。

ま行

間引き（まびき）
発芽後などに、込み合った苗や株を引き抜く作業のこと。

マルチング
地温を高めたり、水分蒸発を防いだりするために、畝をポリフィルムなどで覆って栽培する方法。除草の効果もあります。

芽かき（めかき）
主枝を伸ばすために、不要な芽を摘み取る作業のこと。

元肥（もとごえ）
栽培を始める前に畑に施しておく肥料のこと。通常は堆肥と化成肥料を施します。

や行

誘引（ゆういん）
枝や茎をひもで支柱などに結んで、茎やつるを正しい方向に伸ばすこと。

有機質肥料（ゆうきしつひりょう）
堆肥や油かす、魚粉《ぎょふん》、骨粉《こっぷん》、鶏糞《けいふん》など、有機質の肥料。ゆっくりと効果が表れます。

葉鞘（ようしょう）
葉身《ようしん》と節の間にある、茎を巻いているようなさや状の部分。イネ科などの野菜によく見られます。

葉身（ようしん）
葉の広がった緑色の部分。

葉柄（ようへい）
葉身の根元の、柄のようになった部分のこと。

ら行

ランナー
親株から伸びた、子株をつける茎。茎の先端に子株を形成し、地面につくと発根してふえていきます。「匍匐枝《ほふくし》」ともいい、イチゴなどに見られます。

鱗茎（りんけい）
茎を中心に、肥大した葉が球形や卵形に重なってできた球根のこと。タマネギやニンニクなどに見られます。

輪作（りんさく）
毎年場所を変えて栽培する方法。連作による病害虫の被害や地力の低下を防ぐため、一度収穫した場所では異なる種類（科）の野菜を栽培します。

リン酸（りんさん）
肥料のひとつで、開花や結実を促進する効果があります。

連作障害（れんさくしょうがい）
同じ畑に同じ種類（科）の野菜を続けて栽培することで起こる障害のこと。

露地栽培（ろじさいばい）*
戸外で行う栽培のことで、トンネル栽培やビニールハウスを使わない、自然の栽培方法。

わ行

わき芽（わきめ）
先端以外の節から出る芽。葉のつけ根の上側に出ることが多くなります。わき芽が伸びた状態を「わき枝（側枝）」ともいいます。